职业院校公共课教学用书

就业与创业指导

（第二版）

高居红　主　编

吴晓双　管安全　副主编

电子工业出版社

Publishing House of Electronics Industry

北京·BEIJING

内 容 简 介

《就业与创业指导》是基于目前职业院校就业与创业指导的重要性和迫切性以及指导内容狭窄、手段单一等现实问题而编写的。本书汇集学者经验，求真务实、博采众长，在大量理论知识分析基础上凸显典型案例具有体系完备、结构合理、理论性与实用性强等特点，旨在帮助学生树立全新的创业择业理念，端正自我的择业心态，把握良好的择业技巧，储备厚实的创业实力，竭尽全力去开拓属于自己的事业。

职业问题、就业与创业的准备问题和技巧方法问题，是学生求职择业过程中必须解决好的三大问题。《就业与创业指导》根据学生的特点及其成人、成才和成功的一般规律，对上述问题作了有益探索。全书内容共 5 章：第 1 章，规划我的未来；第 2 章，为我的未来做准备；第 3 章，掌握打开职业之门的钥匙；第 4 章，做合格的职业人；第 5 章，开创美好的未来。

本书由陕西省教育科学研究所职业教育研究室组织编写，第 1 版自 2007 年出版以来，深受许多职业院校师生及广大社会读者好评，已多次重印。此次再版，补充了就业创业新知识，更加注重创新，注重与时俱进。既可作为职校公共基础课中的必选课教材，也可为广大社会待岗人员求职、就业提供有益的参考，具有很强的社会适用性。

未经许可，不得以任何方式复制或抄袭本书之部分或全部内容。
版权所有，侵权必究。

图书在版编目（CIP）数据

就业与创业指导 / 高居红主编. —2 版. —北京：电子工业出版社，2016.3
ISBN 978-7-121-24222-9

Ⅰ. ①就… Ⅱ. ①高… Ⅲ. ①大学生—职业选择—高等学校—教材 Ⅳ. ①G647.38

中国版本图书馆 CIP 数据核字（2014）第 202747 号

策划编辑：施玉新
责任编辑：郝黎明
印　　刷：北京七彩京通数码快印有限公司
装　　订：北京七彩京通数码快印有限公司
出版发行：电子工业出版社
　　　　　北京市海淀区万寿路 173 信箱　邮编　100036
开　　本：787×1 092　1/16　印张：13　字数：332.8 千字
版　　次：2007 年 6 月第 1 版
　　　　　2016 年 3 月第 2 版
印　　次：2024 年 7 月第 14 次印刷
定　　价：32.00 元

凡所购买电子工业出版社图书有缺损问题，请向购买书店调换。若书店售缺，请与本社发行部联系，联系及邮购电话：（010）88254888，88258888。
质量投诉请发邮件至 zlts@phei.com.cn，盗版侵权举报请发邮件至 dbqq@phei.com.cn。
本书咨询联系方式：syx@phei.com.cn。

就业与创业指导（第二版）

前 言

本教材第 1 版自 2007 年出版以来，因编写质量较高、内容实用、指导性强，深受众多职业院校师生及广大社会读者好评，已多次重印。此次再版，根据教育部"中、高等职业学校开设职业指导课程、实施就业创业教育"的要求，结合国家新出台的一系列鼓励创业促进就业政策，我们审慎地对教材进行了相应的修改，补充了就业创业新知识，注重与时俱进，贴近社会发展，更加符合学生就业创业实际。

教材编写过程中力求纠正目前学生在就业中普遍存在的两种心态：一是"小毛驴的犹豫"心态：一头小毛驴，在干枯的草原上好不容易找到了两堆草，但是一再迟疑，不知道吃哪堆更好，结果被活活饿死。我们必须告诉学生，在择业时期望值不可过高，绝不可以左顾右盼而坐失良机；二是"天上掉馅饼"心态，志大才疏，眼高手低，大事做不来，小事不肯做，选择职业只看一个标准：待遇高不高，挣钱多不多。抱着这种念头找工作，到头来只能是竹篮打水一场空，蹉跎了岁月，耽误了自己的人生。

本教材旨在帮助学生树立正确的就业和创业观念：① 看重个人及公司发展要胜于看重短期回报。当个人有了发展，你所供职的公司有了发展，何愁没有高收入。② 先就业，再择业。对于刚出校门的学生，缺乏工作经验，技术不够娴熟，要想找到一份如意的工作并不容易，与其等待，不如先就业，再择业。③ 在工作中学习。个人发展需要的许多东西，知识、技能、人际关系和处理问题的能力等大多是在工作中获得的，只要你用心，那些体制完备、发展前景好的企业就会给你提供系统化、职业化、规范化的学习机会。④ 处理好人际关系。尊重单位里的前辈，虚心向他们学习，与他们搞好关系。⑤ 将工作的压力降到最低程度，并保持可贵的精力，提高自我，以图发展。⑥ 自己也可以当老板。给别人打工，终究只能听命于他人，自己的抱负和意志无法实现。如果在资金、能力等方面都有了足够的准备，可以考虑开公司，自己当老板。

本教材注重引导学生树立远大的职业理想，规划自己的职业生涯：了解自我，了解社会，树立理想，具备大格局人生规划思路。确定远大的人生目标，制订切实可行的行动方案，调动最强烈的成功欲望，储备旺盛的精力，立志改变自己的人生方向，彻底抛弃"我是蓝领阶层"的悲观情绪。我是职校生，我依然可以建立完整的知识和人际关系。我品德高尚，拥有健康，拥有知识，拥有技能，拥有良好的人际关系，拥有解决问题的能力，我同样可以拥有成功的事业和幸福的人生。

根据以上编写理念，本教材编排了以下内容：①规划我的未来。引导学生了解自我、认识职业，学习规划自己的职业生涯。②为我的未来做准备。训练学生的优良职业品质，如沟通能力、合作精神、责任感、规范意识、质量意识。③掌握打开职业之门的钥匙。树立正确的就业观，掌握一些找工作的技巧，获得、甄别就业信息，应对面试、笔试。④做合格的职业人。帮助学生了解从学生向职业人转变的过程中容易出现的心理问题，并提供解决方案；通过案例和企业书信向

就业与创业指导（第二版）

学生介绍企业对员工的基本要求，让学生提前了解企业，做好就业准备。⑤开创美好未来。培养学生的创业意识，让学生了解创业对人的素质的基本要求和创业的基本程序。

案例是本教材的最大特点。选编大量来自学生身边的案例，使学生感到亲切，能够激发学生研读兴趣，其真实性足以指导学生就业后的实践活动。图文并茂是本教材的编写风格，插图幽默风趣，语言轻松活泼，贴近学生实际，力求与学生发生共鸣。教学活动设计彰显了本教材的创意，每单元每节后的教学活动设计，有游戏、有社会实践活动，让学生在游戏中悟出哲理，在实践中感悟道理。

建议学校和教师树立对学生在校期间进行全程就业和创业教育的理念。本教材内容可以安排在三个学年分阶段完成，对于主要内容可以在就业前进行强化训练。这种教育会让学生受益终生。

建议教师在使用本教材时，充分利用案例和教学活动，创设情境，努力构建"师生互动"的教学平台，调动学生的学习积极性。教师还要树立不断完善教材、补充新资料的意识，教材只是完成一门课程的主要教学资料，教师应在教学中根据学生实际重新编制教材，重编案例，调整内容顺序、课时安排；教师应认真对待教材提供的游戏和活动，并根据学生实际修改游戏和活动设计，调动学生的活动热情。教师还应设计切合自己学生实际的社会实践活动，延伸课堂教学内容。

由于本教材紧跟国家经济和教育发展形势，融入了职校学生创新创业、职业教育与就业指导最新的教学理念，力求严谨，注重"做事一定要先做人"的理念，具有知识系统、案例丰富、贴近实际、操作性强等特点，因此本书既可作为职校公共基础课中的选修课教材，也可为广大社会待岗人员求职、就业提供有益的参考。

本教材由陕西省教育科学研究所职业教育研究室组织编写，由高居红、吴晓双、管安全、李梅负责统稿。第 1 章由西安市教科所龙晓丽、旬阳职教中心吴晓双、柞水职教中心管安全老师编写，第 2 章由澄城县职教中心李忠敏、汉中教研室邓斌老师、西北大学实习生李梅同学编写，第 3 章由陕西机电工程学校郭振先老师、陕西省教育科学研究所副研究员张健文、宝鸡教研室李凤侠老师编写，第 4 章由陕西建筑材料学校张中华、电子工业学校张琴老师、陕西省教育科学研究所副研究员郭为编写，第 5 章由神木职教中心高波、石泉职教中心刘华、安康教研室朱锦编写。

在教材修订、改写过程中，我们走访了多所职业院校和人才招聘中心，收集了一线教师的实践信息和学生的困惑问题，参阅有关职校创新创业、职业教育与就业指导的最新书刊资料，吸取了其中许多精髓，引用了国家和教育部历年颁布实施的毕业生就业相关文件，同时还借鉴了一些专家的理论和发展观点，并得到有关专家、教授的具体指导以及广大师生的支持和帮助，特别是教材在编写和修改过程中受到西北工业大学研究生导师杨生斌教授和陕西省职业技术学院刘洋老师的悉心指导。两位老师多年来致力于人力资源开发课题，其中，就有杨教授为高职学校编写的《职业指导教程》一书，我们在本教材中选用了该书的许多资料，在此一并表示衷心的感谢。

因作者水平有限，书中难免存在疏漏和不足，恳请同行和读者批评指正，以便再版时修改。

编　者

就业与创业指导（第二版）

目 录

第一单元　规划我的未来 ·· 1
　　第一节　了解自己 ·· 2
　　第二节　了解职业 ·· 29
　　第三节　规划未来 ·· 38

第二单元　为我的未来做准备 ·· 57
　　第一节　学会沟通　助你成功 ··· 58
　　第二节　团队合作精神是成功的保证 ··· 66
　　第三节　做有工作责任心的人 ··· 73
　　第四节　不以规矩，不能成方圆 ·· 79
　　第五节　质量是企业生存的根本 ·· 85

第三单元　掌握打开职业之门的钥匙 ··· 92
　　第一节　就业心理分析 ··· 94
　　第二节　树立正确的择业观 ··· 102
　　第三节　获取就业信息 ··· 108
　　第四节　应聘前的资料准备 ··· 116
　　第五节　面试与笔试 ··· 123

第四单元　做合格的职业人 ··· 145
　　第一节　企业要求我 ··· 146
　　第二节　不再是学生的我 ··· 149
　　第三节　法律保护我 ··· 154
　　第四节　个人职业生涯开发 ··· 162

第五单元　开创美好未来 ··· 171
　　第一节　我也可以做老板 ··· 172
　　第二节　我也能成为老板 ··· 177
　　第三节　我为创业做准备 ··· 185

第一单元
规划我的未来

 **本章知识框架**

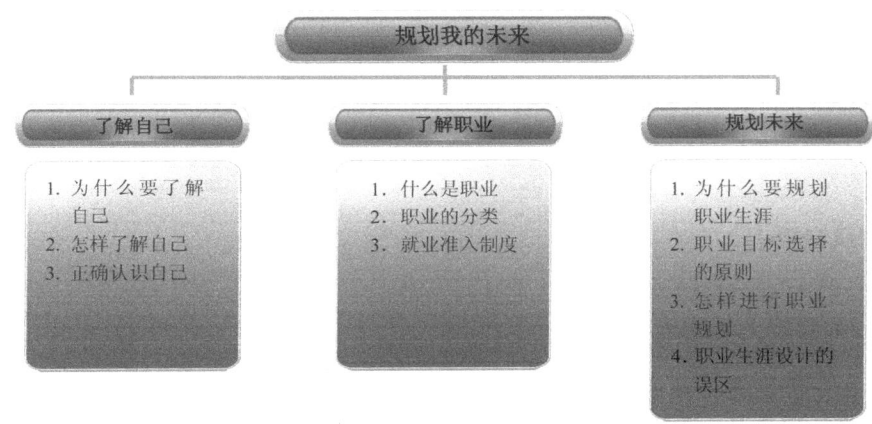

 **学习目标**

1. 了解自己与正确认识自己。
2. 了解职业的性质、特点、作用和分类。
3. 掌握职业生涯规划的方法并进行职业生涯规划。
4. 将所学理论知识运用到具体实践活动当中。

第一节　了解自己

你应庆幸自己是世上独一无二的，应该把自己的禀赋发挥出来。经验、环境和遗传造就了你的面目，无论是好是坏，你都得耕耘自己的园地；无论是好是坏，你都得弹起生命中的琴弦。

——卡耐基

你了解自己吗？很多人会说：是。再问，你真的了解自己吗？很多人有些犹豫了，会含糊地说：可能是。

我们每一个人，从出生的那一刻起，都是独一无二的。先是要与数十亿竞争者赛跑，争得冠军；又在父母的爱中长大；再从懵懂无知到有智慧有能力；然后成家立业。在所有这些过程中，我们的长相、性格、家庭、事业都是无法复制的，所以，我们每个人都是最好的，都是最优秀的。

我虽然没有成吉思汗的伟大，没有诸葛亮的智慧，没有比尔·盖茨的富有，没有玛丽莲·梦露的美丽，没有马龙·白兰度的风度，但他们都不是我，李白说："天生我材必有用"。因而，我要用独一无二的我，成就独一无二的事业。

【案例及分析】

【案例一】我爱上了这里

我的家在一个远离县城的小山村，由于交通不便和恶劣的自然环境，限制了家乡人对山村以外的认识。这里的人们祖祖辈辈面朝黄土背朝天，日出而作，日落而息，安于闭塞落后而不自知。

当我离开由庙堂改成的破败小学而升入中学后，生活圈也由原来的几里扩大到了几十里，接触到的人和事都使我感到无比地新奇，从而激发了我对外部世界了解的欲望。从此，我努力学习，如饥似渴地认知未知世界，终于完成了学业。教育水平和家庭条件所限，我选择了这所职业学校继续学习。

我的同学来自全省各地，甚至有少数同学来自外省。在与他们相处的学习生活中，我真正理解了"十里乡俗不同"的含义，我努力改变自己的陋习，适应新的生活。宽敞的大门、碧绿的草坪、灯火辉煌的教学楼、整洁舒适的宿舍……穿着迷彩服的同学们英姿飒爽，入学教育时南腔北调的自我介绍让人笑破肚皮，明亮的教室里老师们睿智的讲解让人着迷，餐桌上的你推让我使人感动……在这里，我找到了家的感觉。

在学校里参观，你会发现：那一排排的图书如知识的海洋，那一台台电脑通向未知的世界，那一台台机床在师傅们的手里如听话的孩子，最让我惊奇的是数控机床竟然不需动手就能产出一个个精美的零件。我真想成为巧手如神的实训师傅那样的人。

座谈会上师兄们介绍他们拿到技能证时的骄傲表情让我羡慕，"娇子护卫队"的雄姿让

第一单元　规划我的未来

我向往，文学社小作家们的文笔让我佩服，"兴趣小组"里的奇思妙想让我大开眼界，"十杰学生"表彰大会让我看到了未来。我要向师兄师姐们学习，像他们一样，做一个合格的职校生。

啊，我爱上了这里，我暗暗庆幸自己的选择，我决心好好学习，从这里走向更广阔的天地。

（选自于陕西省建筑材料工业学校《建校青年》，作者仇智，有改动。）

> 这是一篇热情洋溢、语言优美的散文，仇智同学在文中表达了他对母校的热爱和对未来生活的憧憬。从文中我们可以看出，他对自己的认识是在生活圈不断扩大、与周围人的比较和自我反省中加深的，从而树立了自己的职业理想。对于一个刚刚进入职业学校学习的十几岁的孩子来说，能对自己有这样较为清醒的认识，是可喜的。他的职业理想虽说还不够明确，但这也就足够了，随着他将来对专业知识的学习和了解，一定会有更全面的认识。

【案例二】自我盘点

人物：小强。

业余爱好：读书、听音乐、无线电维修、画画。

喜欢的文学作品：《红楼梦》、《战争与和平》、《老人与海》、《平凡的世界》。

喜欢的歌曲：《爱拼才会赢》、《红日》、《流年》。

心中偶像：周恩来、比尔·盖茨。

优势盘点：学习成绩优秀，担任班干部，班级"群众"基础好，父母、亲人、班主任、任课老师关爱，动手能力较强。

劣势盘点：目前的手头经济状况较为窘迫，"海拔"高度不够，体质偏弱。

优点盘点：做事仔细认真、踏实，友善待人，做事锲而不舍，勤于思考，考虑问题全面。

缺点盘点：性格偏内向，交际能力较差，固执，胆小，思想过于保守，缺乏自信心和冒险精神，积极主动性不够，做事拖拉，惰性较大。

成功经验的盘点：成功竞选为班团支委一员，成功组织过学习研讨主题班会并获年级组评选第一名，个人学习成绩、综合积分均为班级第一，通过考核以较大优势加入系学生实验室，工作中全班同学的悉心支持是我最大的财富。

失败的教训：高考失利打击较大，一位好朋友因与我有误解而陌路，竞选系学习部长失利，老听别人侃侃而谈可接不上话，心里特难受。

优势与劣势自我分析

所谓江山易改，本性难移。内向并非全是缺点，使我少一份张扬，多一点内敛，但可相应加强与他人的交流沟通，积极参加各种场合各项有益的活动，使自己多一份自信、激扬，少一份沉默、怯场。充分利用一直关心支持我的庞大亲友团的优势，真心向同学、老师、朋友请教，及时指出自身存在的各种不足并制定出相应计划加以改正。

加强锻炼，增强体质，提高体育成绩，以弥补身高不足而带来的负面影响。积极参加校内外的各项勤工俭学活动，以解决短期内的生活费问题并增强自身的社会工作阅历，为以后创造更多的精神财富和物质财富打下坚实基础。

（节选自《职业生涯规划书》，作者张瑞，有改动）

> 通过《自我盘点》，对自己的兴趣爱好、优势劣势、优点缺点、成功失败等方面进行全面盘点，并对劣势和缺点进行分析，制定出翔实可行的改正措施，为制定自己的《职业生涯规划书》提供了依据，也为今后学习指明了方向。初入中专学校学习的学生，应该学会自我了解的方法，对自己做一个较全面的再认识，对于今后的学习生活会有很大的帮助，有利于明确学习方向，确立职业理想，树立人生目标。

小故事

重用自己

苏格拉底在风烛残年之际，知道自己时日不多了，就想考验和点化一下他那位平时看来很不错的助手。他把助手叫到床前说："我的蜡所剩不多了，得找另一根蜡接着点下去，你明白我的意思吗？"

"明白。"那位助手赶忙说，"您的思想光辉是得很好地传承下去……"

"可是……"苏格拉底慢悠悠地说："我需要一位最优秀的传承者，他不但要有相当的智慧，还必须有充分的信心和非凡的勇气……这样的人选直到目前我还未见到，你帮我寻找和发掘一位好吗？"

"好的、好的。"助手很温顺很尊重地说："我一定竭尽全力地去寻找，以不辜负您的栽培和信任。"

苏格拉底笑了笑，没再说什么。那位忠诚而勤奋的助手，不辞辛劳地通过各种渠道开始四处寻找了。可他领来一位又一位，总被苏格拉底一一婉言谢绝了。有一次，当那位助手再次无功而返地回到苏格拉底病床前时，病入膏肓的苏格拉底硬撑着坐起来，抚着那位助手的肩膀说："真是辛苦你了，不过，你找来的那些人，其实还不如你……"

"我一定加倍努力。"助手言辞恳切地说，"找遍城乡各地、找遍五湖四海，我也要把最优秀的人选挖掘出来、举荐给您。"

苏格拉底笑笑，不再说话。半年之后，苏格拉底眼看就要告别人世，最优秀的人选还是没有眉目。助手非常惭愧，泪流满面地坐在病床边，语气沉重地说："我真对不起您，令您失望了！"

"失望的是我，对不起的却是你自己，"苏格拉底说到这里，很失意地闭上眼睛，停顿了许久，才又不无哀怨地说："本来，最优秀的就是你自己，只是你不敢相信自己，才把自己给忽略、给耽误、给丢失了……其实，每个人都是最优秀的，差别就在于如何认识自己、如何发掘和重用自己……"话没说完，一代哲人就永远地离开了他曾经深切关注着的世界。

了解自己

我只有一个忠告给你——做你自己的主人。

——拿破仑

第一单元 规划我的未来

> 苏格拉底说："失望的是我，对不起的却是你自己。"我们不禁为苏格拉底的助手遗憾，正因为他"不敢相信自己，才把自己给忽略、给耽误、给丢失了"，其实他就是最合适的、理所当然的人选。接着，苏格拉底说了一段极富哲理的话："每个人都是最优秀的，差别就在于如何认识自己、如何发掘和重用自己。"这段话不仅是说给他助手的，也是苏格拉底说给所有人的。我们在求学阶段，常常对自己的能力不自信，不敢追求更高的目标，这都是缘于自己不了解自己。所以，客观准确地评价自己，是一切成功的开始。

一、为什么要了解自己

人生于天地之间，必须弄清楚"我是谁"、"我在哪儿"、"我能干什么"等问题，也就是我们常说的"了解自己"，否则，我们就无法为自己的人生之路确定正确的目标，无法为自己树立正确的职业理想。

1. 有利于确定人生目标、确立职业理想

人生目标，就是一个人奋斗终生要达到的目的。一艘航船在出海之前，必须确定要到达的目的地。所以，人的一生，在起步时就必须有一个明确的目标，人生有了目标，就像航船有了灯塔，可以照亮前进的航程，不会迷失方向。人生目标的确定，是建立在了解自己的基础之上，其中必须考虑学识、性格、家庭背景、兴趣爱好以及能力等因素。因为现有的学识决定你继续学习的方向，性格决定你最合适于干什么；家庭背景决定你在为实现目标而努力时对你支持的力度；兴趣爱好决定你目标的理想高度；能力决定你的目标能否实现。《伊索寓言》中有这么一个故事：鹰从悬崖上飞下来，把一只羊羔抓走了。穴鸟见了，非常羡慕，也想学老鹰的样子，便猛扑到公羊的背上，但脚却被羊毛缠住，怎么也飞不起来。后来，牧人见了，便跑上去把它捉住，剪去了它翅膀上的羽毛，穴鸟便成了孩子们的玩具。穴鸟的遭遇告诉了我们只有充分了解自己，才能确立自己的职业理想。

日常中，我们常常感叹说"了解别人难"，其实了解自己更难，所以古人才说"人贵有自知之明"。当一个人在充分了解自己之后，他就会根据自身的条件，确定一个正确的人生目标，而不会去追求那些可望而不可即的梦想。"明知不可为而为之"，不是实事求是的精神，那是堂·吉诃德拿着长矛与大风车战斗，只能碰得头破血流。所以，了解自己有利于确定人生目标，确立职业理想。

人生的目标是有阶段性的。父母面前我们想做一个好孩子，妻子面前我们想做一个好丈夫，孩子面前我们想做一个好父母，现在，我们想做一个好学生，将来我们想做一个合格的工人。一个人，只有走好人生的每一步，才能最终实现人生的目标。

2. 有利于培养职业兴趣

俗话说："有钱难买愿意"，"兴趣是最好的老师"。"小张动手能力非常强，学习在班里却居于中下游，他想到职业学校继续学习，但父母却要让他上高中，将来上大学。他不

能适应高中快节奏的学习,成绩更是一落千丈,因此对学习失去了信心,破罐子破摔,整日沉迷于网吧,结果被学校除名。当父母明白这一切后,尊重他的意愿,给他选了一个工科中专学校继续学习。第二年,他就同时拿到了机电专业的三个技能证书,他也对今后的学习、工作充满了信心。"这说明一个人如果不喜欢做某件事,就会缺乏了解这件事的欲望,就不会为之付出努力,只会"当一天和尚撞一天钟"地应付差事,"牛不喝水掰坏角"其实对谁都没有好处。而如果他喜欢某件事就会投入极大的热情,不遗余力地去做,想尽办法做到最好。这充分说明了兴趣爱好在事业中的重要作用。

因此,我们在确定人生目标时,首先要了解自己,根据自身的条件,确定最适合自己性格爱好的事去做。同时,兴趣爱好也可以在事业中得到发展,人生目标因此也就变得容易实现,这样就不会有遗憾。所以,了解自己有利于培养职业兴趣。

3. 有利于增强能力

孙子说:"知己知彼,百战不殆。"也就是说"知"是"不殆"的前提。人常说"金无足赤,人无完人",每个人都有自己的优缺点,知道自己的优点是什么,发挥长处;知道自己的缺点在哪里,尽量去改正,就可以"扬长避短",走向成功。

《三国演义》"赤壁之战"中东吴大将周瑜知道自己兵力不如曹操,而北方军队不善水战,故而把决战场地选在了赤壁水上,发挥了自己的长处,避免了自己的短处,从而使双方的力量对比发生了根本性转变;曹操拥有 80 万军队,却以"不善水战"的短处对垒长于水战的周瑜于赤壁水面,结果丢盔弃甲,几乎被人活捉。《水浒传》中"浪里白条"张顺在地上打不过"黑旋风"李逵,就把李逵引到水中,使李逵的优势丧失而自己的长处得到发挥,把李逵痛揍了一顿。由此可见,了解自己,可以增强自身的能力。

二、怎样了解自己

人常说:"没有比较,就没有鉴别。"要了解自己,就要找到可以比较的参照物。

1. 在自我反省中了解自己

孔子曰:"吾日三省吾身。"只有经常进行思考、反省,才能更清楚地了解自己。所谓反省,就是把自己的过去、现在和将来相互参照作比较。过去是现在的前身,未来是现在的发展,它们有联系,也有区别。回顾过去,就会发现,优点依然存在,有不少的成绩仍然值得我们为之骄傲和自豪;那些缺点,随着成长,在慢慢消失。如果只看到缺点,就会对自我失去信心,产生自卑心理,失去生活的勇气,一旦遇到失败和挫折,就会一蹶不振;如果只看到自己的优点,就会骄傲自大,盲目乐观,甚至目空一切。

所以,我们应该对自己的过去作一个全面正确的认识。全面正确地认识自己,可以对今天的"我"进行定位。比如说:我来自农村,家庭条件一般,是一个普通的职校生,我热爱生活,喜欢体育运动,擅长社会活动的组织和参与,动手能力强;我不喜欢枯燥的理论学习,学习主动性不强,所以我选择了职业学校继续学习。准确的自我定位,是实现目标的前提,目标过高,超过了自己的能力和现实条件,付出了极大的努力也无法达到,就会给自己带来打击和创伤;目标过低,不费吹灰之力就能达到,对自己的进步也是毫无意义的。

2. 在他人的评价中了解自己

人生活在社会之中，你的一言一行，都会给周围的人留下印象，他人对你的评价，也可以反映出你的形象。"当局者迷，旁观者清"，"不识庐山真面目，只缘身在此山中"，人们总是根据别人对自己的看法来调整自己的行为，努力使自己的言行与别人的看法更为接近。但我们眼中的自己，常常与他人眼中的"我"出现偏差，这是因为我们有时"过高"或"过低"估计自己，不够客观；也可能来源于别人对自己的误解。消除偏差的方法是：不但要听取别人好的评价，更要学会接受批评，因为"良药苦口利于病，忠言逆耳利于行"；其次是要学会拿别人的看法与自我评价作对比，弄清相同与不同的原因，自我调整，消除误解。

3. 在与别人的比较中了解自己

唐太宗有句名言："以铜为鉴，可以正衣冠；以人为鉴，可以知得失。"他人是反映自我的一面镜子，与他人比较是获得自我认知的主要来源。汉代西南小国中，夜郎最大，一次夜郎国君问汉朝使臣："你们汉朝大呢？还是我们夜郎大呢？"这是因为夜郎国君对别国缺少了解，没有比较而引起的笑话，现比喻妄自尊大。我们从家庭的亲情走出，扩展到外面的友爱关系，进入社会又体验到人与人之间的利害关系，从中获得社会经验，向别人学习，然后调整自己的生活，规划未来的人生。在与他人的比较中要注意两点，一是比较的标准是相对的，不是绝对的。我们要努力改变那些可变的条件，而不应该在意那些不可变的条件，用绝对的标准比，就会"人比人，气死人"，没法活；二是不要受比较范围的局限，眼界要宽，案例一中仇智同学就是在生活圈的不断扩大中了解了自己，从而确定了人生目标，确立了职业理想。

4. 从做事中了解自己

一般来说，社会衡量一个人的价值主要是通过其取得的成就和社会效果来评价的，业绩直接标志着其社会价值。虽说不以成败论英雄，但成功总是让人喜悦，失败总是让人痛苦。聪明的人，不论是成功或失败，都能从中得到经验，因为他了解自己，有坚强的人格，善于学习；情感脆弱的人，只能成功，不能失败，因为他们不能从失败中学到经验，改变策略追求成功，而是失败后形成受挫心理，不敢面对现实、应付困境或挑战；狂妄自大的人，可能侥幸获得成功，便自不量力，成功反而成了他失败的根源；成长顺利的人，往往一旦失败，就一蹶不振，顺利成了他失败的原因，因为他经不起失败的打击。

人常说："不经一事，不长一智。"分析自己做事成败的原因，与他人做事成败的原因进行比较，问一问："同样的事，别人为什么会成功？而我却不能？我错在什么地方？"要善于从失败中吸取教训，获得人生的经验，改变策略，追求成功，迎接挑战。

三、正确认识自我

澳大利亚人力克·胡哲因患有海豹肢症，天生没有四肢，他遭遇了严重的社会排斥，但他能正确地认识自己，勇敢地活了下来，用不懈的努力挑战身体的局限，取得了令人不敢想象的成绩：他在夏威夷与海龟游泳，在哥伦比亚潜水。踢足球、溜滑板、打高尔夫球样样行；21岁大学毕业后，他取得了会计及财务规划双学位。高度的自信、坚定的意志、强烈的愿望是他取得成功的关键。

正确认识和评价自己，对于职校生有着十分重要的意义。"知人者智，自知者明"，正确地认识自己是通向成功的起点。职业心理学的研究证明：一个面临职业选择的人，只有对自己的才能、特长、兴趣、爱好、心理素质以及弱点等都有了一个实事求是的正确认识和评估之后，才可能从自己的实际出发，作出正确的选择。这里我们仅对职业选择中影响较大的气质和性格作简单的介绍，以便同学们根据自己的气质和性格类型选择职业方向。

1. 气质特征和气质类型

生活中我们常提到某人的气质很好，这里的气质与心理学上说的气质不同。心理学中所说的气质是指一个人对人、对事的反应速度、强度和灵活性等个人稳定的心理特征。人的气质特点受先天遗传因素决定，具有高度的稳定性，很难改变，是个人与生俱来的心理活动能力的特征。孩子刚一出生时，最先表现出的就是气质差异，有的孩子安静，有的孩子则爱哭好动。在普通人群中，某一类典型气质的人不多，更多的是近似于某一种类型或者是两三种类型混合的类型。气质可以通过言行举止体现出来，对人的性格有很大影响。

近代以来，心理学界形成了许多气质理论，制定了测量气质类型的量表，对人的行为表现、反应速度、情绪情感等进行测验研究。对人的气质类型的划分，学术界尚无统一的见解，但把气质类型分为多血质、胆汁质、黏液质和抑郁质四种，则是心理学中流行的分类法。

胆汁质：具有这种气质特征的人，精力充沛，表里如一，刚强，易感情用事，整个心理活动具有迅速、突发的色彩。具体来说，优点是反应迅速，体验强烈，深刻而稳定。态度热情积极，待人直率诚恳，行为坚韧不拔，智力活动敏捷。缺点是脾气暴躁，易冲动发泄，缺乏耐心。

多血质：具有这种气质的人，以反应迅速、有朝气、活泼好动、情绪不稳、粗枝大叶为整体特征。具体来说，优点是感情外露，遇事敏感，行动迅速，思想活跃，可塑性强，对环境适应性强，快人快语，善于并易于结交朋友，有很强的活动能力和语言表达能力。缺点是注意点变换快，喜怒无常，做事轻举妄动，虑事不周，盲目性大，缺乏毅力。有的心理学家把中国古典名著《红楼梦》中的王熙凤的气质，作为典型的多血质的代表。

黏液质：总的说来，黏液质的人，以稳重而缺乏灵活，踏实却有些死板，沉着但生气不足为整体特征。具体来说，具有这种气质类型的人，反应性低，情绪不易变化，也不易外露。心情一般比较平稳，变化较慢，通常不为外物所动。然而一旦引起某种情绪，则形成强烈、稳固而深刻的体验。他们在运动和行为上都很迟缓，处变不惊，总能三思而后行，能坚定地执行已做出的决定，一步一步地去完成工作。对已经习惯的工作有极高的热情，对新工作较难适应。这种人一般持久力很强，对自己的行为有较大的自制力，可塑性差，行为和情绪表现出内倾性。

抑郁质：抑郁质的人，具有敏锐、稳重、体验深刻、外表温柔、怯懦孤独、行为缓慢的整体特征。具体来说，这种人多愁善感，心理反应速度慢，遇事犹豫不决，缺乏果断，动作迟缓。有较多的敏感性，能体察出一般人所觉察不出的事。富于想象，办事谨慎，对力所能及的工作坚韧不拔。面临危险和紧张情况时，常表现出恐惧和畏缩；受挫后，会心神不安。这种人不好抛头露面，不爱表现自己，不善与人交往，常有孤独感。有的心理学家把《红楼梦》中的林黛玉，作为抑郁质的人的典型代表。

第一单元　规划我的未来

小故事

不同气质的人看电影

4个人去看电影，走到电影院门口，电影已经开演了，看门人不让他们进去。

胆汁质的人：会同看门人争吵，甚至不顾看门人的阻拦而闯入电影院；

多血质的人：赢得看门人的好感，说服看门人让自己进去；

黏液质的人：一直在等着多血质人做工作，如果他成功，自己跟着沾光；

抑郁质的人：叹息自己不走运，转头就走。

在现实生活中，我们所遇到的每一个人，其气质特征可能接近于以上四种典型气质类型的某一种，然而很难找到一个只具有某种气质特征的人。大多数人的气质特征，介于某几种典型特征之间，虽然从总体上看近似或者像某种气质，但其中又有一些其他类型的成分。所以，在判断一个人的气质类型时，不能简单地将其归入某一种气质类型。

2. 性格特征和类型

与气质一样，每个人的性格也具有很大的差异。性格是在人的生理因素、客观因素和主观内在因素的相互影响、相互作用下，逐步形成的个人特有的心理风格和行为习惯。心理学通常把性格看作是一个人对现实的稳定的态度以及与之相适应的行为方式的独特结合。在现实生活中，人们之间有着不同的心理风格和不同的行为习惯，待人处世也有不同的比较稳固的态度特征。比如，有的人沉静，有的人热烈；有的人喜欢饶舌，有的人沉默寡言；有的人执拗而自负，有的人羞怯而缺乏自信；有的人刚强勇敢，历经打击而坚强不屈；有的人则软弱怯懦，遇困难便叫苦不迭；有的人脾气急躁，点火就着，随时可能和人吵架；有的人却慢条斯理，火烧眉毛也不着急。诸如此类的差异，都是人们不同的性格表现。心理学家们认为，性格是人的个性的组成部分，是个性中最重要的心理特征，在个性中起着核心作用。

人的性格可分为内倾型和外倾型。一般说来，外倾型的人关心外界事物，善于表露自己的情感，乐于与人交往等特点，更适合从事能充分发挥自己行动能力积极性、与外界有着广泛接触的职业，如管理人员、律师、政治家、业务员、记者、教师等。内倾型性格的人比较适合从事有计划的、稳定的、不需要与人过多交往的职业，如科学家、技术人员、会计师、打字员、一般办公室职员等。但这只是提供了一个非常简单粗略的分析，在实际选择工作的时候，还应该根据个人具体性格与职业具体要求进行具体分析。

美国心理学家霍兰德根据性格特征与职业选择的关系，把性格分为六种类型。这六种不同性格的人在选择职业上具有明显的差异。

一是现实型。这种人不重视社交，而重视物质的、实际的利益。他们遵守规则，喜欢安定，感情不丰富，缺乏洞察力。在职业选择上，他们希望从事有明确要求、需要一定技巧，能按一定程序进行操作的工作。如：机械、电工技术。

二是研究型。这种人有强烈的好奇心，重分析，好内省，比较慎重，他们喜欢从事有观察、有科学分析的创造性活动和需要钻研精神的职业，如科学研究。这类人往往缺乏领导能力。

三是艺术型。这种人想象力丰富，有理想，易冲动，好独创。他们喜欢从事非系统的、自由的、要求有一定艺术素质的职业。如音乐、美术、影视、文学。

四是社会型。这种人乐于助人，善社交，易合作，重视友谊，责任感强，希望从事直接为他人服务、为他人谋福利或与他人建立和发展各种关系的职业，如教育、医疗。

五是企业型。这种人喜欢支配别人，有冒险精神，自信而精力旺盛，好发表自己的见解。他们愿从事为直接获得经济效益而活动的职业。如经营管理、产品供销。

六是常规型。这种人易顺从，能自我抑制，想象力较差，喜欢稳定、有秩序的环境。在职业选择上愿从事有既定要求、比较简单而又刻板的工作，如办公室事务员、库房管理。

3. 性格与职业

心理学上把性格定义为个人对现实的稳定态度和习惯化了的行为方式。同气质相比它具有更大的后天性，是人在社会活动中通过与环境相互作用而逐步形成的。它一经形成就具有一定的稳定性。世界上没有性格完全相同的两个人，每个人都与别人有所不同。

职业心理学的研究表明，不同的职业对从业者的性格要求也不同。如从事教师职业的人要求乐观外向，乐于与人亲近，耐心正直，责任心强，稳定性好，安详沉着，冷静自信。而从事广告职业的人要求聪明、敏锐，敢于打破常规，狂放不羁，富于幻想。从事科学研究的人必须认真、聪明、独立自信、敢于怀疑、富于批判精神和创新意识。

性格对一个人的成功有着很大的影响。如果一个人从事的职业与他的个性相适应，工作起来就会得心应手，心情舒畅，容易取得成功。如果性格与职业不相适应，这种性格就会阻碍工作的顺利进展，使从业者感到被动、缺乏兴趣、倦怠、力不从心、精神紧张。

在通常的情况下，进取心强的人更容易取得成功。但是，任何一个人的性格都不可能是完美无瑕的，因为勇敢可能使人妄为，谨慎可能使人保守。性格的表露如果不能界定在一个范围内，本来良好的性格也会对自己的事业产生不利影响。

人的性格一旦形成，就很难改变，但是这并不是说人们只能顺其自然，人们仍可以通过自身的努力，充分发挥自己性格的优势方面的作用，避免或减少自己性格中的劣势方面对事业的影响。性格的作用是一把双刃剑，我们在选择人生目标时，一定要扬长避短，选择适合自己的职业。

随着社会的发展，特别是科学技术的发展，社会生产力及其结构的变化和社会分工的加强，社会对人才的需求也就不断地发生着变化。现实生活要求职校生必须正确地认识自我，使自己从思想上对择业有足够的信心。有些职校生在择业时犹豫不定、不能肯定自己的选择是否正确，这主要是缺乏自信心造成的，而缺乏自信心主要又是对自身缺乏客观的、正确的认识和评价。作为一名合格的职校生，没有理由低估自己的能力，但也不要有过高的期望值，这样才能实现人生目标，实现自我，实现服务于社会的目的。

【教学活动】

活动一　盘点自己

活动程序：

1. 每人准备好纸和笔，边思考边回答"我是一个什么样的人？"看看能否写出 20 个不

第一单元 规划我的未来

同的答案。要求尽量选择一些能反映个人特征的语句，然后在小组内交流，勇敢开放地表达自己，并回答"我为什么会认为自己是这样的一个人"，用以形成健康的自我形象。

2. 以良好的心境、积极的态度，运用自我观察的两种形式来了解自己，初步认识自己。

现实自我　　　　　　　　　　　理想自我

身高：＿＿＿＿＿＿＿＿＿＿＿　　　＿＿＿＿＿＿＿＿＿＿＿
体形：＿＿＿＿＿＿＿＿＿＿＿　　　＿＿＿＿＿＿＿＿＿＿＿
长相：＿＿＿＿＿＿＿＿＿＿＿　　　＿＿＿＿＿＿＿＿＿＿＿
性格：＿＿＿＿＿＿＿＿＿＿＿　　　＿＿＿＿＿＿＿＿＿＿＿
气质：＿＿＿＿＿＿＿＿＿＿＿　　　＿＿＿＿＿＿＿＿＿＿＿
能力：＿＿＿＿＿＿＿＿＿＿＿　　　＿＿＿＿＿＿＿＿＿＿＿
智力：＿＿＿＿＿＿＿＿＿＿＿　　　＿＿＿＿＿＿＿＿＿＿＿
兴趣：＿＿＿＿＿＿＿＿＿＿＿　　　＿＿＿＿＿＿＿＿＿＿＿
其他：＿＿＿＿＿＿＿＿＿＿＿　　　＿＿＿＿＿＿＿＿＿＿＿

活动二　优点大轰炸

以小组为单位，围成圆圈，一位同学坐在中央（每人轮流一次），其他人说出他的优点及欣赏之处，然后被称赞的同学说出哪些优点是自己觉察到的，哪些是未意识到的。通过这一活动，使自己学会发现别人的优点，学会欣赏别人，并对自己充满自信。

活动三　测试自己

活动方式：在教师指导下，选择测试系统，检测自己的潜能及职业倾向。

范例1　您是什么气质

我国心理学家陈会昌编制了一个气质测验表，可以帮助你大致确定自己的气质类型。

答题方法：仔细阅读下面的每一个问题，你认为很符合自己情况的，在题前括号内记2分，比较符合的记1分，比较不符合的记-1分，完全不符合的记-2分，介于符合与不符合之间的记0分。

测验题：

1. （　）做事力求稳妥，不做无把握的事。
2. （　）遇到可气的事就怒不可遏，想把心里话全说出来才痛快。
3. （　）宁可一个人干事，不愿很多人在一起。
4. （　）到一个新环境很快就能适应。
5. （　）厌恶那些强烈的刺激，如尖叫、噪声、危险镜头等。
6. （　）和人争吵时，总是先发制人，喜欢挑衅。
7. （　）喜欢安静的环境。
8. （　）善于和人交往。
9. （　）羡慕那种善于克制自己感情的人。
10. （　）生活有规律，很少违反作息制度。
11. （　）在多数情况下情绪是乐观的。

12. （　　）碰到陌生人觉得很拘谨。
13. （　　）遇到令人气愤的事，能很好地自我控制。
14. （　　）做事总有旺盛的精力。
15. （　　）遇到问题常举棋不定，优柔寡断。
16. （　　）在人群中从不觉得过分拘束。
17. （　　）情绪高昂时，觉得干什么都有趣；情绪低落时，又觉得什么都没意思。
18. （　　）当注意力集中于一事物时，别的事很难使我分心。
19. （　　）理解问题总比别人快。
20. （　　）碰到危险情景，常有一种极度恐怖感。
21. （　　）对学习、工作、事业怀有很高的热情。
22. （　　）能够长时间做枯燥单调的工作。
23. （　　）符合兴趣的事情，干起来劲头十足，否则就不想干。
24. （　　）一点小事就能引起情绪波动。
25. （　　）讨厌做那种需要耐心的工作。
26. （　　）与人交往不卑不亢。
27. （　　）喜欢参加热烈的活动。
28. （　　）爱看感情细腻、描写人物内心活动的文学作品。
29. （　　）工作学习时间长了，常感到厌倦。
30. （　　）不喜欢长时间谈论一个问题，愿意实际动手干。
31. （　　）宁愿侃侃而谈，不愿窃窃私语。
32. （　　）别人说我总是闷闷不乐。
33. （　　）理解问题常比别人慢些。
34. （　　）疲倦时只要短暂的休息就能精神抖擞，重新投入工作。
35. （　　）心理有话宁愿自己想，也不愿说出来。
36. （　　）认准一个目标就希望尽快实现，常比别人更疲倦。
37. （　　）学习、工作同样一段时间后，常比别人更疲倦。
38. （　　）做事有些莽撞，常常不考虑后果。
39. （　　）老师或师傅讲授新知识、技术时，总希望他说慢点，多重复几遍。
40. （　　）能够很快忘记那些不愉快的事情。
41. （　　）做作业或完成一件工作总比别人花的时间多。
42. （　　）喜欢运动量大的剧烈体育活动，或参加各种文艺活动。
43. （　　）不能很快把注意力从一件事转移到另一件事上去。
44. （　　）接受一个任务后，就希望把它迅速解决。
45. （　　）认为墨守成规比冒风险强些。
46. （　　）能够同时注意几件事情。
47. （　　）当我烦闷的时候，别人很难使我高兴起来。
48. （　　）爱看情节起伏跌宕、激动人心的小说。
49. （　　）对工作抱认真严谨、始终一贯的态度。
50. （　　）和周围人的关系总是相处不好。

51. （　　）喜欢复习学过的知识，重复做已经掌握的工作。
52. （　　）希望做变化大、花样多的工作。
53. （　　）小时候会背的诗歌，我似乎比别人记得更清楚。
54. （　　）别人说我"出语伤人"，可我并不觉得这样。
55. （　　）在体育活动中，常因反应慢而落后。
56. （　　）反应敏捷，头脑机智。
57. （　　）喜欢有条理而不甚麻烦的工作。
58. （　　）兴奋的事常使我失眠。
59. （　　）老师讲新概念，常常听不懂，但是弄懂以后，就很难忘记。
60. （　　）假如工作枯燥无味，马上就会情绪低落。

判断方法：把每题得分按下表题号相加，并算出各栏的总分。

气质类型	题号	总分
胆汁质	2 6 9 14 17 21 27 31 36 38 42 48 50 54 58	
多血质	4 8 11 16 19 23 25 29 34 40 44 46 52 56 60	
黏液质	1 7 10 13 18 22 26 30 33 39 43 45 49 55 57	
抑郁质	3 5 12 15 20 24 28 32 35 37 41 47 51 53 59	

答案：

1. 如果有一种气质类型的得分远高于其他三种，并且得分在 20 以上，则为典型的该类气质。例如，胆汁质得分为 23 分，而另外三种分别为 7，3，-6，则此人为典型的胆汁质。

2. 如果有一种气质的得分远高于其他三种，但得分在 15～20 之间，则为该气质的一般类型。例如，多血质得分为 17 分，则此人为一般多血质。

3. 如果四种气质中有两种气质的得分都比较高且比较接近，而另外两种的得分远低于他们，则属于前两种气质的混合气质。例如，胆汁质得分为 18 分，多血质得分为 16 分，而另外两种分别是 5 分和-3 分，则此人为胆汁质和多血质的混合型气质。

4. 如果有三种气质的得分都较高并较为接近，则属于三种气质的混合型气质。例如，黏液质得分为 13 分，抑郁质得分为 15 分，多血质得分为 10 分，而胆汁质得分为 4 分，则此人为前三种气质的混合型气质。

范例 2　个人职业性向的确定

结合职业性向理论，联系个人实际，利用下面所提供的有关职业性向测验量表，分析自己的职业性向，并在课堂讨论中做 10 分钟答辩，回答其合理与否。

附录 1

霍兰德职业性向测验量表

（《量表》引自卢荣远、唐宁玉、李凌编著：《职业心理与职业指导》北京：人民教育出版社，1996。转引自张再生编著：职业生涯管理，经济管理出版社，2002.1）

本测验量表将帮助您发现和确定自己的职业兴趣和能力特长，从而更好地作出求职择业决策。如果您已经考虑好或选择好了自己的职业，本测验将帮助您进行验证，或展示其他合适的职业；如果您至今尚未确定职业方向，本测验将帮助您根据自己的情况选择一个恰当的职业目标。

本测验共有 7 部分，每部分测验都没有时间限制，但请您尽快按要求完成。

第一部分　您心目中的理想职业（专业）

对于未来的职业（或升学进修的专业），您也得早有考虑，它可能很抽象、很朦胧，也可能很具体、很清晰。不论是哪种情况，现在都请您把自己最想干的 3 种工作或最想读的 3 种专业，按顺序写下来。

1. _____。
2. _____。
3. _____。

第二部分　您所感兴趣的活动

下面列举了若干活动，请就这些活动判断您的好恶。喜欢的，请在"是"栏里打√，不喜欢的在"否"栏里打×，每一个"√"计 1 分。请按顺序回答全部问题。

a）活动性：您喜欢从事下列活动吗？

R：现实型活动　　　　　　　　　　是　　　　　否
1. 装配修理电器或玩具　　　　　____　　　____
2. 修理自行车　　　　　　　　　____　　　____
3. 用木头做东西　　　　　　　　____　　　____
4. 开汽车或摩托车　　　　　　　____　　　____
5. 用机器做东西　　　　　　　　____　　　____
6. 参加木工技术学习班　　　　　____　　　____
7. 参加制图/描图学习班　　　　 ____　　　____
8. 驾驶卡车或拖拉机　　　　　　____　　　____
9. 参加机械和电器学习班　　　　____　　　____
10. 装配/修理机器　　　　　　　____　　　____
统计"是"一栏得分计　　　　　　____

A：艺术型活动　　　　　　　　　　是　　　　　否
1. 素描/制图或绘画　　　　　　　____　　　____
2. 参加话剧/戏曲　　　　　　　　____　　　____
3. 设计家具/布置室内　　　　　　____　　　____
4. 学习乐器/参加乐队　　　　　　____　　　____
5. 欣赏音乐或戏剧　　　　　　　____　　　____
6. 看小说/读剧本　　　　　　　　____　　　____
7. 从事摄影创作　　　　　　　　____　　　____
8. 写诗或吟诗　　　　　　　　　____　　　____
9. 进艺术（美术/音乐）培训班　　____　　　____

第一单元 规划我的未来

10．练习书法　　　　　　　　　　　____　　　____
统计"是"一栏得分计　　　　　　　　____

I：调查型活动	是	否
1．读科技图书和杂志	____	____
2．在实验室工作	____	____
3．改良水果品种	____	____
4．调查了解土和金属等物质的成分	____	____
5．研究自己选择的特殊问题	____	____
6．解算术和数学游戏	____	____
7．物理课	____	____
8．化学课	____	____
9．几何课	____	____
10．生物课	____	____

统计"是"一栏得分计　　　　　　　　____

S：社会型活动	是	否
1．学校或单位组织的正式活动	____	____
2．参加某个社会团体或俱乐部活动	____	____
3．帮助别人解决困难	____	____
4．照顾儿童	____	____
5．出席晚会、联欢会、茶话会	____	____
6．和大家一起出去郊游	____	____
7．想获得关于心理方面的知识	____	____
8．参加讲座会或辩论会	____	____
9．观看或参加体育比赛和运动会	____	____
10．结交新朋友	____	____

统计"是"一栏得分计　　　　　　　　____

E：企业型（事业型）活动	是	否
1．说服鼓动他人	____	____
2．卖东西	____	____
3．谈论政治	____	____
4．制订计划、参加会议	____	____
5．以自己的意志影响别人的行为	____	____
6．在社会团体中担任职务	____	____
7．检查与评价别人的工作	____	____
8．结交名流	____	____
9．指导有某种目标的团体	____	____
10．参与政治活动	____	____

统计"是"一栏得分计　　　　　　　　____

C：常规型（传统型）活动　　　　　　　是　　　　否
1. 整理好桌面和房间　　　　　　　　　___　　　___
2. 抄写文件和信件　　　　　　　　　　___　　　___
3. 为领导写报告或公务信函　　　　　　___　　　___
4. 检查个人收支情况　　　　　　　　　___　　　___
5. 参加打字培训班　　　　　　　　　　___　　　___
6. 参加算盘、文秘等实务培训　　　　　___　　　___
7. 参加商业会计培训班　　　　　　　　___　　　___
8. 参加情报处理培训班　　　　　　　　___　　　___
9. 整理信件、报告、记录等　　　　　　___　　　___
10. 写商业贸易信　　　　　　　　　　 ___　　　___
统计"是"一栏得分计　　　　　　　　　___

第三部分　您所擅长或胜任的活动

下面列举了若干活动，其中您能做或大概能做的事，请在"是"栏里打√，反之，在"否"栏里打×。请回答全部问题。

R：现实型能力　　　　　　　　　　　是　　　　否
1. 能使用电锯、电钻和锉刀等木工工具　___　　　___
2. 知道万用表的使用方法　　　　　　　___　　　___
3. 能够修理自行车或其他机械　　　　　___　　　___
4. 能够使用电钻床、磨床或缝纫机　　　___　　　___
5. 能给家具和木制品刷漆　　　　　　　___　　　___
6. 能看建筑设计图　　　　　　　　　　___　　　___
7. 能够修理简单的电器用品　　　　　　___　　　___
8. 能修理家具　　　　　　　　　　　　___　　　___
9. 能修录音机　　　　　　　　　　　　___　　　___
10. 能简单地修理水管　　　　　　　　 ___　　　___
统计"是"一栏得分计　　　　　　　　　___

A：艺术型能力　　　　　　　　　　　是　　　　否
1. 能演奏乐器　　　　　　　　　　　　___　　　___
2. 能参加二部或四部合唱　　　　　　　___　　　___
3. 独唱或独奏　　　　　　　　　　　　___　　　___
4. 扮演剧中角色　　　　　　　　　　　___　　　___
5. 能创作简单的乐曲　　　　　　　　　___　　　___
6. 会跳舞　　　　　　　　　　　　　　___　　　___
7. 能绘画、素描或书法　　　　　　　　___　　　___
8. 能雕刻、剪纸或泥塑　　　　　　　　___　　　___
9. 能设计板报、服装或家具　　　　　　___　　　___
10. 写得一手好文章　　　　　　　　　 ___　　　___

第一单元 规划我的未来

统计"是"一栏得分计　　　　　　　　____

I：调研型能力　　　　　　　　　　　是　　　　　否
1. 懂得真空管或晶体管的作用　　　　____　　　____
2. 能够列出三种蛋白质多的食品　　　____　　　____
3. 理解铀的裂变　　　　　　　　　　____　　　____
4. 能用计算尺、计算器、对数表　　　____　　　____
5. 会使用显微镜　　　　　　　　　　____　　　____
6. 能找到三个星座　　　　　　　　　____　　　____
7. 能独立进行调查研究　　　　　　　____　　　____
8. 能解释简单的化学现象　　　　　　____　　　____
9. 理解人造卫星为什么不落地　　　　____　　　____
10. 经常参加学术性的会议　　　　　 ____　　　____
统计"是"一栏得分计　　　　　　　　____

S：社会型能力　　　　　　　　　　　是　　　　　否
1. 有向各种人说明解释的能力　　　　____　　　____
2. 常参加社会福利活动　　　　　　　____　　　____
3. 能和大家一起友好相处地工作　　　____　　　____
4. 善于与年长者相处　　　　　　　　____　　　____
5. 会邀请人、招待人　　　　　　　　____　　　____
6. 能简单易懂地教育儿童　　　　　　____　　　____
7. 能安排会议等活动顺序　　　　　　____　　　____
8. 善于体察人心和帮助他人　　　　　____　　　____
9. 帮助护理病人和伤员　　　　　　　____　　　____
10. 安排社团组织的各种事务　　　　 ____　　　____
统计"是"一栏得分计　　　　　　　　____

E：企业型活动　　　　　　　　　　　是　　　　　否
1. 担任过学生干部并且干得不错　　　____　　　____
2. 工作上能指导和监督他人　　　　　____　　　____
3. 做事充满活力和热情　　　　　　　____　　　____
4. 有效利用自身的做法调动他人　　　____　　　____
5. 销售能力强　　　　　　　　　　　____　　　____
6. 曾作为俱乐部或社团的负责人　　　____　　　____
7. 向领导提出建议或反映意见　　　　____　　　____
8. 有开创事业的能力　　　　　　　　____　　　____
9. 知道怎样做能成为一个优秀的领导者　____　　 ____
10. 健谈善辩　　　　　　　　　　　 ____　　　____
统计"是"一栏得分计　　　　　　　　____

C：常规型能力　　　　　　　　　　　是　　　　　否
1. 会熟练地打印中文　　　　　　　　____　　　____

17

2. 会用外文打字机或复印机　　　　　　____　　　　____
3. 能快速记笔记和抄写文章　　　　　　____　　　　____
4. 善于整理保管文件和资料　　　　　　____　　　　____
5. 善于从事事务性的工作　　　　　　　____　　　　____
6. 会用算盘　　　　　　　　　　　　　____　　　　____
7. 能在短时间内分类和处理大量文件　　____　　　　____
8. 能使用计算机　　　　　　　　　　　____　　　　____
9. 能搜集数据　　　　　　　　　　　　____　　　　____
10. 善于为自己或集体作财务预算表　　 ____　　　　____
统计"是"一栏得分计　　　　　　　　　 ____

第四部分　您所喜欢的职业

下面列举了多种职业，请逐一认真地看，如果是您有兴趣的工作，请在"是"栏里打√；如果是您不太喜欢、不关心的工作，请在"否"栏里打×。请回答全部问题。

R：现实型职业　　　　　　　　　　　　是　　　　　否
1. 飞机机械师　　　　　　　　　　　　____　　　　____
2. 野生动物专家　　　　　　　　　　　____　　　　____
3. 汽车维修工　　　　　　　　　　　　____　　　　____
4. 木匠　　　　　　　　　　　　　　　____　　　　____
5. 测量工程师　　　　　　　　　　　　____　　　　____
6. 无线电报务员　　　　　　　　　　　____　　　　____
7. 园艺师　　　　　　　　　　　　　　____　　　　____
8. 长途公共汽车司机　　　　　　　　　____　　　　____
9. 火车司机　　　　　　　　　　　　　____　　　　____
10. 电工　　　　　　　　　　　　　　____　　　　____
统计"是"一栏得分计　　　　　　　　　 ____

S：社会型职业　　　　　　　　　　　　是　　　　　否
1. 街道、工会或妇联干部　　　　　　　____　　　　____
2. 小学、中学教师　　　　　　　　　　____　　　　____
3. 精神病医生　　　　　　　　　　　　____　　　　____
4. 婚姻介绍所工作人员　　　　　　　　____　　　　____
5. 体育教练　　　　　　　　　　　　　____　　　　____
6. 福利机构负责人　　　　　　　　　　____　　　　____
7. 心理咨询员　　　　　　　　　　　　____　　　　____
8. 共青团干部　　　　　　　　　　　　____　　　　____
9. 导游　　　　　　　　　　　　　　　____　　　　____
10. 国家机关工作人员　　　　　　　　 ____　　　　____
统计"是"一栏得分计　　　　　　　　　 ____

I：调研型职业	是	否
1．气象学或天文学者	____	____
2．生物学家	____	____
3．医学实验室的技术人员	____	____
4．人类学者	____	____
5．动物学者	____	____
6．化学学者	____	____
7．数学学者	____	____
8．科学杂志的编辑或作家	____	____
9．地质学者	____	____
10．物理学者	____	____
统计"是"一栏得分计	____	

E：企业型职业	是	否
1．厂长	____	____
2．电视剧制片人	____	____
3．公司经理	____	____
4．销售员	____	____
5．不动产推销员	____	____
6．广告部部长	____	____
7．体育活动主办者	____	____
8．销售部长	____	____
9．个体工商业者	____	____
10．企业管理咨询人员	____	____
统计"是"一栏得分计	____	

A：艺术型职业	是	否
1．乐队指挥	____	____
2．演奏家	____	____
3．作家	____	____
4．摄影家	____	____
5．记者	____	____
6．画家、书法家	____	____
7．歌唱家	____	____
8．作曲家	____	____
9．电影、电视演员	____	____
10．节目主持人	____	____
统计"是"一栏得分计	____	

C：常规型职业	是	否
1．会计师	____	____
2．银行出纳员	____	____
3．税收管理员	____	____

4. 计算机操作员　　　　　　　　＿＿＿＿　　　＿＿＿＿
5. 簿记人员　　　　　　　　　　＿＿＿＿　　　＿＿＿＿
6. 成本核算员　　　　　　　　　＿＿＿＿　　　＿＿＿＿
7. 文书档案管理员　　　　　　　＿＿＿＿　　　＿＿＿＿
8. 打字员　　　　　　　　　　　＿＿＿＿　　　＿＿＿＿
9. 法庭书记员　　　　　　　　　＿＿＿＿　　　＿＿＿＿
10. 人口普查登记员　　　　　　　＿＿＿＿　　　＿＿＿＿
统计"是"一栏得分计　　　　　　　＿＿＿＿

第五部分　您的能力类型简评

下面两张表是您在 6 个职业能力方面的自我评定表。您可以先与同龄者比较出自己在每一方面的能力，然后经斟酌后对自己的能力作一评价。请在表中适当的数字上画圈。数字越大，表示您的能力越强。

注意，请勿全部画同样的数字，因为人的每项能力不可能完全一样。

表 A

R 型	I 型	A 型	S 型	E 型	C 型
机械操作能力	科学研究能力	艺术创作能力	解释表达能力	商业洽谈能力	事务执行能力
7	7	7	7	7	7
6	6	6	6	6	6
5	5	5	5	5	5
4	4	4	4	4	4
3	3	3	3	3	3
2	2	2	2	2	2
1	1	1	1	1	1

表 B

R 型	I 型	A 型	S 型	E 型	C 型
体力技能	数学技能	音乐技能	交际能力	领导技能	办公技能
7	7	7	7	7	7
6	6	6	6	6	6
5	5	5	5	5	5
4	4	4	4	4	4
3	3	3	3	3	3
2	2	2	2	2	2
1	1	1	1	1	1

第六部分　统计和确定您的职业倾向

请将第二部分至第五部分的全部测验分数按前面已统计好的 6 种职业倾向（R 型、I 型、A 型、S 型、E 型和 C 型）得分填入下表，并作纵向累加。

测试	R 型	I 型	A 型	S 型	E 型	C 型
第二部分						
第三部分						
第四部分						
第五部分						
总　分						

第一单元　规划我的未来

请将上表中的 6 种职业倾向总分按大小顺序依次从左到右排列：
____型　　____型　　____型　　____型　　____型　　____型
您的职业倾向得分：最高分_____　最低分_____

第七部分　您所看重的东西——职业价值观

这一部分测验列出了人们在选择工作时通常会考虑的 9 种因素。现在请您在其中选出最重要的两项因素，以及最不重要的两项因素，并将序号填入下列相应空格上。

最重要：_____　　　次重要：_____
最不重要：_____　　次不重要：_____

附：工作价值标准
1. 工资高、福利好
2. 工作环境（物质方面）舒适
3. 人际关系良好
4. 工作稳定、有保障
5. 能提供较好的受教育机会
6. 有较高的社会地位
7. 工作不太紧张、外部压力小
8. 能充分发挥自己的能力特长
9. 社会需要与社会贡献大

以上全部测验完毕。

现在，将您测验得分居第一位的职业类型找出来，判断一下自己适合的职业类型。

职业索引——职业兴趣代号与其相应的职业对照表：

R（现实型）：木匠、农民、操作 X 光的技师、工程师、飞机机械师、鱼类和野生动物专家、自动化技师、机械工（车工、钳工等）、电工、无线电服务员、火车司机、长途公共汽车司机、机械制图员、修理机器、电器师。

I（调查型）：气象学者、生物学者、天文学者、药剂师、动物学者、化学家、科学报刊编辑、地质学者、植物学者、物理学者、数学家、实验员、科研人员、作家。

A（社会型）：社会学者、导游、福利机构工作者、咨询人员、社会工作者、社会科学教师、学校领导、精神病工作者、公共保健护士。

E（企业型）：推销员、进货员、商品批发员、旅馆经理、饭店经理、广告宣传员、调度员、律师、政治家、零售商。

C（常规型）：记账员、会计、银行出纳、法庭速记员、成本估算员、税务员、核算员、打字员、办公室职员、统计员、计算机操作员、秘书。

下面介绍与您 3 个代号的职业兴趣一致的职业表。

对照的方法如下：首先根据您的职业兴趣代号，在下表中找出相应的职业，例如您的职业兴趣代号是 RIA，那么，牙科技术人员、陶工等是适合您兴趣的职业。然后寻找与您职业兴趣代号相近的职业，如您的职业兴趣代号为 RIA，那么，其他由这三个字母组合成的编号（如 IRA、IAR、ARI 等）对应的职业，也较适合您的兴趣。

RIA：牙科技术员、陶工、建筑设计员、模型工、细木工、制作链条人员。

21

RIS：厨师、林务员、跳水员、潜水员、染色员、电器修理员、眼镜制作员、电工、纺织机器装配工、服务员、装玻璃工人、发电厂工人、焊接工。

RIE：建筑和桥梁工程技术人员、环境工程技术人员、航空工程技术人员、公路工程技术人员、电力工程技术人员、信号工程技术人员、电话工程技术人员、一般机械工程技术人员、自动化工程技术人员、矿业工程技术人员、海洋工程技术人员、交通工程技术人员、制图员、家政经济人员、计量员、农民、农场工人、农业机械操作工、清洁工、无线电修理工、汽车修理工、手表修理、管子工、线路装配工、工具仓库管理员。

RIC：船上工作人员、接待员、杂志保管员、牙医助手、制帽工、磨坊工、石匠、机器制造工、机车制造工、农业机器装配工、汽车装配工、缝纫机装配工、钟表装配和检验工、电动器具装配工、鞋匠、锁匠、货物检验员、电梯修理工、托儿所所长、钢琴调音员、钢琴装配工、印刷工、建筑钢铁工人、卡车司机。

RAI：手工雕刻、玻璃雕刻、制作模具人员，家具木工，制作皮革品、手工绣花、手工钩针编织、印刷工人，图画雕刻、装订工。

RSE：消防员、交通巡警、警察、门卫、理发师、房间清洁工、屠夫、锻工、开凿工人、管道安装工、出租汽车驾驶员、货物搬运工、送报员、勘探员、娱乐场所的服务员、起卸机操作员、灭害虫者、电梯操作工、厨房助手。

RSI：纺织工、编织工、农业学校教师、某些职业课程教师（如艺术、商业、技术、工艺课程）、雨衣上胶工。

REC：抄水表员、保姆、实验室动物饲养员、动物管理员。

REI：轮船船长、航海领航员、大副、试管实验员。

RES：旅馆服务员、家畜饲养员、渔民、渔网修补工、水手长、收割机操作工、搬运行李工人、公园服务员、救生员、登山导游、火车工程技术员、建筑工人、铺轨工人。

RCI：测量员、勘测员、仪表操作者、农业工程技术员、化学工程技师、民用工程技师、石油工程技师、资料室管理员、探矿工、煅烧工、烧窑工、矿工、保养工、磨床工、取样工、样品检验员、纺纱工、炮手、漂洗工、电焊工、锯木工、刨床工、制帽工、手工缝纫工、油漆工、染色工、按摩工、木匠、农民、建筑工人、电影放映员、勘测员助手。

RCS：公共汽车驾驶员、一等水手、游泳池服务员、裁缝、建筑工人、石匠、烟囱修建工、混凝土工、电话修理工、爆炸手、邮递员、矿工、裱糊工人、纺纱工。

RCE：打井工、吊车驾驶员、农场工人、邮件分类员、铲车司机、拖拉机司机。

IAS：普通经济学家、农场经济学家、财政经济学家、国际贸易经济学家、实验心理学家、工程心理学家、心理学家、哲学家、内科医生、数学家。

IAR：人类学家、天文学家、化学家、物理学家、医学病理学家、动物标本剥制者、化石修复者、艺术品管理员。

ISE：营养学饮食顾问、火灾检查员、邮政服务检查员。

ISC：侦察员、电视播音室修理员、验尸室人员、编目录者、医学实验室技师、调查研究者。

ISR：水生生物学者、昆虫学者、微生物学者、配镜师、矫正视力者、细菌学家、牙科医生、骨科医生。

ISA：实验心理学家、普通心理学家、发展心理学家、教育心理学家、社会心理学家、临床心理学家、目录学家、皮肤病学家、精神病学家、妇产科医生、眼科医生、五官科医生、医学实验室技术人员、民航医务人员、护士。

  IES：细菌学家、生理学家、化学专家、地质专家、地理物理学专家、纺织技术专家、医院药剂师、工业药剂师、药房管理员。

  IEC：档案保管员、保险统计员。

  ICR：质量检验技术员、地质学技师、工程师、法官、图书馆技术辅导员、计算机操作员、医院听诊员、家禽检查员。

  IRA：地理学家、地质学家、水文学家、矿物学家、古生物学家、石油学家、声学物理学家、原子和分子物理学家、电学和磁学物理学家、气象学家、设计审核员、人口统计学家、数学统计学家、外科医生、城市规划家、气象员。

  IRS：流体物理学家、物理海洋学家、等离子体物理学家、农业科学家、动物学家、食品科学家、园艺学家、植物学家、细菌学家、解剖学家、动物病理学家、作物病理学家、药物学家、生物化学家、生物物理学家、细胞生物学家、临床化学家、遗传学家、分子生物学家、质量控制工程师、地理学家、兽医、放射治疗技师。

  IRE：化验员、化学工程师、纺织工程师、食品技师、渔业技术专家、材料和测试工程师、电气工程师、土木工程师、航空工程师、行政官员、冶金专家、原子核工程师、陶瓷工程师、地质工程师、电力工程师、口腔科医生、牙科医生。

  IRC：飞机领航员、飞行员、物理实验室技师、文献检查员、农业技术专家、动植物技术专家、生物技师、油管检查员、工商业规划者、矿藏安全检查员、纺织品检验员、照相机修理者、工程技术员、编计算机程序者、工具设计者、仪器维修工。

  CRI：簿记员、会计、记时员、铸造机操作工、打字员、按键操作工、复印机操作工。

  CRS：仓库保管员、档案管理员、缝纫工、讲述员、收银员。

  CRE：标价员、实验室工作者、广告管理员、电动机装配工、缝纫机操作工。

  CIS：记账员、顾客服务员、报刊发行员、土地测量员、保险公司职员、会计师、估价员、邮政检查员、外贸检查员。

  CIE：打字员、统计员、支票记录员、订货员、校对员、办公室工作人员。

  CIR：校对员、工程职员、海底电报员、检修计划员、发报员。

  CSE：接待员、通信员、电话接线员、售票员、旅馆服务员、私人职员、商学教师、旅游办事员。

  CSR：货运代理商、铁路职员、交通检查办公室通讯员、簿记员、出纳员、银行财务职员。

  CSA：秘书、图书管理员、办公室办事员。

  CER：邮递员、数据处理员、航空邮件检查员。

  CEI：推销员、经济分析家。

  CES：银行会计、记账员、法人秘书、速记员、法院报告人。

  ECI：银行行长、审计员、信用管理员、地产管理员、商业管理员。

  ECS：信用办事员、保险人员、各类进货员、海关服务经理、售货员、采购员、会计。

  ERI：建筑物管理员、工业工程师、农场管理员、护士长、农业经营管理人员。

  ERS：仓库管理员、房屋管理员、货栈监督管理员。

ERC：邮政局长、渔船船长、机械操作领班、木工领班、瓦工领班、驾驶员领班。
EIR：科学、技术和有关周期出版物的管理员。
EIC：专利代理人、鉴定人、运输服务检查员、安全检查废品收购员。
EIS：警官、侦察员、交通检验员、安全咨询员、合同管理员、商人。
EAS：法官、律师、公证人。
EAR：展览室管理员、舞台管理员、播音员、驯兽员。
ESC：理发师、裁判员、政府行政管理人员、财政管理工程与管理职业病防治医师、售货员、商业经理、办公室主任、人事负责人、调度员。
ESR：家具售货员、书店售货员、公共汽车驾驶员、日用品售货员、护士长、自然科学和工程的行政领导。
ESI：博物馆管理员、图书馆管理员、古迹管理员、饮食业经理、地区安全服务管理员、技术服务咨询者、超级市场管理、零售商店店员、批发商、出租汽车服务站调度。
ESA：博物馆馆长、报刊管理员、音乐器材售货员、广告商售画营业员、导游、事务长、飞机上的服务员、船员、法官、律师。
ASE：戏剧导演、舞蹈教师、广告撰稿人、报刊专栏作者、记者、演员、英语翻译。
ASI：音乐教师、乐器教师、美术教师、管弦乐指挥、合唱队指挥、歌星、演奏家、哲学家、作家、广告经理、时装模特。
AER：新闻摄影师、电视摄像师、艺术指导、录音指导、丑角演员、魔术师、木偶戏演员、骑士、跳水员。
AEI：音乐指挥、舞台指导、电影导演。
AES：流行歌手、舞蹈演员、电影导演、广播节目主持人、舞蹈教师、口技表演者、喜剧演员、模特。
AIS：画家、剧作家、编辑、评论家、时装艺术大师、新闻摄影师、男演员、文学作家。
AIE：花匠、皮衣设计师、工业产品设计师、剪影艺术家、复制雕刻品大师。
AIR：建筑师、画家、摄影师、绘图员、环境美化工、雕刻家、包装设计师、陶器设计师、绣花工、漫画家。
SEC：社会活动家、退伍军人服务官员、工商会事务代表、教育咨询者、宿舍管理员、旅馆经理、饮食服务管理员。
SER：体育教练、游泳指导。
SEI：大学校长、学院院长、医院行政管理员、历史学家、家政经济学家、职业学校教师、资料员。
SEA：娱乐活动管理员、国外服务办事员、社会服务助理、一般咨询者、宗教教育工作者。
SCE：部长助理、福利机构职员、生产协调人、环境卫生管理人员、戏院经理、餐厅经理、售票员。
SRI：外科医师助理、医院服务员。
SRE：体育教师、职业病治疗者、体育教练、专业运动员、房管员、儿童家庭教师、警察、引座员、传达员、保姆。
SRC：护理员、护理助理、医院勤杂工、理发师、学校儿童服务人员。
SIA：社会学家、心理咨询者、学校心理学家、政治科学家、大学或学院的系主任、大

第一单元 规划我的未来

学或学院的教育学教师、大学农业教师、大学工程和建筑课程的教师、大学法律教师、大学数学教师、大学医学教师、大学物理教师、大学社会科学教师、大学生命科学教师、研究生助教、成人教育教师。

SIE：营养学家、饮食学家、海关检查员、安全检查员、税务稽核员、校长。

SIC：描图员、兽医助理、诊所助理、体检检查员、监督缓刑犯的工作、娱乐指导者、咨询人员、社会科学教师。

SIR：理疗员、救护队工作人员、手足病医生、职业病治疗助手。

SAC：理发师、指甲修剪师、包装艺术家、美容师、整容专家、发型设计师。

SAE：听觉病治疗者、演讲矫正者。

SAE：图书馆管理员、小学教师、幼儿园教师、学前儿童教师、中学教师、师范院校教师、盲人教师、智障人员教师、聋哑人员教师、学校护士、牙科助理、飞行指导员。

范例3 职业能力倾向的自我测定

本测验把人的职业能力倾向分为 9 种，每种能力由一组 5 个题目反映。测试时，请您仔细阅读每一题，采用"五等评分法"自己进行评定。然后分别计算出自评等级。

（一）一般学习能力倾向（G）   强   较强   一般   较弱   弱
                                  1   2   3   4   5

1. 快而容易地学习新内容
2. 快而正确地解数学题
3. 您的学习成绩处于
4. 对课文的字、词、段落篇章的
   理解、分析和综合
5. 对学习过的知识的记忆能力

（二）言语能力倾向（V）   强   较强   一般   较弱   弱
                                1   2   3   4   5

1. 善于表达自己的观点
2. 阅读速度和理解能力
3. 掌握词汇量的程度
4. 您的语文成绩
5. 您的文学创作能力

（三）算术能力倾向（N）   强   较强   一般   较弱   弱
                                1   2   3   4   5

1. 作出精确的测量
2. 笔算能力
3. 口算能力
4. 打算盘
5. 您的数学成绩

（四）空间判断能力倾向（S）   强   较强   一般   较弱   弱

| | 1 | 2 | 3 | 4 | 5 |

1. 解决立体几何方面的习题
2. 画三维度的立体图形
3. 看几何图形的立体感
4. 想象盒子展开后的平面图
5. 想象三维度的物体

（五）形态知觉能力倾向（P）　　　强　较强　一般　较弱　弱
　　　　　　　　　　　　　　　　　1　　2　　3　　4　　5

1. 发现相似图形中的细微差别
2. 识别物体的形状差异
3. 注意物体的细节部分
4. 观察物体的图案是否正确
5. 对物体的细节描述

（六）书写知觉（Q）　　　　　　　强　较强　一般　较弱　弱
　　　　　　　　　　　　　　　　　1　　2　　3　　4　　5

1. 快而准地抄写资料（如姓名、日期、电话号码）
2. 发现错别字
3. 发现计算错误
4. 能很快查找编码卡片
5. 自我控制能力（如较长时间抄写资料）

（七）眼手运动协调能力倾向（K）　强　较强　一般　较弱　弱
　　　　　　　　　　　　　　　　　1　　2　　3　　4　　5

1. 玩电子游戏
2. 打篮球、排球、足球一类活动
3. 打乒乓球、羽毛球运动
4. 打算盘能力
5. 打字能力

（八）手指灵巧度（F）　　　　　　强　较强　一般　较弱　弱
　　　　　　　　　　　　　　　　　1　　2　　3　　4　　5

1. 灵巧地使用很小的工具
2. 穿针眼、编织等使用手指的活动
3. 用手指做一件小工艺品
4. 使用计算机的灵巧程度
5. 弹琴

（九）手腕灵巧度（M）　　　　　　强　较强　一般　较弱　弱
　　　　　　　　　　　　　　　　　1　　2　　3　　4　　5

1. 用手把东西分类
2. 在推东西时手的灵活度

3．很快地削水果
4．灵活地使用手工工具
5．在绘画、雕刻等手工活动中的灵活性

统计分数的方法：

1．每一类能力倾向计算总计次数

对每一道题目，采用"强"、"较强"、"一般"、"较弱"、"弱"5 个等级，供您自评。每组 5 道题完成后，分别统计各等级选择的次数总和，然后用下面公式计算出该类的总计次数（把"强"定为第一项，依次类推，"弱"定为第五项；第一项之和就是选强的次数和）。

总计次数=（第一项之和×1）+（第二项之和×2）+（第三项之和×3）+（第四项之和×4）+（第五项之和×5）

2．计算每一类能力倾向的自评等级

自评等级=总计次数/5

3．将自评等级填入下表

职业能力倾向	自评等级	职业能力倾向	自评等级
G		Q	
V		K	
N		F	
S		M	
P			

根据结果对照下表，可找到您适合的职业。

职业对人的职业能力倾向的要求

职业类型	G	V	N	S	P	Q	K	F	M
生物学家	1	1	1	2	2	3	3	2	3
建筑师	1	1	1	1	2	3	3	3	3
测量员	2	2	2	2	2	3	3	3	3
测量辅导员	4	4	4	4	4	3	4	3	
制图员	2	3	2	2	2	3	2	2	3
建筑和工程技术专家	2	2	2	2	2	3	3	3	3
物理科学技术员	2	3	3	3	2	3	3	3	3
农业、生物、动物、植物学的技术专家	2	2	2	4	2	3	3	2	3
农业、生物、动物、植物学的技术员	2	3	3	4	2	3	3	3	3
数学家和统计学家	1	1	1	3	3	2	4	4	4
系统分析和计算机程序编制员	2	2	2	3	3	2	4	4	4
经济学家	1	1	1	4	4	2	4	4	4
社会学家、人类学家	1	1	3	2	2	3	4	4	4
心理学家	1	1	2	2	2	3	4	4	4
历史学家	1	1	3	4	4	3	4	4	4

职业								
哲学家	1	1	4	3	3	3	4	4	4
政治学家	1	1	3	4	4	3	4	4	4
政治经济学家	2	2	2	3	3	3	3	3	5
社会工作者	2	2	3	4	4	3	4	4	4
社会服务助理人员	3	3	3	4	4	3	4	4	4
法官	1	1	3	4	3	3	4	4	4
律师	1	1	3	4	4	3	4	4	4
公证人	2	2	3	4	3	3	4	4	4
图书馆管理学专家	2	2	3	3	4	2	3	4	4
图书馆、博物馆和档案管理员	3	3	3	2	2	4	3	2	3
职业指导者	2	2	3	4	4	3	4	4	4
大学教师	1	1	3	3	3	3	4	4	4
中学教师	2	2	3	4	3	3	4	4	4
小学和幼儿园教师	2	2	3	3	3	3	3	3	3
职业学校教师（职业课）	2	2	2	3	3	3	3	3	3
职业学校教师（普通课）	2	2	3	4	3	3	4	4	4
内、外、牙科医生	1	1	2	1	2	3	2	2	2
兽医学家	1	1	2	1	2	3	2	2	2
护士	2	2	3	3	3	3	3	3	3
护士助手	2	4	4	4	4	2	2	3	2
工业药剂师	2	1	2	3	2	2	3	2	3
医院药剂师	2	2	2	4	9	2	3	2	3
营养学家	2	2	2	3	3	3	4	4	4
配镜师（医）	2	2	2	2	2	3	3	3	3
配眼镜商	3	3	3	3	3	4	3	2	3
放射科技术人员	3	3	3	3	3	3	3	3	3
药物实验室技术专家	2	2	2	3	2	3	3	2	3
药物实验室技术员	2	3	3	3	3	3	3	3	3
画家、雕刻家	2	3	4	2	2	5	2	1	2
产品设计和内部装饰者	2	2	3	2	2	3	2	2	2
舞蹈家	2	3	3	2	3	4	2	2	2
演员	2	2	3	4	4	4	4	4	4
电台播音员	2	2	3	4	4	3	4	4	4
作家和编辑	2	1	3	3	3	3	4	4	4
翻译人员	2	1	4	4	4	3	4	4	4
体育教练	2	2	2	4	3	4	4	4	4
运动员	3	3	4	2	3	2	2	2	2
秘书	3	3	3	4	3	2	3	3	3
打字员	3	3	4	4	4	3	3	3	3

职业									
记账员	3	3	3	4	4	2	3	3	4
出纳员	3	3	3	4	4	2	3	3	4
统计员	3	3	2	4	3	2	3	3	4
电话接线员	3	3	4	4	4	3	3	3	3
一般办公室职员	3	4	3	4	4	3	4	3	3
商业经营管理	2	2	3	4	4	3	4	4	4
售货员	3	3	3	4	4	3	4	4	4
警察	3	3	3	4	3	3	3	4	3
门卫	4	4	5	4	4	4	4	4	4
厨师	4	4	4	4	3	4	3	3	3
招待员	3	3	4	4	4	3	4	4	3
理发员	3	3	4	4	9	4	2	2	2
导游	3	3	4	3	3	5	3	3	3
驾驶员	3	3	3	3	3	3	3	4	3
农民	3	4	4	4	4	4	4	4	4
动物饲养员	3	4	4	4	4	4	4	4	4
渔民	4	4	4	4	4	5	3	4	3
矿工	3	4	4	3	4	5	3	4	3
纺织工人	4	4	4	4	3	5	3	4	3
机床操作工	3	4	4	3	4	4	3	4	3
锻工	3	4	4	3	4	4	3	4	3
无线电修理工	3	3	3	3	2	3	3	3	3
细木工	3	3	3	4	4	3	4	4	4
家具木工	3	3	3	3	4	3	4	3	4
一般木工	3	4	4	3	4	3	4	3	4
电工	3	3	3	3	3	3	3	3	3
裁缝	3	3	4	3	3	4	3	2	3

第二节　了解职业

世上没有卑贱的职业，只有卑贱的人。

——林肯

社会是一个大家庭，我们每个人都生活在这个大家庭中。但由于学识、性格、机遇的不同，我们就业于不同的岗位，从事着不同的工作，这就是我们常常说的"职业"。人人都想有一个好工作，人人都想从工作中获取更高的报酬，使自己的生活更美好。因此，作为一个职校学生，必须对职业有一个较为清醒的认识，以便根据自身的条件，选择一个最能发挥自己特长的职业，一个能使自己进步更快的工作，从而实现自己的人生理想，使自己的人生更加精彩。

一、什么是职业

1. 职业的性质、特点和作用

（1）职业的性质。

职业是人们在社会中所从事的作为主要生活来源的工作，通常又称为工作岗位，如售货员、推销员、秘书、技术员、警察、教师、司机、会计、厨师，等等；从国家的角度来看，每一种职业都是社会分工中的一个部门，就像一台大机器上的一个个零部件；从个人的角度来看，职业则是劳动者"扮演"的社会角色，他因此而为社会承担一定的义务和责任，并获得相应的报酬。

（2）职业的特点。

① 专业性。

职业是人们从事的专门业务，一个人要从事某一种职业，就必须具备专门的知识、能力和特定的职业道德品质。如汽车维修工，要有汽车构造等方面的知识，具备汽车故障判断与维修的能力和精益求精的工作态度；一个演员，就必须有音乐、美术、表演等方面的知识和热爱观众的工作态度。随着社会的发展、科技的进步，劳动的专业化程度越来越高，职业的专业性也会越来越强。

② 多样性。

随着社会的进步，社会分工越来越细，职业种类越来越多，职业的差别也越来越大，并呈现出多样性特点。劳动部 1992 年 2 月颁布的《中华人民共和国工种分类目录》中，光工种就有 4700 多个。21 世纪，在知识经济的推动下，我国的产业结构必将发生重大变化，随之会产生许多新行业，增加许多新职业。

③ 技术性。

每一种职业都有一定的技术含量或技术规范要求。如厨师，在刀工、火候上都有一定的技术要求和操作规范，需要进行专门的学习与训练。在人类进入工业时代以后，科学技术得以广泛应用，职业的科学技术含量越来越高，以至在从事某一种职业之前，必须经过一定的时间，针对某一特定的职业进行专业知识教育，并进行专门的技术技能或操作规程的训练。这也正是职业教育兴起、广泛发展和同学们进入职业学校接受职业教育的重要原因。

④ 时代性。

随着时代的发展变化，新的职业不断产生，原有的职业也获得新的时代内容，另有一些职业会消失。如 20 世纪以来，出现了广播电视播音员、计算机程序设计员、计算机文字处理员、激光照排工等新的职业；而电话接线员、机械打字机操作员、铅字工等已经或者趋于消失；原来已有的农民、教师、会计等传统职业，其劳动的科技含量也越来越高。

从不同的角度分析，职业除了上述特点以外，还有社会性、经济性、稳定性等。

（3）职业的作用。

职业是实现人生价值的舞台，它对社会和人生起着十分重要的作用。

① 职业是决定人们生活方式的基础。

职业是人们生存的基础，是个人获得经济收入的来源，它决定着人们生活质量的好坏。

例如：地质队员的工作地点肯定不是在大城市，野外是主要的工作场所，生活也就自然长期在野外了；广告从业人员，工作的时间很难有明确的界限，生活也自然受到很大的影响，按时上下班通常是一种奢望；学校老师的工资不高，但由于职业的关系，生活一般比较稳定，生活质量也较高。不同职业、职位就业者带来的经济收入存在明显差别，经济收入的高低影响着人们的生活水平，对人们的生活方式也会带来巨大影响。

② 职业是实现个体价值的途径。

自我价值的实现是人们最高层次的需要。人们从事某种职业不仅是为了获得报酬，更重要的是在职业活动中展现自己的智慧和才华，发挥和发展自己的潜能，实现自己的人生理想和价值。值得注意的是，只有个人的需要与社会的需要很好地结合起来，个体价值才能实现。

③ 职业是完善人们个性的手段。

职业作为一个特定的社会角色，影响着从业者个人兴趣、能力及性格的形成和完善，不同的职业对人们个性的影响各有不同。如教师对其个人口头表达能力的完善，推销人员对其社交能力的培养等。职业对人们性格的影响也很明显，严肃活泼、团结紧张的军旅生活可以使人变得勇敢、机智；运动员职业能培养人坚忍不拔、顽强拼搏的性格；企业管理职业能使人具有勇敢、沉着、果断的性格。

④ 职业是推动社会进步的动力。

职业的形成是合理社会分工、充分发挥人们的聪明才智的结果。从社会学的角度看，职业发展反映了社会的进步。人类社会是由政治、经济、文化、教育、科学技术等诸方面构成的。人类社会的发展是以上诸因素共同发展的结果，这些因素的发展又是与之相适应的职业者密不可分的。如科学技术工作者推动科技的发展与进步、医务工作者推动医疗技术的进步、教师推动教育事业的发展，等等。在当今社会中，每一项主要工作，每一种重要的劳动以及社会活动，都有与之相应的职业。也正是在这些职业中，有着不懈努力的从业人员，才使社会不断发展进步。

⑤ 职业是个人服务社会、服务他人的岗位。

在我们的社会里，人人都是服务对象，人人又都为他人服务。每个人都是社会的一分子，既享受社会提供的便利和服务，同时，在进入劳动年龄阶段又应当承担一定的社会义务，为社会创造财富，为现代化建设出力，为他人提供服务。从事的某种职业既是个人在社会劳动体系中进行具体劳动创造的体现，又是为社会建功立业的途径。同时职业生活还能促进个人的进一步社会化，成为一个社会人，为人的一生的顺利发展创造条件。

2．职业的产生、发展和趋势

（1）职业的产生。

职业是社会分工的产物。随着社会生产力的不断发展，人们征服自然、改造自然的能力不断提高，长期的狩猎生活，使人们认识到牛、马、羊、猪、鸡等动物可以驯化和饲养，于是一些人专门从事动物的驯化和饲养，称为牧人，产生了畜牧业；在与植物长期打交道的过程中，人们学会了种植，形成了"依水而居，围田而耕，日出而作，日落而息"的农耕生活而成为农民，产生了农业；随着人类社会的进步，人需要穿衣遮体御寒，为了满足人们穿戴的需要，有的人专门从事纺纱织布、做衣服、做鞋等，成为手艺人即手工业者，如纺织工、织工、鞋匠等，产生了手工业；随着生产力的进一步发展，为了满足人们对多种生活品的需要，有的人专门从事商品的买卖，成为商人，产生了商业。而体力劳动和脑力劳动分工的出现，又使有的人专门从事国家管理，有的人专门从事理论研究，有的人专门从事科学技术发明，有的人专门从事文学艺术创作，等等。人类进入现代工业社会以后，科学技术的广泛运用，促使生产力迅速发展，社会分工越来越细，职业也就越来越多。

（2）职业的发展演变。

职业的演化是一个漫长的复杂的过程。在原始社会初期，由于没有社会分工，也就没有职业。在原始社会后期，人类进行了三次社会大分工，从而产生了职业。进入奴隶制社会和封建社会以后，多数人从事农牧业劳动，少数人从事手工业劳动。由于社会分工和科技发展是渐进的，因而，职业的分化也是缓慢的。人们沿袭着基本相同的生产方式、生活方式、行为方式，以至于可以短期内获得一生所需要的知识和技能。资本主义社会的出现，工业革命使人类进入现代工业社会，生产力由于机械化、电气化、自动化的相继实现而大大提高，使经济结构、产业结构、社会结构等发生了巨大变化，人们劳动的专业化程度越来越高，使得人们的生产方式、生活方式和行为方式产生了前所未有的变化。职业的变化和增多使新旧职业更替的速度加快，人们必须不断学习，掌握专业技能，终生接受教育，才能适应职业的快速变化。

社会经济结构对职业结构的演化起着重要决定作用。在自然经济占统治地位的社会里，经济发展十分缓慢，产业结构、行业结构和职业结构的变迁都十分缓慢。工业革命以后，经济增长成为社会进步的基础，越来越成为各国谋求发展的主要途径，经济发展的结果使产业结构、行业结构变迁的速度加快。比如，18 世纪，钢铁和建筑行业则开始超过其他行业。而电子、计算机行业从产生到发展成为当今社会的一个主要行业只用了短短几十年的时间，与此相适应的职业结构，如职业的种类、数量和分布状况等，即职业的演化速度在加快，职业更替频率也在加快。

社会分工的发展和科学技术的进步对职业的演化起着重要的推动作用。科学技术的发展，带来了许多新技术、新产品、新工艺、新设备，对它们的研究和应用必然导致新旧职业更替。比如，激光照排技术的发明和应用，产生了计算机打印和激光照排的职业，原来的手工排字员将失业；计算机的发明和应用，出现了如计算机设计、计算机网络、自动控制等职业。总之，科学技术发展越快，职业变化也就越迅速。

21 世纪是技术创新的世纪，科技的发展速度是空前的，人一生面临的职业变化也会越来越频繁。据联合国教科文组织统计，当今世界发达国家，每个人一生平均有 4~5 次的职业转换。美国的产业工人一生中岗位流动平均达 17 次之多，日本人一生中职业转换也有 6 次以上，我国目前就业人员的职业转换平均也有 3~4 次。这说明职业既有稳定性、连续性，也有流动性、变化性。

（3）中职生的就业现状。

2013 年 2 月 28 日公布的《2012 中国中等职业学校学生发展与就业报告》显示，中职毕业生成为中国现代化建设产业大军中的技能人才队伍的有生力量。"十一五"期间，全国共计有 2800 多万中职毕业生进入各行各业，与普通高中毕业生数量基本持平。特别是 2009 年以来，每年中职毕业生人数都超过 600 万，直接就业人数超过 500 万。

中职毕业生成为推动我国制造业发展、使我国成为"世界工厂"的生力军，同时也在推动城市化和农村经济发展中成为主力。以第二产业中的"大头"——制造业为例，2007—2011年中职毕业生就业去向统计，共有600多万的中职毕业生就业于制造业。中职毕业生在数量比例上是第二产业主要的人力资源。

"十一五"期间，全国共计有近3000万中职毕业生进入各行各业，为中国现代化建设产业大军中的技能人才队伍提供了源源不断的有生力量。在每年新增的约2000多万个就业岗位中，中职毕业生占30%以上，中职毕业生成为适龄青年中就业率最高的人群。

2007—2011年，中职毕业生就业率一直保持在95%以上，高于普通高校毕业生的平均就业率（根据人力资源和社会保障部的统计，2009年、2010年、2011年普通高校毕业生的平均就业率分别为87%、90.7%和90.6%）。

报告指出，中职毕业生将是推进经济发展由"人口数量红利"向"人口结构红利"转变的重要力量，是中国上升为世界第二大经济体的坚强基石。

二、职业的分类

1. 产业的分类

职业是社会分工的结果，而社会分工又具有不同的层次，其中最高层次的分工是产业分工。

所谓产业，是指不同的国民经济部门，由于社会劳动分工而独立出来的专门从事某一类别生产经济活动的单位的总和。而产业结构是指一个国家或地区的劳动力、生产资料等生产要素在国民经济各个生产部门之间的分配状况及其比例关系。一个国家社会经济的总体水平，在很大程度上取决于产业结构及其发展变化。目前，世界上一般将国民经济划分为以下三大产业部门：

第一产业——农业（包括种植业、林业、畜牧业、渔业等）。农业是国民经济的基础，是人类粮食和其他生活资料的来源，也是许多工业原料的提供者。

第二产业——工业、建筑业。工业（包括冶金、煤炭、石油、机械、电子、纺织、化工、食品等）是采掘自然物质资源和对原材料进行加工的物资生产部门；建筑业则是从事建筑和安装工程施工的社会生产部门。工业是国民经济的支柱，在国民经济中起主导作用。

第三产业——除第一、二产业之外的其他产业。根据我国的实际情况，第三产业可以分为流通和服务两大类，具体又可分为以下四个部门：

一是流通部门，包括交通运输业、邮电通信业、商业、饮食业、物资供销和仓储业等；

二是为生产和生活服务的部门，包括金融、保险业、地质普查业、房地产业、公共事业、居民服务业、旅游业、咨询信息服务业和各类技术服务业等；

三是为提高科学文化和居民素质服务的部门，包括教育、文化、广播电视事业、科学研究事业、卫生、体育和社会福利事业等；

四是为社会公共需要服务的部分，包括国家机关、党政机关、社会团体以及军队和警察等。

这三大产业部门都要吸收劳动力，但各自所吸收劳动力的数量以及三个产业部门之间劳动力的分布比例经常处在变化之中，这主要取决于一定时期内产业结构的动态发展。

2. 行业的分类

社会分工的第二个层次是一种特殊的分工，即行业分工。行业是指从事相同性质的经济活动的所有单位的集合。

行业结构是产业结构的细化，是组成产业结构的基础。行业是根据单位所生产的物品、使用的加工原料或提供服务的不同而划分的。我国 2002 年颁布的《国民经济行业分类与代码》中，把国民经济的行业分为 20 个门类：

（1）农、林、牧、渔业；
（2）采掘业；
（3）制造业；
（4）电力、燃气及水的生产和供应业；
（5）建筑业；
（6）交通运输、仓储和邮政业；
（7）信息传输、计算机服务和软件业；
（8）批发和零售业；
（9）住宿和饮食业；
（10）金融业；
（11）房地产业；
（12）租赁和商务服务业；
（13）科学研究、技术服务和地质勘查业；
（14）水利、环境和公共设施管理业；
（15）居民服务和其他服务业；
（16）教育；
（17）卫生、社会保障和社会福利业；
（18）文化、体育和娱乐业；
（19）公共管理与社会组织；
（20）国际组织。

3. 职业的分类

社会分工是职业产生的基础，同时也是职业划分的主要依据。社会分工的发展决定着职业的发展，尤其是科学技术的进步，劳动工具的不断改进，使手工操作向机械化、自动化、智能化发展，并促进了生产的社会化。生产的社会分工愈来愈细，专业化程度越来越高，从而促使职业的种类也越来越多。

早在我国古代就有过职业分类。据古书《周礼·考工记》记载，古时有六职，即王公、士大夫、百工、商旅、农夫与妇功。现在人们常说的所谓"三百六十行"，源于古时的《清稗类钞·农商类》一书，此书曰："三十六行，倍之为七十二行，十之则为三百六十行。"我国唐代的"三十六行"是指肉肆行、宫粉行、海味行、鲜鱼行、文房用具行、汤店行、药肆行、扎作行、陶土行、件作行、茶行、竹木行、酒米行、铁器行、顾绣行、针线行、巫行、棺木行、皮革行、故旧行、酱料行、柴行、网罟行、花纱行、杂耍行、彩舆行、鼓乐行、花果行等。

早在 1850 年美国就进行了专门的职业普查,将当时美国社会中的行业划分为商业、手工业、制造业、机械和采矿业、农业、农牧业、军事界、河海航行、法律、医药、神学、教育、政府文职、家庭佣仆、其他行业等 15 个大行业,共列出 323 种职业。

联合国在 1958 年颁发了《国际标准职业分类》,在标准中,共把职业分为 9 个大类,83 个中类,284 个小类,1506 个细类。

1999 年颁布的《中华人民共和国职业分类大典》是我国第一部具有国家标准性质的职业分类大典,它将我国职业归为 8 个大类、66 个中类、413 个小类,共 1838 个职业。8 个大类为:①国家机关、党群组织、企业、事业单位负责人;②专业技术人员;③办事人员和有关人员;④商业、服务业人员;⑤农、林、牧、渔、水利业生产人员;⑥生产、运输设备操作人员及有关人员;⑦军人;⑧不便分类的其他从业人员。1992 年 12 月,我国劳动部颁发的《中华人民共和国工种分类目录》将职业按 46 个行业分为 4700 多个工种。1999 年,中国劳动和社会保障部颁发了《中华人民共和国职业分类大典》。该大典将我国的职业分为 8 个大类、66 个中类、413 个小类、1838 个细类(职业),全面、科学、系统地反映了我国现阶段的职业分类情况。

4. 专业与职业

(1)专业。

专业通常有广义和狭义之分。广义的专业,泛指专门从事的某种事业和职业,即专门的学问。我们通常所说的某某人是这一领域的"专业人士"等,指的就是广义的专业而言。狭义的专业,是指教育机构为培养专门人才而划分的学科类别。我们这里讲的是指狭义的专业。

为了使我国的职业技术教育更好地适应经济与社会发展的需要,同时进一步提高职业技术学校办学质量,推进素质教育的开展,教育部于 2000 年 3 月公布了《职业技术学校专业目录》。在目录中,把我国职业技术学校的专业划分为 13 个大类,259 个专业。

(2)专业与职业的关系。

专业与职业既互相联系又有一定的区别。首先,专业是与社会上相关的职业群相对应的,学习某个专业是为将来从事相关的职业。其次,专业也会随着职业的发展与变化进行相应的调整。具体来说,从涉及的范围上看,专业的涉及面要宽于职业。学校所设置的专业一般都是面向一个以及一个以上的职业,即专业的设置和服务的范围一般都是面向一个职业(岗位)群。如财经类专业的服务对象可以包括财会、金融、保险等相关的职业。机电专业的毕业生,可以是钳工、电工、机修工,甚至是数控机床操作工等。近年来,全国很多地方实行了"宽基础、活模块"专业设置,使专业培养的"口径"加宽,更好地适应了社会职业千变万化的需求,使我们在今后就业时选择职业的范围更宽,而且能够更好地适应职业转换的需要,具有跨岗从业的能力。

职业(岗位)群,一般是由基本操作技能相通,工作内容、社会作用以及从业者所应具备的素质相近的若干职业构成。从横向划分,是相同的职业存在于不同行业中。例如:由于现在各行各业都已经广泛使用计算机,所以计算机专业服务的对象,或者说所对应的岗位群就包括了各行各业。从纵向划分,是同一职业存在于同一行业的若干不同岗位。如商品营销专业,可以对应百货经营、食品经营、医药经营、房地产经营等。

(3) 工种。

工种，是指列入人们经常生产活动，并按不同生产性质和操作技术划分的工作类别。划分有粗有细，取决于生产部门的性质、生产技术发展水平和劳动分工的需要。一般按工艺阶段的工序性质划分。如机械制造厂按工艺阶段划分为准备、加工、装配等工作类别；按工序性质分，加工阶段可分为铸工、锻压、车工、铣工、磨工、钳工等。随着生产技术的发展，磨工又可细分为工具磨工、外圆磨工、平面磨工等。划分工种有利于组织生产专门化，建立和健全岗位责任制，合理分配劳动力和充分发挥劳动者的技术专长。

三、就业准入制度

所谓就业准入制度是指根据《劳动法》和《职业教育法》的有关规定，对从事技术复杂、通用性广、涉及国家财产、人民生命安全和消费者利益的职业（工种）的劳动者，必须经过培训，并取得职业资格证书后，方可就业上岗。实行就业准入的职业范围由劳动和社会保障部确定并向社会发布。

就业准入制度是与职业资格证书相联系的一项制度。国家实行"先培训，后就业；先培训，后上岗"制度。《职业教育法》规定："国家实施劳动者在就业前或者上岗前接受必要的职业教育的制度。从事特种作业的职工必须经过培训，并取得特种作业资格。"《劳动法》规定："从事技术工种的劳动者，上岗前必须经过培训。""国家确定职业分类，对规定的职业制定职业技能标准，实行职业资格证书制度，由经过政府批准的考核鉴定机构负责对劳动者实施职业技能考核鉴定。"国家职业资格分为初级（五级）、中级（四级）、高级（三级）、技师（二级）、高级技师（一级）。职业资格包括从业资格和执业资格。从业资格是指从事某一专业（工种）的学识、技术和能力的起点标准；执业资格是指政府对某些责任较大、社会通用性强、关系公共利益的专业（工种）实行准入控制。它是劳动者依法开业或从事某一特定专业（工种）的学识、技术和能力的必备标准。劳动和社会保障部依据上述法律法规，于2000年3月16日，制定并发布了《招用技术工种从业人员规定》（2000年7月1日起施行），对90个工种实行就业准入。

国家实行"先培训后上岗"的就业培训制度，特别是对技术工种从业人员实行就业准入制度，其目的就是要改善劳动者素质结构，进而促进劳动者就业和再就业能力的提高。实践证明，凡是经过必要的职业培训，具备劳动力市场需要的职业技能的劳动者，在竞争就业中就会处于优势地位，即使下岗失业也能在短期内通过自己的努力实现再就业。相反，则会处于十分不利的地位，面对众多的就业机会而难以实现就业。因此，对技术工种从业人员实行就业准入制度，其根本目的是提高劳动者技能水平，增强其就业能力和适应职业变化的能力，实现高质量就业和稳定就业。

小资料

持职业资格证书就业的工种（职业）目录

一、生产、运输设备操作人员

车工、铣工、磨工、镗工、组合机床操作工、加工中心操作工、铸造工、锻造工、焊

第一单元 规划我的未来

工、金属热处理工、冷作钣金工、涂装工、装配钳工、工具钳工、锅炉设备装配工、电机装配工、高低压电器装配工、电子仪器仪表装配工、电工仪器仪表装配工、机修钳工、汽车修理工、摩托车维修工、精密仪器仪表修理工、锅炉设备安装工、变电设备安装工、维修电工、计算机维修工、手工木工、精细木工、音响调音员、贵金属首饰手工制作工、土石方机械操作工、砌筑工、混凝土工、钢筋工、架子工、防水工、装饰装修工、电气设备安装工、管工、汽车驾驶员、起重装卸机械操作工、化学检验工、食品检验工、纺织纤维检验工、贵金属首饰钻石宝玉石检验员、防腐蚀工。

二、农村牧渔生产人员

动物疫病防治员、动物检疫检验员、沼气生产工。

三、商业、服务业人员

营业员、推销员、出版物发行员、中药购销员、鉴定估价师、医药商品购销员、中药调剂员、冷藏工、中式烹调师、中式面点师、西式烹调师、西式面点师、调酒师、营养配餐员、餐厅服务员、前厅服务员、客房服务员、保健按摩师、职业指导员、物业管理员、锅炉操作工、美容师、美发师、摄影师、眼镜验光员、眼镜定配工、家用电子产品维修工、家用电器新产品维修工、照相器材维修工、钟表维修工、办公设备维修工、保育员、家政服务员、养老护理员。

四、办事人员和有关人员

秘书、公关员、计算机操作员、制图员、话务员、用户通信终端维修员。

中国需要大量的"高级蓝领"

深圳市每年急需高级技能人才3万余人，而每年引进、培养的技能人才不到一万人。技能人才岗位空缺的调查显示，全市每年培训中，高级技能人才的能力不足一万人，缺口很大。

在上海目前的技术工人中，高级技师比重仅占 0.1%，技师和高级工也仅仅各占 1.1%和1%。对高级技师需求调查表明，"十五"期间上海较理想的技术工人构成应为：高级技师占 2.1%，技师占 6.1%，高级工占 13.9%，中级工占 46.1%（现状为 50.2%），初级工占 31.8%（现状为42.5%），而现实状况的这一要求之间显然存在不小差距。

我国目前技能人才严重短缺，特别是高级技工和技师等高级技能性人才的短缺，这不仅仅是在上海、深圳所遇到的特殊问题，而是一个普遍性问题，全国高级技工人数只占技工总数的3.5%，与发达国家占40%的比例相距甚远，全国仅数控机床操作工就短缺60万人。

显然，中国需要大量的"高级蓝领"。

（摘自：何保胜 技工短缺激变上海人才制度,《中国经济时报》, 2002.9.6）

未来社会对人才的综合要求

1. 从操作型向智能型转化。
2. 从单一型向复合型转化。
3. 从职业型向社会型转化。

4. 从从业型向创业型转化。

（摘自 杨松 邢根芒 卢永琪主编《择业 就业 创业》河北人民出版社 2002.8）

【教学活动】

活动一　职业"连连猜"

猜谜活动，下面是跟职业有关的各种谜语，发挥你的聪明才智来猜一猜，看看你了解哪些职业。

1．不辞劳苦→大街小巷→绿衣天使　　2．热气腾腾→烟雾弥漫→回禄之灾
3．眼疾手快→健步如飞→超越巅峰　　4．博古通今→谆谆教诲→有教无类
5．独具慧眼→五颜六色→惟妙惟肖　　6．以客为尊→九霄云外→身材曼妙
7．争先恐后→口齿清晰→独家新闻　　8．抬头挺胸→出生入死→投笔从戎
9．辩才无碍→口若悬河→起死回生　　10．蓬头垢面→暗无天日→深入宝山
11．千变万化→未卜先知→谈天论地　　12．如法炮制→垂涎三尺→山珍海味
13．一望无际→惊涛骇浪→满载而归　　14．体态轻盈→摇曳生姿→手舞足蹈
15．字字珠玑→思如泉涌→妙笔生花　　16．妙手回春→仁心仁术→现代华佗
17．百发百中→一针见血→白衣天使　　18．除暴安良→现代展昭→人民保姆
19．水落石出→刚正不阿→现代包公　　20．活灵活现→入戏三分→最佳主角

学生分组讨论，全班分享。

谜底：1．邮差；2．消防员；3．运动员；4．教师；5．画家；6．空姐；7．记者；8．军人；9．律师；10．矿工；11．气象播报员（预言家）；12．厨师；13．渔夫；14．舞蹈家（舞蹈演员）；15．作家；16．医生；17．护士；18．警察；19．法官；20．演员。

活动二　帮帮忙

根据人的气质特征，思考一下，假设林黛玉和王熙凤来到了现代，要上职校的话，她们会选择什么专业和职业呢？你来帮帮她们吧。

活动三　揭开职业神秘的面纱

活动目的：通过各种渠道了解你所学专业或者你感兴趣的专业及其就业方向。

活动要求：以小组为单位，3～5人为一组，通过各种渠道了解你所学专业或者你感兴趣的专业及其就业方向，并以PPT的形式展示出来。

第三节　规划未来

如果人被迫只顾眼前的目标，他就没有时间去展望整个的生命。

——雅斯贝尔斯

"我选择我喜欢"，职业院校的学生，在步入学校，为将来的职业生涯作准备的时候，应该先根据自身的特点和社会发展的需求，选择自己所喜欢的专业，确立正确的职业理想和

第一单元 规划我的未来

学习目标。古人云:"凡事预则立,不预则废。"俗话说:"吃不穷,穿不穷,计划不到一世穷"。由此可见职业规划对人生的重要性。中职学生,在为理想而奋斗的初始阶段,制订一个切实可行,能发挥自己特长的职业发展规划,有着极其重要的意义。

职业生涯设计是根据社会经济发展需要和本人实际情况,制订的未来职业生涯的发展规划。职业生涯设计可以帮助广大职校生更好地实现自己的职业理想和人生目标。作为职业指导的一项重要内容,职业生涯设计也因此受到越来越多职业院校的重视。

职业生涯设计的过程,是强化对学生职业意识、职业理想、职业道德和就业观、创业观教育的过程;科学、合理的职业生涯设计,是广大职校生顺利踏入社会、走上职业岗位,在实践中不断发展和提高自己的重要条件。中职学生该怎样规划自己的未来,如何进行职业生涯设计?

小故事

化整为零

1984年,在东京国际马拉松邀请赛中,名不见经传的日本选手山田本一出人意料地夺取了冠军。

他说,每次比赛之前,我都要乘车把比赛的线路仔细看一遍,并把沿途比较醒目的标志画下来,比如第一个标志是银行,第二个标志是一棵大树,第三个标志是一座红房子……这样一直画到赛程的终点。

比赛开始时,我就奋力地向第一个目标冲去,等到达第一个目标后,我又以同样的速度冲向第二个目标。40多公里的赛程,被我分解成这么几个小目标就轻松跑完了。

起初,我并不懂这个道理,我把我的目标定在40多公里外的终点线那面旗帜上,结果我跑了十几公里时就疲惫不堪了,我被前面那段遥远的路程给吓倒了。(摘自《黄金时代》,作者:刘燕敏)

> 复杂事物是由简单元素构成的,长是由短构成的。世界再复杂,在中国人眼里不过是由阴阳两种元素构成的。分解了,就没有心理畏惧,就容易找到解决的办法。

一个人的目标阶梯

这个人名字叫蚯蚓。

18岁,高中毕业典礼上:"我发誓要当李嘉诚第二!我要当中国首富!"

20岁,春节老同学团聚会上:"我想创立自己的公司,30岁之前拥有资产2000万元。"

23岁,在某市工厂当技术员,第二职业是炒股:"我正在为离开这家工厂而奋斗,因为在这里工作太没有前途了。我将全力炒股,3年内用5万元炒到300万元。"

25岁,炒股失意而情场得意,开始准备结婚:"我希望一年后能有10万元,让我风风光光地结婚。"

39

26岁，不太风光的结婚典礼上："我想生一个胖小子，不久的将来当个车间主任就行，别的就不想了。"

28岁，所有工厂效益下滑，偏偏正是妻子怀胎十月的时候："希望这次下岗名单里千万不要有我的名字。"

（摘自：《广州日报》，作者：大峰）

> 不少过来人经历了"雄心壮志——怀才不遇——满腹牢骚——撞钟混日——担心下岗——走投无路"这样一个职业历程，问题就在于：分不清美好愿望与目标的区别；没有处理好自己与企业的关系；总是抱怨，不懂得适应、利用和改变环境；只有良好愿望，没有好的职业生涯路径；只有好的愿望，没有相应的知识、能力和态度的支持。

朝着北斗星走，就能走出沙漠

比赛尔是西撒哈拉沙漠中的一颗明珠。可是在肯·莱文发现它之前，这里还是一个封闭而落后的地方。这里的人没有一个走出过大沙漠，据说不是他们不愿离开这块贫瘠的土地，而是尝试过很多次都没有走出去。

他用手语向这儿的人询问原因，结果每个人的回答都一样：从这儿无论向哪个方向走，最后都还是转回出发的地方。

经过实践，他发现：在一望无际的沙漠里，一个人如果凭借着感觉往前走，他会走出许多大小不一的圆圈，最后足迹十有八九是一把卷尺的形状。比赛尔处在浩瀚的沙漠中间，方圆上千公里没有一点参照物，若不认识北斗星又没有指南针，想走出沙漠确实是不可能的。

肯·莱文在离开比赛尔时带了一位青年，他告诉这位青年，只要你白天休息，夜晚朝着北方那颗星走，就能走出沙漠。这位青年照着去做，三天之后，果然来到了大漠的边缘。这位青年叫阿古特尔，他因此成为比赛尔的开拓者，他的铜像被竖在小城的中央，铜像的底座刻着一行字：新生活是从选定方向开始的。

启示：一个人无论他现在多大年纪，他真正的人生之旅，是从设定目标的那一天开始的，以前的日子，只不过是在绕圈子而已。

（摘自《读者》，2001年第18期）

> 请思考一下您是否曾经绕圈子，现在还在绕圈子吗？北斗星对一个要走出沙漠的人意味着什么？你心中的北斗星在哪里？

选 择

有三个人要坐三年大牢，监狱长答应满足他们每人一个愿望。美国人要了三箱雪茄，法国人要了一位美女，犹太人要了一部电话。

三年过后，第一个冲出来的是美国人，嘴里塞满雪茄，大喊道："给我火，给我火！"原来他忘了要火；接着出来的是法国人，只见他怀里抱着一个孩子，美女手里牵着一个孩子，肚子里还怀着一个；最后出来的是犹太人，他仅仅握着监狱长的手说："这三年来，我

第一单元 规划我的未来

每天与外界联系,我的生意不但没有停顿,反而增长了 200%,为了表示感谢,我送你一辆劳斯莱斯。"

(摘自:时勘 何向荣主编 《职业指导》,浙江科技出版社)

> 三年前的选择与今天的结果有何联系?什么样的选择决定什么样的生活,正如现代京剧《红灯记》所言:"栽什么树苗结什么果,撒什么种子开什么花"。学校学习是我们人生的播种期,您围绕自己的职业生涯打算栽什么"树苗"、撒什么"种子"?

职业生涯规划

向着某一天终于要达到的那个终极目标迈步还不够,还要把每一步骤看成目标,使它作为步骤而起作用。

——歌德

一、为什么要规划职业生涯

职业生涯是指一个人一生的职业经历。职业生涯设计是根据社会经济发展的需要,也即就业环境和本人实际情况,制订未来职业生涯发展规划,是对个人职业前途的瞻望。职业学校学生尽早制订一个方向正确、目标实在、符合实际、内容翔实、措施具体的职业生涯规划,对今后的职业发展有着十分重要的意义。

1. 有利于实现职业理想

职业生涯规划主要由两部分组成:一是目标确定与分解,二是实现目标的措施和安排。成功的职业生涯设计,通过务实的目标和具体的措施,为职业理想的实现创造了条件。

有了具体的目标,就有了方向和动力;有了措施,就能加强自我控制。任何一个想在职业生涯中取得成功的人,都必须有明确的奋斗方向,源源不绝的动力,以及通过控制自己而做出的实实在在的努力。而这一切,都是实现职业理想的必要条件。

2. 有利于适应社会经济发展需要

成功的职业生涯设计不是凭空臆造的,符合社会经济发展需要是个人职业理想实现的前提。在研究职业及职业素质、职业道德规范、职业个性、职业选择等内容的过程中,通过多种角度了解社会、了解职业,其重要目的之一就是为了让我们能在职业生涯设计中,按照社会经济发展需要来确定、调整自己的职业理想。

认真设计自己的职业生涯规划,不但有利于个人职业理想的实现,也能促使大家适应社会、融入社会,推动社会发展。

3. 有利于指导在校学习

职业理想的实现不能依赖"明天",而要踏踏实实地从现在做起。职业学校是我们即将开始的职业生涯的起跑线,在职业学校学习是为成功的职业生涯奠定基础的关键阶段。只有珍惜现在,才会有美好的明天。

职业生涯设计中的具体措施和安排，能帮助人们学会控制自己，经常地提醒我们珍惜现在，不断地鞭策自己，督促我们为职业理想的实现做出努力。

二、职业目标选择的原则

1. 选择能发挥自己特长的职业

马克·吐温作为职业作家和演说家可谓名扬四海，取得了极大的生涯成功。你也许不知道，马克·吐温在试图成为一名商人时却栽尽跟头，吃尽苦头。马克·吐温投资开发打字机，最后赔掉5万美元，一无所获；马克·吐温看见出版商因为发行他的作品赚了大钱，心里很不服气，也想发这笔财，于是他开办了一家出版公司。经商与写作毕竟风马牛不相及，马克·吐温很快陷入困境，这次短暂的商业经历以出版公司破产倒闭告终，作家本人也陷入债务危机。

经过两次打击，马克·吐温终于认识到自己毫无商业才能，遂绝了经商的念头，开始在全国巡回演说。这回，风趣幽默、才思敏捷的马克·吐温完全没有了商场中的狼狈，重新找回了感觉。到1898年，马克·吐温还清了所有债务。

职业不同，对技能的要求也不一样。任何职业都要求从业者掌握一定的技能，具备一定的条件。难以想象让一名卡车司机驾驶一架民航班机会出现怎样的后果，也没有人会让文盲去操纵计算机——他们不具备那些职业能力。任何一种技能都是经过一定时间的训练后才被劳动者所掌握的，而每个人的一生都很短暂，任何人都不可能在一生中掌握所有的技能。尺有所短，寸有所长。你也许兴趣广泛，掌握多种技能，但所有技能中，总有你的长项。有些人善于与人打交道，有些人则更适于管理机器物品。你在设计自己的职业生涯中，千万要注意：选择最有利于发挥自己优势的职业。

2. 选择自己所爱的职业

1978年8月4日，美国纽约体育场数万名来自世界各国的球迷，怀着复杂的心情参加了一位足坛巨星的告别比赛。当一代球王贝利哽咽着宣布从此退出绿茵场时，在场球迷涕泪滂沱。

是什么造就了贝利？是什么造就了历史上最伟大的球王？

贝利说："我热爱足球，足球就是我的生命！"

对足球的热爱是推动贝利踢球的原动力，在一种与生俱来的兴趣的引导下，贝利步入绿茵场，成为万众瞩目的英雄。

从事一项喜欢的工作，工作本身就能给你一种满足感，你的职业生涯也将会从此变得妙趣横生。在设计职业生涯时务必注意：珍惜自己的兴趣，择己所爱，选择自己喜欢的职业。

3. 选择对自己有利的职业

正如品行皆优而自动放弃读研的小张所说："父母年事已高，体弱多病，我得先找一个工作以减轻负担，等到条件成熟我会再考回学校来的。"小朱是某校中文系的毕业生，从跨入大学的那天起便立志成为一名记者，但最后在毕业生就业协议书上签下的不是某某报社，而是一家企业，在收起协议书的一刻，他感慨万千，那是一种放弃曾经无限痴迷梦想之后的无奈叹息："我没有冒险的资本，我不能那么自私，只为我自己潇洒而不考虑家人，一份高薪、稳定的工作对我来说比较合适，至少在最近几年是应该如此。也许有一天，当我还有那份痴迷和激情并且近能找到更好的起点时，我还会重新选择。"

一个人不得不承认的事实是，职业对你而言，依然是一种谋生手段，在谋取个人福利的同时，也创造了社会财富，为社会做出了贡献。但你谋求职业的第一动机却很简单，首要目的是个人生活得幸福，利益倾向支配着你的职业选择。择业时，首先要考虑自己的预期收益，这种预期收益要求你实现幸福的最大化，也就是使收益最大化。个人预期收益在于使自己由低到高的基本需求得到最大满足，而衡量其满足程度的指标表现在收入、社会地位、职业生涯的稳定性与挑战性等。不同的人有不同的偏好。每个人都会尽可能满足自己所有的需求。

4. 选择社会需要的职业

杨娟，2001 年毕业于旬阳县职业中等专业学校幼儿教育专业。儿时就有一个梦想——站在讲台上做一名光荣的人民教师。毕业后在一所幼儿园任教。2003 年，她发现周边同事、亲友的孩子都存在入幼儿园难的问题，特别是想进一所好幼儿园非常困难，她意识到这是因为社会缺少幼儿教育资源，因此萌生了创办一所幼儿园的想法。于是说干就干，她根据人口流量和常住人口统计情况以及多处实地走访调查，选定校址后，经过一系列紧锣密鼓的筹备，幼儿园建设已见雏形。到了 2006 年，她的幼儿园已经粗具规模，生源不断攀升，在园幼儿达 118 名，教学及办公设施齐全，环境整洁幽雅，场地独立安全，总资产达 12 万余元。受到当地政府和人民的认可。

社会的需求不断演化着，旧的需求不断消失，同时新的需求不断产生。昨天的抢手货今天会变得无人问津，生活处于不断的变化之中。你在设计自己的职业生涯时，一定要分析社会需求，择世之所需，否则，只会自食苦果。

三、怎样进行职业规划

1. 自我条件分析

这是进行职业生涯设计的第一步。在进行职业生涯设计时，许多同学更多的是考虑"我想从事什么职业"，"我想在未来的职业生涯中达到什么样的目标"，而很少能用"我能干什么"的眼光来客观全面地审视自己。在这样的心态下所制定的职业理想很容易脱离自己的实际情况，变得虚幻、不切实际，也就无法实现。因此，对自己做出一个全面、客观、准确的分析和评价，既看清长处，又看到不足，扬长避短，发挥优势，为合理的职业生涯设计打下良好的基础。

具体来说，自我条件分析主要有以下几个方面。

（1）对自己现实条件的分析。

"尺有所短，寸有所长"，每个人都有自己的长处和不足。在职业生涯设计时，要根据社会职业的需要来全面分析自身条件。测试一下自己的职业兴趣、职业性格、职业能力等相关的素质。如果有条件，最好请相关行业的资深从业人员根据我们的条件对职业生涯设计提出建议，以确定自己的职业特长，发挥自己的优势。

（2）对自己的职业发展潜力进行预测。

对同学们来说，职业生涯是未来的事，要在未来生活中延续很长时间。因此，对自己的职业发展潜力进行预测也是不容忽视的。许多条件也许一时还不完全具备。但是，这不说明在未来的职业生涯中，不能通过自己的努力去达到。所以，要分析自己潜在的条件，寻找到哪些是经过努力，可能达到和具备的条件，这既是确定职业目标的重要根据，也是制订具体方法和措施的基础。要挖掘自己的潜能，预测"明天的我"。

（3）分析就业环境及其变化趋势。

由于经济、文化、科技、教育等社会因素发展的不平衡，导致职业发展、就业环境存在着差异性。因此，要分析就业环境，分析地区社会、经济、科技等发展情况以及将要从事职业在社会中的地位等因素。同时，还应认识到，就业环境不是一成不变的。社会经济在不断地向前发展，必将对职业发展和演变产生极大的影响，在职业生涯设计时，要充分了解社会发展趋势对职业影响的程度，从而使自己的设计能够更好地与之相结合。

（4）寻找自身差距，找到弥补方法。

通过分析自己的现实条件和潜在发展能力，以及职业对劳动者素质的需求，就会寻找自身条件与职业需求之间的差距，制定措施和规划，力争使这些差距得到弥补。这就需要同学们深入了解相关职业的有关情况，如职业资格、职业标准、职业道德规范等，做到有的放矢。

2. 确定职业发展目标

目标是成功的向导，明确的目标是激励同学们前进的动力。只有制订切合实际的目标和规划，才能充分激发起我们实现目标的热情。职业发展目标有总体目标和具体目标两种。总体目标是指在职业生活中的发展方向；具体目标是在职业生涯中明确的、通过具体实施而达到的目标，它包括目标的内容、标准以及实现的大致时间等。

制定目标的依据有两个方面：首先是社会经济发展的需要和面临的就业环境，这是外部依据。其次是自身的素质，包括现实的素质条件和未来可能达到的素质条件，这是内部依据。只有同时具备这两方面的依据，职业目标的制定才是准确的。任何一方面依据的缺失，都会影响到目标定位的准确性。

3. 设计发展阶段

实现职业理想，不是一蹴而就的，要靠一个个阶段目标的实现而达成。所以，在进行职业生涯设计时，要把总的职业生涯分解为一个个具体的阶段，并确定各阶段的目标的实现，一步步迈向成功的顶点。

一般意义上讲，职业生涯的阶段可以分为准备阶段、实习阶段、选择阶段、定向阶段、发展阶段、实现阶段等。当然，每个人的具体情况不同，所经过的阶段也会有所不同，制定阶段时要因人而定。阶段目标的制定，要注意以下几点：一是不宜过高，可望而不可即的目标是没有任何实际意义的。二是不能过低，不经过努力就达到的目标，起不到激励人们奋发向上的作用，反而降低了人们的动机和热情。三是不要笼统和模糊，要能让自己从目标中找到具体的差距和不足。

4．制订发展措施

再完美的目标，如果没有具体的措施来保证，也只能是纸上谈兵。在职业生涯设计中，措施的制订是实现目标的重要保证，一般要根据职业目标和自己的实际情况，制订出可行的措施，以确保目标的实现。当然，措施不是一成不变的，在实施的过程中也要根据外界环境的变化和自己发展的情况不断进行调整、完善。总之，只有在有力、可行的措施的保证下，职业目标才能成为现实，从而使职业生涯更加美好更加辉煌。

5．做一份职业生涯规划书

一、自我分析

1．我是谁

思考你所扮演的各种角色及特征，如儿子、兄长或职校生、高职生、职业学校学生等，看看扮演各种角色你应具备的能力和所应表现出的个性特色。尽量多的写出各种答案，你将会清楚你承担的责任、角色和性格。想想哪些是暂时的，哪些是永久的，哪些是应该保留的，哪些必须抛弃或改正的。可以找一些社会学方面的书籍来看，社会学专业的术语——角色扮演的论述对自我分析是很有帮助的。当然也可以到专业机构接受心理测试，帮助自己进行分析。

2．我在哪里

首先用几分钟思考你的一生，从摇篮到坟墓，画一个图，画出过去也画出未来，仔细考虑，它将成为什么样？然后在上面标上"*"表示你所在的位置。

3．将来是什么样子

在职业生涯中，我将完成什么事？有哪些成就？仔细思考，然后写在纸上。回到眼前，思考你的职业梦想。想一想你想在工作中得到的特定东西是什么。

二、自我诊断

诊断目前存在的问题，主要包括三个方面：

（1）诊断问题发生的领域，是家庭问题、自我问题、还是工作问题；或是其中两者或三者的共同作用？

（2）诊断问题的难度。是否学习新技能？是否需要全神贯注？是否需要个人改变态度与价值观。

（3）诊断自己与组织的相互配合情况。自己是否做出贡献，是否学会在组织内部适合自己的职业领域中发挥专长，和其他组织人员的团结协作怎样，组织与自己的职业生涯设计和自己制订的职业生涯规划是否冲突等。

三、制定职业发展通路计划

把职业生涯中的重要方面,发展、调动、晋升等结合在一起,它的第一个步骤是确定组织内部的职业生涯通路。职业生涯通路实际上包括一个个职业阶梯,个人由低至高拾阶而上。如财务分析员—主管会计—财务部主任—公司财务副总裁;可以按着职业生涯通路来安排个人的工作变动,从而训练与发展担任各级职务和从事不同职业的广泛能力。

职业生涯通路计划应该包括以下内容:

(1)描述各种变动的可能性。

(2)反映工作内容、组织需要的变化。

(3)详细说明职业生涯通路的每一个职位的学历、工作经历、技能和知识。

四、明确需要做的培训和准备

列目录:在你职业生涯与生活中,什么你做得好?什么做得不好?你还需要什么,是需要学习,需要扩大权利,还是需要增加经验?再想,怎样应用你的培训成果?你拥有什么资源?那么,你现在应该停止做什么?开始干什么?培训和准备的时间如何安排?

五、求询

可以同朋友、同事或专业咨询人员探讨或研究,询问一些诸如怎样找到更适合自己的职业发展途径,如何应付目前的问题;如何同某种上级打交道,怎样兼顾家庭与工作等。

六、总结并把自己的规划写出来

确定自己的职业发展领域,确定自己何时在内部发展,何时重新选择,发展通路是怎样的。

范例

让我们来看看杨晓丽的自我规划书。

第一部分

1. 自我分析

第一、我是谁?

我是女儿、是姐姐、是学生、是朋友、是外联社社员、是文艺委员(目前)。我扮演不同的角色、担任不同的责任、表现不同的性格。

角色	时间关系(暂时、永久)	优点(应保留)	缺点(应抛弃或改正)
女儿	永久	孝顺	脾气不是很好、懒、没耐心
姐姐	永久	温柔、大方、脾气好、耐心	有一点神经质
角色	时间关系(暂时、永久)	优点(应保留)	缺点(应抛弃或改正)

续表

朋友	永久	大方、热情、友好、易处、耐心	啰唆、害羞
学生	永久	乖	不好学好问、不认真、得过且过、无危机意识
外联社社员	暂时	主动	害羞、胆怯、容易紧张
文艺委员	暂时	负责	不尽职、胆怯

第二、我在哪里?

我的人生路线:摇篮—幼儿园—小学—初中—高中—大学—研究生(?)—找工作—工作—企业—再深造—?或创业—工作—再深造—?

我现在处在大学这一阶段,以后还有很多路要走。

第三、我会什么?

一点点英语、计算机菜鸟(刚过一级)、几种民族乐器(但没参加考级)。

第四、我想做什么?

我想做心理咨询师(或看情况选择与心理有关的专业,如到公安机关做犯罪心理研究员),或者游戏测试员。有能力的话,就开个店,发展成企业(和朋友合资也行)。

2. 自我诊断

目前对我而言存在的问题,主要是自我问题。

问题主要存在于:

我得过且过、没有危机意识、干耗不充电、有计划没有行动、不愿展示想法;没有值得骄傲的特长与技能;生活态度消极。

3. 职业分析

在当今竞争越来越激烈的21世纪,人的压力也越来越大。这种压力是来自多方面的,有来自家庭的、来自社会的、来自工作学习环境的、来自朋友的、来自自身的,等等。可现代的人们却似乎越来越找不到合适的发泄途径。这可以从近几十年来,全世界不断攀升的自杀率和犯罪率的分析中发现,这是全世界普遍的问题。人的心理承受能力越来越受到考验,而心理咨询师这个行业也应运而生。

在我看来,心理问题每个人都会有,发展前景是很好的。而且随着改革开放的不断深入,中国的国际化会越来越彻底,中国人对心理咨询的态度也会逐渐改变,对心理咨询师的要求也会越来越多。虽然现在还不明显,但很多人对心理咨询的态度已经转变了,也有一部分人已经认可了心理咨询。我觉得,在我毕业时——也就是三年后,心理学的市场是很可观的。

当然不排除可能到时不景气的情况,那么就要多向外资企业靠拢,或到外国发展。

这个专业的危险系数也蛮高的。因为心理学家最后发疯的比例也是很高的。

这个专业需要较高的英语能力,较强的沟通能力,需要从业人员耐心、友好、细心、体贴、亲切等多种素质。

第二部分

1. 明确目标

长期目标:在大学期间,考完英语六级(最好英语八级也能通过),考过计算机二级

（要加强基础软件操作的熟练度，加快打字速度，学五笔打字），多看心理相关书籍，学习社交礼仪，学习茶道知识。

短期目标：暑期复习巩固大一英语与心理知识，努力背四级单词，好好练习 VFP。在社会实践，在打工中学习社交能力、心理调试能力、随机应变能力、吃苦耐劳精神等。

大二：考过英语四级，考过计算机二级，看完图书馆关于茶道知识的书。学习基本的社交礼仪。配合学校心理健康中心做实践调查。

大三：考过英语六级，对茶道和社交礼仪进行深入的研究。认真学习心理专业知识，同时在苏州市寻找实习单位。考驾照。

大四：情况允许的话考英语八级，其余视情况待定。

2. 可能的变动与职业需要

第一志愿是考取心理咨询师。这项职业的学历应该至少要硕士，各方面的技巧要纯熟。

第二志愿是考取消费心理学或犯罪心理学等专业的研究生（由分专业去向的时候看学校的课程定）；深造的要求应该不是很高，可以半工半读。

3. 需要做的准备与培训

（1）在人际关系方面做的还可以，但仍须继续努力。做事不果断，不敢发表自己意见，要改进。

（2）我目前需要学习、需要增加经验。

（3）我拥有的资源：我是苏州人，在苏州发展、学习经验的几率比别人高；在苏州，我的专业是唯一的，前景很好；为人态度谦虚，行为体贴，容易得到前辈或长辈的青睐。

（4）我现在应该停止浪费时间的行为。开始执行暑期的短期计划。

从现在开始，要努力、努力、再努力，为美好的明天创造基石。未来是自己创造的，路也是自己走出来的。我要像黎明的小鸟，飞向迎着我的灿烂阳光。

四、职业生涯设计常见的误区

职业生涯设计通常存在以下误区。

1. 错把理想当目标

理想是什么？是对现实环境中根据科学和逻辑推测出来的可能实现的结果的憧憬。这在很多职校生眼里是个很陌生的字眼，随着年龄的增长，职校生们在现实利益的冲击下显得越来越成熟，已经把理想当做了儿童的专利而远离自己的头脑。即使有一部分人有理想，也把理想错当成了目标。

理想应该是我们追求的一个结果的最终表现，而有关职业的理想更多表现对是某个具体的职位的追求，如你的职业理想是人力资源总监，那你要干的人力专员、人事主管等职位就是实现你职业理想的职业目标了，而很多职校生却只是着眼于职业理想，而不去实现各个阶段的职业目标，那职业理想也就无从实现了。这就好比你要盖十层楼，但在真正执行时，你却不想盖前九层，你认为这是一种浪费，你在梦想十层时你的梦也就落空了。

所以说，职校生也有各种各样的职业理想，如有的人希望成为明星，有的人希望成为科学家，有的人希望成为世界首富，有的人希望成为总裁，等等，这些看似很难实现的理想，并不是不可能实现的,因为这个世界没有一个人是天生就是世界首富、总裁的。所以在职业发展上你的心有多大,舞台就有多大。但我们的职校生却仅仅把职业理想当做了理想,甚至很多人将理想转化为目标。目标是我们可以实现的,是我们在实现职业理想过程中的阶段划分。只有把宏大的职业理想转化为无数的可实现目标,我们的职业理想才会最终得以实现。但悲哀的是我们的职校生整天喊着要实现职业理想时,却没有把理想转化为职业目标,更没有去把转化的职业目标实现,最终宏大的职业理想转为职业空想了。

2. 错把手段当目的

我们可能会有这样的经历,我们决定要去饭店吃饭,招待光临我们的朋友,所以,你会煞费苦心地想着去和朋友吃什么,你想啊想,算啊算,想了一个又否定一个,你会为此而付出许多想法,但你却忘了,你招待朋友的目的是什么了,当初你不就是为了交流友情吗?而吃饭只是表达友情的一个手段而已,但你却在手段上耗费了许多时间和金钱,这是多么得不偿失啊!

在我们把职业理想转化为职业目标后,我们要看看有哪些手段可以实现职业目标。但在这个过程中,我们把实现目标的手段当做了做事的目的。当我们抱着实现目标的心理去选择不同的操作手段时,很多人已经是在为选择操作手段而选择操作手段了。他忘了我们选择操作手段是为了什么了,从而导致做了事却没有实现目标,或者为了做事而做事。比如说,我们可以通过学习来弥补我们专业知识的不足,但往往很多职校生在学习的过程中,只是在学习,或是在学什么、怎么学、什么时候学上下很大的工夫,还要不断地激励自己要学习不要玩等,这些统统都已经偏离了他学习的目标了,而在这些无关因素上的考虑已经不是他要学习的目的了。

3. 错把途径当结果

实现职业目标会有很多的途径,这个途径就是实现职业理想的职业通路,在实现职业理想上会有多个职业通路,每个职业通路都是不同的职业因素的组合,这些职业通路虽然都可以实现职业理想,但在时间、时机、难易等方面有不同的区别。这就如,你知道有多少条道路可以通达到职业理想,是拥有知识的表现。而当你可以选择一条捷径来向职业理想奋进时,则是富有智慧的标志。

所以当我们确定了自己的职业理想时,重要的是在综合分析自己的情况下总结出不同的道路,结合职业环境及可用资源等因素来做出最优的职业通路选择,我们要结合自己的综合因素去选择一条最适合自己的途径,选择最佳途径是为了更快地实现我们的职业目标,从而最终实现我们的职业理想。

只有实现了我们的职业理想才是我们最终需要的结果,只要这个最终结果一天没有实现我们就不能懈怠。如有的同学的职业理想是当销售总监,他选择这个晋升轨迹:销售代表、业务员、销售主管、区域销售经理、销售部经理、销售总监。这个途径的每一个阶段都是为实现销售总监这个结果而服务的。但有些职校生在做了销售主管后,就没有了向区域销售经理的位置上前进的意识和冲劲了,最终销售主管就成了他追求的职业结果了,那他的销售总监梦就自然落空了。

在实现职业理想的追求上,虽然说可以"条条大路通罗马",但我们要找一条最近的道路去罗马！

4. 错把行业当岗位

经常看到许多职校生的求职简历上这样写着，求职意向：建筑设计院、建筑施工单位、市政工程公司、与建筑相关的公司，其实他求职的是建筑这个行业。

我们知道他不能做建筑行业的所有工作，其实连他自己也不知道自己可以做什么，自己最擅长做什么。而最终录用他的是具体的企业和具体的岗位。没有职业目标还可以，但若没有岗位目标，他又可以做什么呢？又能做好什么呢？要知道企业录用的是能够胜任具体岗位工作的员工，如果你不具备岗位的任职资格，那企业又怎么会录用你呢？当职校生把行业当做要应聘的岗位时，暴露更多的是职校生没有核心竞争力，更没有形成核心竞争力的意识，所以他们在求职时把希望更多放在了"广撒网，捞大鱼"上，以为机会会更多，实则别人都不知道他能做什么，又怎么给他机会呢？

从这样的经历中，我们可以发现其实是他根本不了解职业世界的知识，甚至是职业世界的常识。行业和岗位是不同的，行业是最大的国民经济因素，而岗位是职校生你要效力的具体职位、具体位置，其实职校生的就业是就具体的岗位，也就是说如果职校生在工作时其实要搞定的是具体一个应聘岗位，只要职校生掌握了具体岗位的工作内容，胜任了工作要求，那就可以解决就业的问题。当然了，如果你想要在这个圈子获得更大的发展，那你就要更加了解这个行业的动态和这个行业中一流的企业的动态，这样你就可以在圈子中得到稳定的发展了。

5. 错把就业当择业

校园中广泛流行宣传着"先就业后择业"口号，我们都知道人的职业生涯的时间是有限的，我们不能把过多的时间用在选择职业上，而耽误了在适合职业上的奋斗时间。简单地说，如果我们把人的职业生涯的成功归纳为是选择适合的职业和在职业上有所作为的话，那这两个因素的总和就是人的总的职业生涯的时间。

其实要想在我们有限的人生旅途中实现职业理想，并不仅仅表现你做了什么，而更多的是要看你没有做什么。只有你把所有精力、时间、资源都放在职业理想上，你的职业理想才有可能实现。就是说，在职业发展上有所不为才会有所为！

职校生确定职业理想后，就必然会涉及具体的行业、职业，而我们的发展更多的是从具体的职业入手，那不可躲避的问题是，当我们职校毕业时，是先就业还是先择业。从实现职业理想的角度看，我们所做的工作一定要与职业目标有密切的相关性，否则，所做的工作将不会对职业理想产生支持，那实现职业理想的日期就遥遥无期了。

所以我们要选择与职业目标相关的岗位工作。但相当多的职校生把就业当做了择业，他们以为，做着工作总会学到些东西，其实，在职业发展这个层次上，选择比努力更重要！如果方向都错了，那走的路越远不是离目标越远吗？

6. 错把择业当专业

从专业相关性的角度上来说，选择与专业比较相关的职业当然对职业前程有很大的支持和帮助，但出现的问题是，职校生在一开始选择的专业就不一定是按照自己的兴趣等内在适应性来确定的，也就是说，职校生在职校期间所读的专业很可能不是最适合其本人的，如果

第一单元 规划我的未来

这第一个选择就是错误的,那就没有必要再坚持接下来的第二个选择,否则就是错上加错。

其实只有当我们的职业理想及由职业理想转化的职业目标与我们所学的专业高度相关时,专业才是影响我们择业的关键因素,否则就不必被所学专业所限。我们没有理由在错误的道路上越走越远。

在职业理想上,专业指可为你日后要从事的职业提供知识基础的课程,所以它可能是你现在所学的专业,也可能是你喜欢的专业,或是你改学的专业等,所以当我们的职业理想并不是我们所学的专业时,我们就不必被其所约束。要知道,在职业理想的角度上,我们所做的就是我们所愿的,我们所愿的就是我们所喜欢的。所谓的专业对不对口,只有在和职业理想相联系时才是需要我们去考虑的问题,而非按所学专业的职业前途去选择自己要做的工作。

如果说高考时我们因不了解而错选了专业,那么在毕业时的择业就是我们给自己的第二次新生,重新发现自己的一个机会。所以说如果我们当初所学的专业不能够满足我们的理想和追求,那我们完全可以在毕业选择职业时再次给自己与理想接近的选择。

7. 错把专业当能力

在职校生求职时,他们的简历会出现这样的情况,在能力或特长栏上会把所学专业及课程写上,这体现的一个很明显的误区是他们把所学的专业当做了自身的一种能力。

其实我们所学的专业只是我们在选择学校时所填报的志愿,这其中蕴涵着我们的追求和兴趣,但更多的却是盲目和无奈。专业只是一种知识、一个社会分工的特定领域的系统集成的理论知识及方法,但它却不是能力,更不能够代表什么,当然,理论的学习会有一些解决实际操作的方法,但这并不是你专业的全部,而只是很小的一部分。所以职校生在制作简历时不要说你的专业学了什么,更不要说你真正地学到了什么,而是要先看看你所学的专业是不是你喜欢的,是不是你日后要从事的。

能力,是你解决实际问题的一种智慧,但并不是说你具备了很多的专业知识就具备了解决实际问题的能力。此处,能力表现为你对你所学的东西可以拿出多少、运用多少就。打个比喻来说,没有人比百科全书知道得更多了,但你却没有看到它解决什么具体问题吧!如果你所学的专业并非是你要从事的职业,那无论你的专业知识学得多么好,它都不是你的能力,因为它对减少你的岗位差距起不到任何的作用,更不要指望用你的专业来打造你职业理想的核心竞争力了。所以当你在求职简历写上你专业所学的课程是要慎重的。因为并不是你所学的专业就是对你所求职的任何岗位工作都有支持的,所以不要泛泛地把我们所学的专业当成我们求职时的砝码,更何况你对专业的学习还不是那么精通。

8. 错把知识当技能

这个误区在于职校生把掌握的外语、计算机理论水平当成了操作的技能,或是混淆了两者间的区别。

其实你具备了外语四级、计算机二级只能说明你在理论上达到了一些基本要求,尤其是在有中国特色的教育体制下的级别更是有一定的不同。而企业在招聘时更注重的是你的实际技能,而不是你所获得的证书,当然了,没有一定的技能水平你也不会通过考试拿到证书。我们这里有必要强调的是,在简历中你最好把级别的理论认证用实际的数字或事例来说明,如你可以把外语水平描述为翻译了一些外文文章或是曾与外国游客对过话等,把计算机水平换算为每分钟打字 80 个，可以操作并可以制作一些办公文档，这样更具说明性和直白的表述。

所以在我们应聘目标岗位时，就不要再把自己所学的理论知识当做岗位要求的操作技能了。其实做任何的一个岗位工作时，除了要求你必须具备的理论知识，还必须掌握相应的操作技能。而只有当知识转化为技能时我们才可以安身立命，才能够谋求更大的发展。

知识更多表现为你知道什么，你理解了什么，而技能则表现为你会做什么，能做好什么，有一技之长，我们就可以存活于世，但只拥有知识却做不到，除非你把知识当做你向学术领域发展的砝码。但目前的许多职校生缺少岗位所要求的必要操作技能，而且他们也意识不到这个问题，所以当企业询问他有何技能时，他就把自己所学的理论知识回答上来了，结果自然就被淘汰了。

范例

我的人生规划书

我从小在农村长大，生活在一个在当地还算是比较富裕的家庭中，父亲开着一家约有十余名工人的私营企业——"鸿昌汽保设备厂"。从小受父亲这位"企业家"的影响，对企业生产管理等有关事物具有浓厚的兴趣。妈妈也是"蓬生麻中，不扶而直"，对财务管理尤为在行。因为这份兴趣和特长，我也初试锋芒，获得了一点小的成功。比如：本地比较有名的"腾达"塑料厂的商标就是我设计的。我特有的生活环境及父亲的影响铸就了我倔强的性格——不轻易服人，也决不盲从，而是有自己独到的看法，并且敢于大胆地表现自己。比如在学校举办的辩论赛中，我赢得了"最佳辩手"的称号等。我这个人最大的缺点就是粗心大意，做事缺乏足够的耐性，这直接导致了我中考仅以 2 分之差，而没能考上重点高中。值得庆幸的是，我还能进入重点职业中专，并且选择了微机专业。

成功要靠目标来领航，如果没有一个明确的目标来领航，就会随波逐流；并且人的生命是有限的，要使有限的生命更有意义，就必须使人生具有明确的目标；沿着正确的方向和道路前进，是一个人取得成功的重要因素。我根据自身的条件和所处环境，确定了以下几个目标：

第一阶段目标：充实锻炼自己；

第二阶段目标：考上理想高职；

第三阶段目标：扩大"鸿昌"规模。

措施及安排：

（1）2004 年 7 月—2005 年 7 月：提高学习成绩。

措施：把文化课中比较弱的科目——数学补过来。在专业课上，努力做到不能有半点松懈并且要注重实践，将所学知识牢固掌握。

（2）2005 年 7 月—2006 年 7 月：争取学习成绩保持在前五名，为实现第二阶段目标打好基础。

措施：订阅《电脑爱好者》、《学习报》等，加强对专业课及对文化课的学习。

（3）2006 年 7 月—2007 年 6 月：考上一所理想的高职院校。

措施：珍惜时间，给自己加上一节早自习，充分复习每门功课，查缺补漏。

（4）2007年9月—2010年7月：在高职院校学习期间，把自己塑造成为一名符合社会潮流的高素质人才。

措施：充分利用学校条件，学好本专业知识，利用课余时间学习企业营销知识，搜集一些成功企业的案例，为经营"鸿昌"企业做好准备。

（5）2010年—2015年：回"鸿昌"就业，结合所学知识与实践经验，提高企业的整体水平。

措施：深入企业的各个部门，找出企业自身的优势与不足，大胆改革，为企业的进一步发展注入活力。

（6）2015年—2025年：把"鸿昌汽保设备厂"的规模扩大，扩大就业能力，以转移当地农村剩余劳动力，提高当地经济的发展水平。

措施：投入资金及设备扩大"鸿昌"规模，充分利用网络优势，通过在"Internet"上发布信息，以扩大"鸿昌汽保设备厂"的知名度。让计算机在企业的发展中发挥重要作用。

职业生涯是人生重要的阶段，让职业生涯大放异彩是个人的需要，也是国家和社会的需要，而成功的职业生涯只属于有准备的人。相信，通过我的踏实努力，会有属于我自己的未来。

（山东省章丘市第一职业中专　张锦涛）

> 这是一份对发展条件分析较好的设计。分析发展条件是客观地把握职业生涯发展的内部和外部环境的基础，是确保职业生涯设计方向正确、目标实在、符合实际的必要前提。分析包括自身条件及其变化趋势、家庭条件及其变化趋势、行业发展趋势和就业环境三个方面。张锦涛同学对前两点的分析具体翔实，并因此而对今后的发展目标充满了信心，相信他会运用现代信息技术使"鸿昌"更加兴旺昌盛。
>
> 该设计的缺点在于只谈了信息技术和国家宏观经济的发展趋势，涉及了自己所学专业将对鸿昌汽保设备厂发挥的作用，但缺少对"汽保"这一行业的现状和发展趋势的分析，让人感到继续投入、扩大再生产的"底数"不清。此外，应根据自己现在所学微机专业的特点和远期目标即经营"鸿昌"的需要，明确第二目标即报考高职的专业类别。升学时，选择适合自己现有条件和发展方向的专业，是职业生涯发展很关键的一步。

【教学活动】

活动一　拍卖你的生涯

下面是一张关于未来生涯的清单：

（1）豪宅。

（2）巨富。

（3）一张取之不尽、用之不竭的信用卡。

（4）美貌贤惠的妻子或英俊博学的丈夫。

（5）一门精湛的技艺。

（6）一个小岛。

（7）一所宏大的图书馆。

（8）和你的情人浪迹天涯。

（9）一个勤劳忠诚的仆人。

（10）三五个知心朋友。

（11）一份价值50万美元而且每年可获得25%纯利收入的股票。

（12）名垂青史。

（13）一张旅游世界各地的机票。

（14）和家人共度周末。

（15）直言不讳的勇敢和百折不挠的真诚。

全世界的美事和优良品质差不多都集中在此了。老师说："我今天要拍卖的东西就是在座各位的生涯！"

（摘自：《深圳青年》，作者：毕淑敏）

提示：你在未来想要什么样的职业生涯？你拿什么去得到？显然，你拥有你自己的身体和智慧，你拥有未来40年时间。

活动二　生涯幻游

1. 活动规则

这个活动是帮助你了解自己希望成为什么样的人，好让我们能为此找到努力的方向。老师播放音乐，在音乐声中请同学们找一个舒服的姿势，随着老师的指导语进入奇妙的想象世界。

2. 活动展开

引导语：现在请你尽可能放松。在你的位子躺下或调整到你觉得最舒服的姿势，闭上眼睛，尽可能放松自己（停顿），调整你的呼吸，吸气（停顿）、呼气（停顿）、吸气（停顿）、呼气（停顿）。好，保持这样平稳的呼吸，接下来，放松身体每一部分的肌肉，放松（停顿）、放松（停顿）、放松（停顿）。接下来，我们要一起坐上"时光列车"，看看你的未来。时间一直流动，转眼五年过去了，你们所有的人都已经毕业，大都已经工作。想象一下，你的单位在什么地方，你从事什么工作？工作辛苦吗？要加班吗？你的工资是多少？你和老板、同事们相处的快乐吗？下班以后，有什么休闲活动？恋爱了吗？还学习吗？你正在全力为你的梦想打拼，心中的梦想是什么呢？

过一会儿，我将要求你回到现在。好了，你回来了……看看周围的一切，欢迎你旅游归来。喜欢你幻游中的生活吗？喜欢的话可以分享你的经历。

（学生在音乐声中随着老师轻柔的声音慢慢睁开双眼）

3. 思考问题（联系刚才的幻游内容）

（1）我五年后从事的工作的描述。

工作是＿＿＿＿＿＿。工作内容是＿＿＿＿＿＿。工作场所在＿＿＿＿＿＿。工作场所周围的环境＿＿＿＿＿＿。工作场所周围的人群＿＿＿＿＿＿。

（2）我五年后的生活形态的描述。

婚姻状况：_____。家中成员：_____。是否与父母同住：_____。居住场所在_____。居住场所周围的环境_____。居住场所周围的人群_____。

（3）我在进行幻游过程中，印象最深刻的画面是_____。我在进行幻游后，对比现在环境最大的不同点是_____。我在进行幻游后，最深刻的感受是_____。

（4）我在进行幻游后，我觉得未来的生涯发展会是怎样的？我会系统地修正我的生涯规划。

我认为我未来会从事_____职业。

小资料

人的10项发展任务

美国心理学家赫威斯特在1953年出版的《人类发展与教育》一书中，列出人的10项发展任务。

（1）能在日常生活中，与同辈的人建立和谐的人际关系。此种关系应包括同性朋友和异性朋友在内。

（2）在行为上能扮演适当的性别。个人不但乐于接纳自己的性别，而且能恰如其分地表现出属于自己年龄的男性或女性的行为特征。

（3）接纳自己的身体和容貌。不过分炫耀自己的优点，也不过分掩饰自己的缺点，而是能按照自己身体的条件去发挥其最大的潜能。

（4）情绪表达渐趋成熟独立。凡事不再依赖父母或其他成员的支持与保护。

（5）有经济独立的信心。即使在金钱上尚不能自给自足，在生活中尚不能自食其力。自己也能有信心和意愿不依靠别人。

（6）能够选择适合自己能力和兴趣的职业，而且肯努力奋发为取得该种职业而准备。

（7）认真考虑选择婚姻对象，并开始准备成家过独立的家庭生活。

（8）在知识、技能、观念等方面，都能达到作为一个现代公民所需的标准。

（9）乐于参与社会活动，也能在社会事务上为自己的行为负责任。

（10）在个人的行为导向上，能建立起适当的价值观念与道德标准

提示：结合自己的生涯规划，看看你是否把这10项发展任务也规划进去了。

麦格劳博士愿望转化为目标的"7步策略"法

（1）用具体的事件或行为来表达自己的目标。

（2）用可以度量的语言来表达目标。

（3）给目标定一个时间期限。

（4）选择你能够控制的一个目标。

（5）计划和确定一个能够帮你实现目标的策略。

（6）从实施步骤的角度确定自己的目标。

（7）为朝向目标的进程确立一个考评办法。

（摘自：《生活策略》，中国社会科学出版社、光明日报出版社，李斯译）

提示：考虑一下您的愿望，试着用上述方法把自己的愿望转化为目标，看看您能不能受到一些启发。

未来学家的建议

许多人不知道怎样才能以实际的态度构想未来，这显然是一项极具挑战性的任务。不过，为了帮助我们构想未来，未来学家已经确定了许多有效的技巧。

趋势分析。首先系统收集周边世界实际情况的信息，诸如老龄人口、生活水平和大气污染等指标的可测算数据。这些数据通常会标明特定的发展方向或趋势，如果把趋势延展到未来，我们就能做出初步的预测。

先兆分析。其基础是观察多种现象的不同发展阶段。例如，人从妊娠、胚胎期到出生、婴儿期、童年等所要经历的一系列生理阶段。技术和社会发展方面也存在类似的模式。通过了解此类现象的不同阶段，我们往往能预料未来的发展。

情景分析。这使得我们能够考虑未来发展的种种可能性。例如，可以为企业设计一种情景（一系列可能发生的未来事件）。这种情景表明我们预料企业未来将如何发展。接着，可以再设计两种情景：一种设想利润将比目前的预计高 20%，另一种设想利润将比目前的预计低 20%。然后可以考虑每种情景会带来的后果。

（摘自：《参考消息》，原作：世界未来学协会网站）

提示：结合自己的学习，思考一下策划未来的意义，试着对自己今后的学习和生活进行策划。

第二单元
为我的未来做准备

本章知识框架

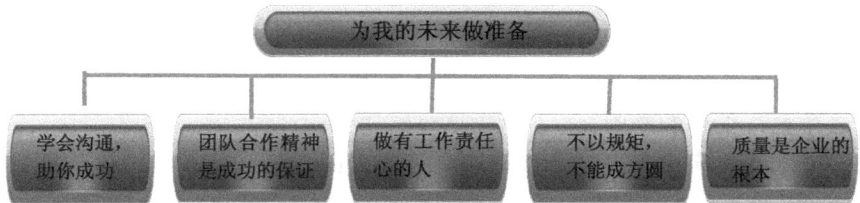

学习目标

1. 掌握沟通技巧，做有工作责任心的人。
2. 培养团队合作精神，学会团队合作。
3. 了解社会规范，用社会规范来约束自己的行为。
4. 理解质量在企业中的重要性。

第一节　学会沟通　助你成功

企业管理过去是沟通，现在是沟通，未来还是沟通。

——松下幸之助

沟通是人与人之间、人与群体之间思想与感情的传递和反馈的过程，是取得思想一致和情感通畅的必要方式。

善于沟通能起到点石成金、化干戈为玉帛的神奇作用。沟通的要素包括沟通的内容、沟通的方法、沟通的动作。就其影响力来说，沟通的内容占7%，影响最小；沟通的动作占55%，影响最大；沟通的方法占38%，居于两者之间。

【案例及分析】

【案例一】哪个更重要？

在一次应届毕业生招聘会上，有一家著名企业需要招收一名计算机专业学生。通过笔试后筛选了两名学生：王伟和李刚。

面试时，考官提了两个问题：你在学校里最成功的是什么？为什么你认为你能够胜任这份工作？

王伟回答说："我最成功的是在校期间都保持全班考试成绩第一，我的成绩这么好，所以我认为我可以胜任你们公司的工作。"

李刚回答说："我不仅学到了书本知识，而且通过学生会的工作使我学会了如何与人沟通，如何与人合作。我认为我良好的沟通技巧、合作精神与专业知识能够让我胜任工作。"

猜一猜最后哪一位同学被聘用了？是李刚！

可见，用人单位越来越看重人的综合素质，良好的沟通能力是其中非常重要的素质之一。

【案例二】重剑无锋

2004年，我大学毕业，到这家国内知名的日化公司应聘。当天，负责面试的恰巧是这家公司的申总。看完我发表过的一大摞作品，申总留下了我。第二周正式报到，我被分到内刊部。

内刊部，顾名思义，是做一本内部发行的报纸，取名《风采》。编辑部主任姓荣，屋里两男两女，年龄都在35岁以上。我翻看了一下报纸，让我吃惊的是，它根本不像一家现代大企业的读物，版面呆板，内容枯燥。于是，我花了一个晚上的时间，制作了一份精美、详尽的改版建议书，建议《风采》从内容到形式全部重新打造，使之成为鲜活而有底蕴的企业文化报，借此展现公司员工朝气蓬勃的青春风采。

第二单元　为我的未来做准备

次日，我敲开总经理办公室的门，恭敬地呈上了我的建议书。第二天，荣主任通知我，说总经理对我的建议比较认可，让我单独做一期试试。

有了最高领导的认可，我像得了尚方宝剑，立刻自信满满，干劲儿十足。接下来，我下科室调研，上网查资料写稿子，打电话给认识的报社编辑取经，忙得不亦乐乎。第二个月月初，我忐忑不安地把一张全新的《风采》交到了申总的手中，他的眼睛一下亮了起来，赞许到："不错，你终于成就了这张报纸真正的风采！"

从此，我人气急升。荣主任宣布，《风采》将按以前的版面分工编稿，但所有内容最后都要由我来敲定。为了保证报纸的质量和格调，我对稿件的要求非常高，变得六亲不认，严格苛刻。其他人改过的稿子，我看着不满意，一律丢回去让他们重改，或者干脆"枪毙"。他们约不来的稿子，我不会传授经验，而是自己出面，很快搞定。

报纸的风格日臻完美，也日益受到老总的关注。我心满意足，纵然其他编辑对我的"风光"显得非常不平，甚至嫉妒，我也不加以理会。

今年5月，总公司组织了一次在海南的全国培训，荣主任因有要事在身，就把名额给了我。我更加春风得意。

为了走的放心，我提前和同事组好了下一期《风采》的稿件，并确定了版式。然后我打点行装，潇洒地飞到海南，度过了愉快的10天。

当我快活无比地回到单位时，却遭到当头一棒。荣主任把新一期的报纸递到我手中时，我简直不敢相信。这期报纸的头条被换了，版式大变，而且错字连篇。我气愤地找到那几个同事，他们都无辜地看着我。他们的理由是：我走时什么都没有交代，也没有留下任务，他们只好临时突击，报纸弄成这样已经不易。我的脑袋"嗡"的一声。我知道他们在合伙整我。我欲哭无泪。荣主任面无表情地说："有什么话跟申总去说，他也不高兴。"

我愧疚地走进申总的办公室。申总坐在靠椅上温和地说："你去了趟海南，这边差点天下大乱，知道为什么吗？"我特别委屈，差点掉眼泪，就想申诉同事嫉妒、气量狭小之类。申总突然问了我一句："你看过金庸的《倚天屠龙记》吗？"我诧异地点了点头。申总意味深长地说："《倚天屠龙记》里有一把屠龙刀，取材于深海寒铁，是一把笨重的大砍刀。"接着，申总话锋一转，"可它又确实是一把天下无敌的宝刀。他笨重，可他照旧所向披靡。"

我正思索这话的意思，申总突然点拨我了："一个优秀的团队，能打败任何优秀的个人。你必须懂得协调作战，尊重同事，善于沟通，带动、组织、融入一个优秀的团队，而不是一味追求个人成就。所谓重剑无锋，优秀的个人往往如此。"

> 让一群人优秀起来的人，才是真正优秀的人。

【案例三】太阳和风谁更棒

太阳和风争论谁更强有力。风说："我来证明我更厉害，看到那个穿大衣的老头了吗？我打赌我能比你更快地使他脱掉大衣。"于是太阳躲到云后，风就开始吹起来了。风越吹越大，到最后变成一场飓风。但是，风吹得越急，老人就把大衣越紧地裹在身上。终于风平息了下来，不得不退却。太阳从云后露出笑脸，温和地照在老人身上。不久，老人开始揩汗，脱掉了大衣。这时太阳对风说，温和和友善总要比愤怒和暴力更强、更有力！

> 要想使别人对你产生好感，就要像太阳一样，以你的友善温暖别人的心。

【掌握沟通技巧】

一、沟通技巧包括的内容

1. 倾听技巧

倾听能鼓励他人倾吐他们的状况与问题，而这种方法能协助他们找出解决问题的方法。倾听技巧能促进沟通顺利进行，它需要相当地耐心与全神贯注。

倾听技巧由4个个体技巧所组成，分别是鼓励、询问、反应与复述。

（1）鼓励：促进对方意愿的表达。如"嗯"、"讲下去"、"还有吗"等，来强化对方叙述的内容并鼓励其进一步讲下去。

（2）询问：以探索方式获得更多对方的信息资料。通常使用"什么"（原因）、"如何"（过程）、"为什么"（获得事实、资料）、"能不能"（自我剖析）、"愿不愿意"（征求意见）等词来发问，让对方就有关问题、思想、情感给予详细的说明。

（3）反应：告诉对方你在听，同时确定完全了解对方的意思。

（4）复述：用于讨论结束时，确定没有误解对方的意思。

2. 气氛控制技巧

安全而和谐的气氛，能使对方更愿意沟通，如果沟通双方彼此猜忌、批评或恶意中伤，将使气氛更加紧张，甚至会造成大的冲突，使沟通中断或无效。

气氛控制技巧由4个个体技巧所组成，分别是联合、参与、依赖与觉察。

（1）联合：以兴趣、价值、需求和目标等强调双方所共有的事务，造成和谐的气氛而达到沟通的效果。

（2）参与：激发对方的投入态度，创造一种热忱，使目标更快完成，并为随后进行的推动创造积极气氛。

（3）依赖：创造安全的情境，提高对方的安全感，而接纳对方的感受、态度与价值等。

（4）觉察：将潜在"爆炸性"或高度冲突状况予以化解，避免讨论演变为负面或破坏性。

3. 推动技巧

推动技巧是用来影响他人的行为，使谈话内容逐渐符合双方的议题。有效运用推动技巧的关键，在于以明白具体的积极态度，让对方在毫无怀疑的情况下接受你的意见，并觉得受到激励，想完成工作。

推动技巧由4个个体技巧所组成，分别是回馈、提议、推论与增强。

（1）回馈：让对方了解你对其行为的感受，这些回馈对人们改变行为或维持适当行为是相当重要的,尤其是提供回馈时,要以清晰具体而非侵犯的态度提出。

(2)提议:将自己的意见具体明确地表达出来,让对方能了解自己的行动方向与目的。

(3)推论:使讨论具有进展性,整理谈话内容,并以它为基础,为讨论目的延伸而锁定目标。

(4)增强:利用增强对方出现的正向行为(符合沟通意图的行为)来影响他人,也就是利用增强来激励他人做你想要他们做的事。

二、我们该怎样沟通

1. 自信的态度

一般经营事业相当成功的人士,他们不随波逐流或唯唯诺诺,有自己的想法与作风,但却很少对别人吼叫、谩骂,甚至连争辩都极为罕见。他们对自己相当了解,并且肯定自己,他们的共同点是自信,有自信的人常常是最会沟通的人。

2. 体谅他人的行为

这其中包含"体谅对方"与"表达自我"两方面。所谓体谅是指设身处地为别人着想,并且体会对方的感受与需要。在经营"人"的事业过程中,当我们想对他人表示体谅与关心,唯有我们自己设身处地为对方着想。由于我们的了解与尊重,对方相对地也会体谅你的立场与好意,因而做出积极而合适的回应。

3. 适当地提示对方

产生矛盾与误会的原因,如果出自于对方的健忘,我们的提示正可使对方信守承诺;反之,若是对方有意食言,提示就代表我们并未忘记事情,并且希望对方信守诺言。

4. 有效地直接告诉对方

一位知名的谈判专家分享他成功的谈判经验时说道:"我在各个国际商谈场合中,时常会以'我觉得'(说出自己的感受)、'我希望'(说出自己的要求或期望)为开端,结果常会令人极为满意。"其实,这种行为就是直言不讳地告诉对方我们的要求与感受,若能有效地直接告诉你所想要表达的对象,将会有效帮助我们建立良好的人际网络。但要切记"三不谈":时间不恰当不谈;气氛不恰当不谈;对象不恰当不谈。

5. 善用询问与倾听

询问与倾听的行为,是用来控制自己,让自己不要为了维护权力而侵犯他人。尤其是在对方行为退缩、默不作声或欲言又止的时候,可用询问行为引出对方真正的想法,了解对方的立场以及对方的需求、愿望、意见与感受,并且运用积极倾听的方式,来诱导对方发表意见,进而对自己产生好感。一位优秀的沟通好手,绝对善于询问以及积极倾听他人的意见与感受。

一个人的成功,20%靠专业知识,40%靠人际关系,另外 40%需要观察力的帮助,因此为了提升我们个人的竞争力，获得成功，就必须不断地运用有效的沟通方式和技巧，随时有效地与"人"接触沟通，只有这样，才有可能使你事业成功。

但有时候你会发现，你勤勤恳恳地做事，和和气气地待人，但竟然在不知不觉间就得罪了人。为什么会这样呢？心理学家告诉你，有时候你无意间流露出来的优越感，可能会"暗箭伤人"。做到以下三点，则可以避开"人际暗沟"。

（1）包装坏消息。

美国汽车大王亨利·福特通常会安排助手去回复有求于他的人，有时在拒绝人时，都会格外恭敬地招待对方，如请他吃点心或午餐等。当然，换个角度说话也是必要的。比如导购员要告诉顾客她的脚一只大一只小，比起告诉他"您的这只脚比那只脚大"更能让顾客买单。

（2）大智若愚。

追求卓越是每个人满足自己成就需要的必然，但小心别让自己完美的光芒刺痛别人的眼。特别是面对一些比较顽固、保守或对你有敌意的人，一开始不要总想着通过证明自己来让对方心服口服，适当地收敛一些、中规中矩，"润物细无声"地接近更多人。而后，再在适当的时候一鸣惊人。有一位管理心理学家就特别指出，即使是与下级讲话，也不要一口一个"我"字。

（3）不"抢功"。

心理学发现，当人们发现领袖出现一点个人主义的小苗头，就会变得冷漠，甚至出现敌对的情绪。相反，藏身幕后、不那么抛头露面的领导更会受到普遍尊重。《纽约世界报》的创始人和出版人普利策就曾对他的编辑们说，如果在一个紧急时期他所发的命令违背了该报的政策的话，编辑们可以不予理睬。学会谦让，在人际交往中绝对是"退一步海阔天空"的事。

（选自美国心理学家尤文·韦伯等著作的《心理操纵术》一书）

小资料

做一个良好沟通者的 12 要素

1. 讲话要清晰，讲话时眼睛要看着对方。
2. 要真正地倾听对方的话，并做出适当反应。在对方讲话时你要看着对方。
3. 保持一种令双方都舒服的对视方式——既要眼睛盯着对方，又要避免直视对方的眼睛。要注意领会对方的一些如何令他舒服的暗示。
4. 要尽可能理解对方讲话的意思，如果你有什么不理解的，一定要问清楚。
5. 要特别注意你自己和对方的语言暗示以及身体暗示。要看上去既精力集中，又饶有兴趣，还要注意对方是否有失去兴趣、想转换话题，或者需要结束谈话的迹象。
6. 当对方要求时要做出反馈，同时也要求对方做出反馈。
7. 举例证明你的观点。
8. 如果被要求，就要说出自己的意见。
9. 注意发言的次序。
10. 要把你的语言风格和层次跟你的讲话对象联系起来。比如，你跟小孩子和跟成年人的讲话方式应该是不同的。

11. 倾听对方的请求。注意，这些请求并不总是直截了当的提问和直言相告。
12. 利用你的直觉。有时语言是多余的，但你可以通过情感、表情和手势等进行交流。

还有几个沟通禁忌，需要谨记在心：不要饶舌扯闲话，不要乱打探别人的事，不要打断别人的话，不要随意改变话题，不要顶撞和纠正对方的话，不要吹嘘，不要打盹。

（刘易斯：《榜样：青少年品格塑造指南》）

【教学活动】

活动一　测测你的沟通能力

每个人都有独特的与人沟通、交流的方式。阅读下面的情境性问题，选择出你认为最合适的处理方法。

（1）你上司的上司邀请你共进午餐，回到办公室，你发现你的上司颇为好奇，此时你会（　　）

　　A．告诉他详细内容
　　B．不透露蛛丝马迹
　　C．粗略描述，淡化内容的重要性

（2）当你主持会议时，有一位下属一直以不相干的问题干扰会议，此时你会（　　）

　　A．要求所有的下属先别提出问题，直到你把正题讲完
　　B．纵容下去
　　C．告诉该下属在预定的议程之前先别提出问题

（3）当你跟上司正在讨论事情，有人打长途来找你，此时你会（　　）

　　A．告诉上司的秘书说不在
　　B．接电话，而且该说多久就说多久
　　C．告诉对方你在开会，待会再回电话

（4）有位员工连续四次在周末向你要求提前下班，此时你会说（　　）

　　A．我不能再容许你早退了，你要顾及其他人的想法
　　B．今天不行，下午四点我要开个会
　　C．你对我们相当重要，我需要你的帮助，特别是在周末

（5）你刚好被聘为某部门主管，你知道还有几个人关注着这个职位，上班的第一天你会（　　）

　　A．分别找人谈话以确认哪几位有意竞争职位
　　B．忽略这个问题并认为情绪的波动很快就会过去
　　C．把问题记在心上，但立即投入工作，并开始认识每一个人

（6）你有一位下属对你说"那件事我本不应该告诉你的，你就当没有听到……"你会说（　　）

　　A．我不想听办公室的流言
　　B．跟公司有关的事我才想听
　　C．谢谢你告诉我是怎么回事，让我知道详情

正确答案

1. A　2. A　3. C　4. C　5. C　6. B

0~2 分较低，3~4 分中等，5~6 分较高。分数越高表明你的沟通能力越好。

良好的沟通能力是处理好人际关系的关键。具有良好的沟通能力可以使你很好地表达自己的思想和感情，获得别人的理解和支持，从而和上级、同事、下级保持良好的关系。沟通技巧差的个体常常会被别人误解，给别人留下不好的印象，甚至无意中对别人造成伤害。

活动二　生死关头谁先走？

一次海洋旅行中，我们所乘坐的"爱之船"因为遇到大风浪即将沉没，在波涛汹涌的大海上，我们等待救援，而船上的救生艇只有一艘，且只能坐五个人，在救援未到时，只有先作抉择救出五个人再说；其余的人只好再等待机会，也可能就此消失在茫茫的大海中……

共有 15 人搭乘此船，包括你自己，如果由你决定，你觉得谁是应该首先被救的人呢？如果在 30 分钟内达不成一致意见，船将沉没，所有人将葬身海底！

人物简介	被救理由	优先顺序
自己：（请自述）		
医生：男，30 岁，未婚，是外科手术的权威		
企业家：男，40 岁，已婚，白手起家，在企业界有卓越表现		
大学教授：男，35 岁，已婚，认真有说服力，是学术界的精英		
中国小姐：女，18 岁，未婚，即将参加世界小姐选拔，代表我国参加亲善活动		
演员：男，33 岁，未婚，金马奖得主，有心提升电影品质		
运动员：男，20 岁，未婚，国家全力栽培，参加世界奥运比赛		
工厂厂长：男，45 岁，已婚，本年度绩优厂长，即将调任总经理		
小学老师：女，40 岁，已婚，从事教育工作 20 年，对课程改革有贡献		
电脑工程师：男，25 岁，未婚，在电脑方面表现杰出，是一位科技新秀		
秘书：女，28 岁，未婚，语言能力强，工作认真负责		
上校：男，50 岁，已婚，在军事决策上有重大影响力		
营销高手：女，32 岁，未婚，推销能力强，且热心为社会服务		
儿童：女，8 岁小学二年级，小学教师的女儿，智商 140，有音乐天赋		
政府人员：男，36 岁，已婚，从事都市发展、规划工作且有影响力		

活动目的： 学生分成若干小组进行讨论，推举一名代表阐述结果和理由。此活动目的在于锻炼学生的沟通能力及协调能力，游戏结束时小组内部意见要达成共识。

活动三　非手绘图

1. 请一位志愿者"读图"，背对学生，将手中的几何图形读出来，学生依据读图者的内容画出图形，过程进行中学生不能发问，也不能彼此传达非口语的信息，保持单向沟通的状态，一直到读图者读完为止。

2. 绘图完毕之后，请讨论以下问题。

有多少人能正确完成图形？

能正确完成及发生困难的原因何在？

读图者有哪些有效的表达？有哪些改进之处？

身为一名双向沟通的说话者与倾听者有何感受？

3．另外一名志愿者读另一张图，背对学生，将手中的几何图形"读"出来，学生依据读图者所读内容画出图形，过程中学生可以发问，但一次只能一个人问，依双向沟通方式进行，一直到双方都觉得已完成为止。

4．绘画完毕后，请学生讨论以下问题。

有多少人能正确完成图形？

能正确完成及发生困难的原因何在？

读图者有哪些有效的表达？有哪些改进之处？

身为一名单向沟通的说话者与倾听者有何感受？

与单向沟通比较，体会二者的差异。

5．在讨论中，老师可将过程中所观察到的影响互动的因素提出来，例如，以评价的、否定的、教导的、指责的方式互动。读图人的感受如何？而以叙述的、冷静的、合理的、诚意的方式互动，在感受上又有何不同？

几何图形——单向沟通图

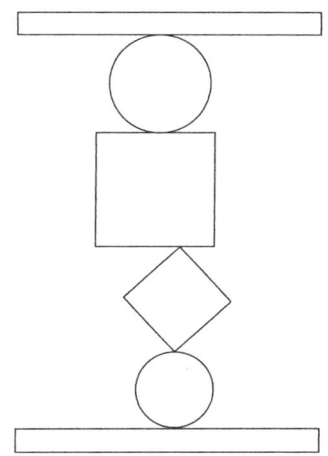

几何图形——双向沟通图

活动目的：体会单向与双向沟通的差异，学习双向沟通的方式，使沟通更加完整有效。

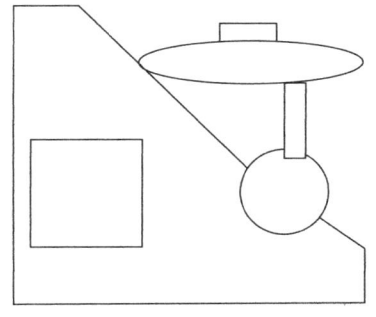

第二节　团队合作精神是成功的保证

一朵鲜花打扮不出美丽的春天，一个人先进总是单枪匹马，众人先进才能移山填海。

——雷锋

团队合作指的是一群有能力、有信念的人在特定的团队中，为了一个共同的目标相互支持合作奋斗的过程。它可以调动团队成员的所有资源和才智，并且会自动地驱除所有不和谐和不公正现象，同时会给予那些诚心、大公无私的奉献者以适当的回报。如果团队合作是出于自觉自愿时，它必将会产生一股强大而且持久的力量。

历史和实践早已证明，一个没有团队精神支撑的人，是难以成就事业的；一个没有团队精神支撑的企业，也是难以发展壮大的；一个没有团队精神支撑的民族，更是难以自强自立，傲立于世的。

【案例及分析】

【案例一】大话西游

在中国古典名著中，《西游记》可谓家喻户晓，作者成功地塑造了唐僧师徒四人鲜明的艺术形象。

孙悟空的骄傲是他的天马行空、我行我素，在前面为大家探路；猪八戒细心关照，为师傅牵马坠镫；沙和尚勇挑重担，踏踏实实紧随其后。

最理解和最体谅他人的是沙和尚，他知道"路远没轻担"，挑担是很辛苦的，因而唐僧叫他挑一肩，他就欣然挑一肩；猪八戒叫他挑一肩，他也愉快地接过担子。这就从行动上团结了好耍心眼的猪八戒。要想到达西天取得真经，没有取经人的内部团结是不行的，沙和尚在默默伺候唐僧的同时，也默默地做了团队的润滑剂。

> 世界上最复杂的莫过于人际关系，凡是有人群的地方就有矛盾。正是团结一致相互合作，才弥补了他们因不同性格和各自的缺点构成的不足。如果人们不懂得相互合作是永远不会取得"真经"的。

【案例二】蚂蚁的精神

一位老农上山开荒。在砍倒一丛荆棘时，发现荆条上有一个箩筐大的蚂蚁窝。荆条倒，蚁窝破，无数蚂蚁蜂拥窜出，老农想消灭这些蚂蚁，于是他立刻将砍下的荆棘围成一圈点燃了火。风吹火旺，蚂蚁四散逃命，但无论逃到哪里都被火墙挡住。蚂蚁占据的空间在火焰的吞噬下越缩越小，灭顶之灾即将到来。

可是奇迹发生了，火墙中突然冒出一个黑球，先是拳头大小，不断有蚂蚁粘上去，渐渐地变得和篮球一样大，地上的蚂蚁已经全部抱成一团向烈火中滚去。外层的蚂蚁被烧得噼里

第二单元 为我的未来做准备

啪啦,烧焦烧爆,但缩小后的蚂蚁球竟越过火墙滚下山去,躲过了全体灰飞烟灭的灾难。老农捧起蚂蚁焦黑的尸体久久不愿放下,他被深深地感动了。小小昆虫,为着整体的生存竟有视死如归、勇于牺牲的英雄气概,竟有那么强烈的团队精神,能不令人为之动容么?

> 自然界的发展规律是物竞天择,适者生存。作为弱小的蚂蚁,靠着牢不可破"团队精神",不也生存下来了吗?

【案例三】出乎意料的篮球赛

2004年6月,拥有NBA历史上最豪华阵容的湖人队在总决赛中的对手是14年来第一次闯入总决赛的东部球队活塞。赛前,很少有人会相信活塞队能够坚持到第七场。从球队的人员结构来看,有科比、奥尼尔、马龙、佩顿等,湖人队是一个由巨星组成的"超级团队",每一个位置上的成员几乎都是全联盟最优秀的,再加上由传奇教练菲尔·杰克逊对其整合,在许多人眼中,这是20年来NBA历史上最强大的一支球队,要在总决赛中将其战胜只存在理论上的可能性,更何况对手是一支缺乏大牌明显的平民球队。

然而,最终的结果却出乎所有人的意料,湖人几乎没有做多少抵抗便以1:4败下阵来。湖人的失败有其理由:"OK"组合相互争风吃醋,都觉得自己才是球队的领袖,在比赛中单打独斗,全然没有配合;而马龙和佩顿只是冲着总冠军戒指而来的,根本就无法融入整个团队,也无法完全发挥其作用,缺乏凝聚力的团队如同一盘散沙,其战斗力自然也就会大打折扣。

> 我们在工作岗位上也是如此,仅依靠个别人的发挥并不能取得团队的成功,只有团队中每个成员都发挥自己应有的作用,团结一致、上下一心,才能取得团队的胜利。

培养团队合作意识

一、建立团队合作的四个基础

1. 建立信任

要建设一个具有凝聚力并且高效的团队,第一个且最为重要的一个步骤,就是建立以人性脆弱为基础的信任。

这意味着一个有凝聚力的、高效的团队成员必须学会自如地、迅速地、心平气和地承认自己的错误、弱点、失败。同时,他们还要乐于认可别人的长处,即使这些长处超过了自己。

在理论上,这并不很困难。但当一个领导面对一群有成就的、骄傲的、有才干的员工时,让他们解除戒备,是一个极其困难的挑战。而唯一能够发动他们的办法,就是本人率先做出榜样。

有一位总裁,由于没能在团队中建立信任,结果目睹着自己的企业衰落。他曾经的一位直接下属后来说:"团队中没有人被允许在任何方面超过他,因为他是总裁。"其后果:团队成员彼此之间也不会敞开心扉,坦率承认自己的弱点或错误。

以人性脆弱为基础的信任在实际行为中到底是什么样的?像团队成员之间彼此说出"我办砸了"、"我错了"、"我需要帮助"、"我很抱歉"、"你在这方面比我强"这样的

67

话，就是明显的特征。以人性脆弱为基础的信任是不可或缺的，离开它，一个团队不能形成很强的凝聚力。

2. 良性的冲突

团队合作最大的阻碍就是对于冲突的畏惧。这来自于两种不同的担忧：一方面，管理者采取各种措施避免团队中的冲突，因为他们担心丧失对团队的控制，以及个别人的自尊会在冲突过程中受到伤害；另外一些人则是把冲突当做浪费时间。他们更愿意缩短会议和讨论时间，果断做出自己看来早晚会被采纳的决定，留出更多时间来实施决策，或者去做其他他们认为是"真正的"工作的事情。

无论是上述哪一种情况，久而久之，这些未解决的问题都会变得更加棘手，而管理者也会因为这些不断重复发生的问题而越来越恼火。

因此，适当的、建设性的冲突是不能避免的。否则，一个团队所建立的真正的承诺只能是不可能完成的任务。

3. 坚定不移地行动

要成为一个具有凝聚力的团队，领导必须学会在没有完善的信息、没有统一的意见时做出决策。而正因为完善的信息和绝对的一致非常罕见，决策能力就成为一个团队最为关键的行为之一。

但如果一个团队没有鼓励建设性的和没有戒备的冲突，就不可能学会决策。这是因为只有当团队成员彼此之间热烈地、不设防地争论，直率地说出自己的想法，领导才可能有信心做出充分集中集体智慧的决策。不能就不同意见而争论、交换未经过滤的坦率意见的团队，往往会发现自己总是在一遍遍地面对同样的问题。实际上，在外人看来机制不良、总是争论不休的团队，往往是能够做出最高明的决策的团队。

需要再次强调的是：如果没有信任，行动和冲突都不可能存在。如果团队成员总是想要在同伴面前保护自己，他们就不可能彼此争论。这又会造成其他问题，如：不愿意对彼此负责。

4. 无怨无悔才有彼此负责

卓越的团队不需要领导提醒团队成员竭尽全力工作，因为他们很清楚需要做什么，他们会彼此提醒注意那些无助于成功的行为和活动。而不够优秀的团队一般对于不可接受的行为采取向领导汇报的方式，甚至更恶劣：在背后说闲话。这些行为不仅破坏团队的士气，而且让那些本来容易解决的问题迟迟得不到办理。

二、培养团队合作意识的6个原则

1. 平等友善

与同事相处的第一步便是平等。不管你是资深的老员工，还是新进的员工，都需要丢掉不平等的关系，无论是心存自大或心存自卑都是同事相处的大忌。同事之间相处具有相近性、长期性、固定性，彼此都有较全面深刻的了解。要特别注意的是真诚相待，才可以赢得同事的信任。信任是联结同事间友谊的纽带，真诚是同事间相处共事的基础。即使你各方面都很优秀，你并不一定能独自完成一切，还是平等友善地对待对方吧。

2. 善于交流

同在一个公司、办公室里工作，你与同事之间会存在某些差异，知识、能力、经历的不同会使你们在对待和处理工作时，产生不同的想法。交流是协调的开始，因而，要把自己的想法说出来，并且要多听对方的想法。你要经常说这样一句话："你看这事该怎么办，我想听听你的看法。"

3. 谦虚谨慎

法国哲学家罗西法古曾说过："如果你要得到仇人，就表现得比你的仇人优越；如果你要得到朋友，就要让你的朋友表现得比你优越。"当我们让朋友表现得更优越时，他们就会有一种被肯定的感觉；但是当我们表现得比他们还优越时，他们就会产生一种自卑感，甚至对我们产生敌视情绪。因为谁都在自觉不自觉地强烈维护着自己的形象和尊严。

所以，对自己要轻描淡写，要学会谦虚谨慎，只有这样，我们才会永远受到别人的欢迎。为此，卡耐基曾有过一番妙论："你有什么可以值得炫耀的吗？你知道是什么原因使你成为白痴？其实不是什么了不起的东西，只不过是你甲状腺中的碘而已，价值并不高，才五分钱。如果别人割开你颈部的甲状腺，取出一点点的碘，你就变成一个白痴了。在药房中五分钱就可以买到这些碘，这就是使你没有住在疯人院的东西——价值五分钱的东西，有什么好谈的呢？"

4. 化解矛盾

一般而言，与同事有点小想法、小摩擦、小隔阂，是很正常的事。但千万不要把这种"小不快"演变成"大对立"，甚至成为敌对关系。对别人的行动和成就表示真正的关心，是一种表达尊重与欣赏的方式，也是化敌为友的方法。

5. 接受批评

从批评中寻找积极成分。如果同事对你的错误大加抨击，即使带有强烈的感情色彩，也不要与之争论不休，而是从积极方面来理解他的抨击。这样，不但对你改正错误有帮助，也避免了语言敌对场面的出现。

6. 创造能力

一加一大于二，但你应该让他大得更多。培养自己的创造能力，不要安于现状，试着发掘自己的潜力。一个有不凡表现的人，要能让其他人乐于与你合作，这种意愿是要真正发自于内心。

总之，作为一名员工应该保持良好的思想感情、学识修养、道德品质、处世态度、举止风度，做到坦诚而不轻率，谨慎而不拘泥，活泼而不轻浮，豪爽而不粗俗，一定可以和其他同事融洽相处，提高自己团队的作战能力。

（部分资料参考 http: //baike.baidu.com/view/1004561.htm）

【教学活动】

活动一　相互支撑

操作程序与规则。

1. 分组

将全班学生分组，每组 5 人，并集中到指定场地。

2. 活动介绍

教师："这节课我们将做一个有意义的游戏活动，名叫相互支撑，具体做法是：每组发一张报纸，各组将报纸铺在地上，小组的 5 名同学要共同站在这张报纸上十秒钟，从报纸上下来后，将报纸对折，5 名同学再次站在对折后的报纸上十秒钟，然后再下来，再将报纸对折，让这 5 名同学再次站在对折后的报纸上保持 10 秒钟，依此程序，直到各组都站不上去为止，看哪个组坚持到最后即为优胜！希望大家积极思考、主动参与。现在我们分组。"

这时，可以提醒学生着装问题，活动中不能恶作剧，被淘汰的学生不能恶意破坏其他组。每个同学都要动脑筋想办法坚持到最后。

3. 发报纸

每组发报纸一张。

4. 开始竞赛

教师组织竞赛，最后推选优胜组。

5. 讨论

问题一：活动开始前你是怎么想的？是什么感觉？

问题二：活动中你是怎么做的？是什么感觉？你希望别人如何做？

问题三：怎么样才能做得更好？

各小组推荐一名同学汇报讨论结果，谈谈活动过程中体验到的内心感受、想法以及讨论中的收获。

6. 教师总结

内容可概括如下：①团体协作，要首先清除彼此的隔阂，融洽人际关系；②要克服彼此之间的沟通障碍；③任何工作都要求团体协作，每个成员都要积极努力，甘于奉献，相互帮助；④在团队中，个人要有集体的理念，遇到困难要坚持，不轻言放弃。

活动二　海上遇险

宗旨：比较个人决策与团体决策的效果。

做如下假设：

假如你们海上遇险。

你们正随一艘游艇漂浮在太平洋海面上。一场原因未明的大火已毁掉了游艇艇身及大部分内部设备。游艇正在下沉！由于关键航海仪器被损坏，你们不知道所处的位置。你们手忙脚乱，以致忘记去控制火势。

最近的陆地大约在西偏南方向上，最乐观的估计，你们距那里 1500 千米。下面列出 15 件未被大火烧毁的物品，此外，还有一个带桨的、可坐下你们和所有船员的橡胶救生筏。

第二单元　为我的未来做准备

所有生存者身上的东西仅为一包香烟和几包火柴，5 张 5 元面值的人民币。

你们的任务是：把这 15 件物品按照你们求生过程中的重要程度进行排列。把重要的物件放在第一位，次重要的物品放在第二位，依次类推，直到排至相对最不重要的第 15 件。

说明：

第一步：小组中每个人都先自己为物品排定优先顺序，在每个人完成此工作前，请不要互相讨论。

第二步：然后以小组为单位为15项物品排定优先顺序。

第三步：宣布专家的排列顺序，如附表一所示。

物品	第一步 你个人的排列	第二步 小组的排列	第三步 救生专家的排列	第四步 第一步与第三步之差	第五步 第二步与第三步之差
1．六分仪					
2．剃须镜					
3．一桶 25 千克的水					
4．蚊帐					
5．1 箱压缩干粮					
6．若干太平洋海区地图					
7．坐垫（漂浮设备）					
8．1 桶 9 升油、气混合物					
9．小半导体收音机					
10．驱鲨剂					
11．2.5 平方米的不透明塑料布					
12．一瓶烈性酒					
13．5 米尼龙绳					
14．2 盒巧克力					
15．钓鱼具					

你的总分数　　小组的总分数

物品	第一步 你个人的排列	第二步 小组的排列	第三步 救生专家的排列	第四步 第一步与第三步之差	第五步 第二步与第三步之差
1．六分仪			15		
2．剃须镜			1		
3．一桶 25 千克的水			3		
4．蚊帐			14		
5．1 箱压缩干粮			4		
6．若干太平洋海区地图			13		
7．坐垫（漂浮设备）			9		
8．1 桶9 升油、气混合物			2		
9．小半导体收音机			12		

续表

物品	第一步 你个人的排列	第二步 小组的排列	第三步 救生专家的排列	第四步 第一步与第三步之差	第五步 第二步与第三步之差
10. 驱鲨剂			10		
11. 2.5 平方米的不透明塑料布			5		
12. 一瓶烈性酒			11		
13. 5 米尼龙绳			8		
14. 2 盒巧克力			6		
15. 钓鱼具			7		

你的总分数　　小组的总分数

第四步：计算个人排列与专家排列的差数（取绝对值，则均为正数）。

第五步：计算本组与专家排列的差数（规则同上）。

继续完成下列步骤，并在相关的栏目中填入分数：

	一组	二组	三组
第六步：每人平均分数（将小组中的个人分数相加后除以小组人数）			
第七步：小组分数			
第八步：实际得分（小组分数与个人平均分之差，如果小组分低于个人平均分，则得正分"＋"反之则得负分"－"）			
第九步：小组个人最低分			
第十步：小组中个人分低于小组分的人数			

注：第六步：表明小组中个人平均决策水平；第七步：表明小组整体决策水平；第八步：表明团体决策的效果；第九步：表明小组中的专家；第十步：表明小组中被埋没的人才。

讨论：只有与专家得分小于 40 分的生存者才能活下来，需要讨论如下问题：

1. 最低希望的结果是什么？
2. 最好的可能结果是什么？
3. 采取的策略是什么？
4. 每个行动选择的障碍是什么？
5. 每个行动选择的负面影响是什么？
6. 哪次的选择最可能达到最好结果并避免最坏影响？
7. 比较个人决策与团队决策的效果。
8. 团队决策中领导者的责任是什么？

活动用时：40～50 分钟。

第二单元　为我的未来做准备

第三节　做有工作责任心的人

责任心犹如大海中的定海神针，人类一旦失去责任心，世界就会像大海一样波涛汹涌，失去控制。

——邱征兵

责任心是指个人对自己和他人、对家庭和集体、对国家和社会所负责任的认识、情感和信念，以及自觉地遵守规范、承担责任和履行义务的态度。它是一个人应该具备的基本素养，是健全人格的基础，是家庭和睦，社会安定的保障。

良好的责任心是每个人必须具备的品质。没有强烈的责任心，人们就会在逆境中跌倒，在各种各样的引诱前不能自持。

【案例及分析】

【案例一】远涉重洋的一封来函

武汉市阳街的景明大楼建于 1917 年，是一座 6 层楼房。在 1997 年也就是这座楼度过了漫漫 80 个春秋的一天，突然收到当年的设计事务所从远隔重洋的英国寄来的一封函件。函件告知：景明大楼为本事务所 1917 年设计，设计年限为 80 年，现已到期，如再使用为超期服役，敬请业主注意。

80 年，不要说设计者，就是施工人员也不在世了吧。竟然还有人在为它操心，还在守着一份责任、一份承诺。

有责任心的人，敢于披荆斩棘，风雨无阻，勇于直面困难。远隔重洋的英国来函，是否让你感到了温暖。

【案例二】洗厕所出身的邮政大臣

一个少女到东京帝国酒店做服务员，这是她涉世之初的第一份工作。但她万万没有想到上司安排她洗厕所！上司对她工作质量的要求特别高：必须把马桶擦洗得光洁如新！怎么办？是接受这个工作还是另谋职业？一位前辈看到她的犹豫态度，不声不响的为她作了示范，当他把马桶洗的光洁如新时，他竟然从中舀了一碗水喝了下去！前辈对工作的态度使她明白了什么是工作，什么是责任心，从此她漂亮地迈出了职业生涯的第一步，并踏上了成功之路。自然，她所清洗过的厕所，一向光洁如新，她也不止一次地喝过马桶里的水。几十年一瞬而过，如今她已是日本政府的邮政大臣，她的名字叫野田圣子。

73

> 如果是你，你敢从你洗过的马桶中舀水喝吗？在工作中追求完美，这也是工作责任感的体现。

【案例三】沉痛教训

一位高职毕业生应聘到一所渔业研究所工作，研究所正在培育一批长江水域中罕见的鱼苗。毕业生负责给鱼苗换水，工作时他拿了一本书看了起来，竟忘记了时间，没有及时给鱼苗换水，由于鱼苗对水和氧的要求很高，一池子鱼苗由于缺氧而死。给国家造成了近百万的损失。

> 选择第一份工作可能不是由自己的意志决定的，但怎样看待第一份工作，走好人生的第一个起点，确实是靠个人努力的。以什么样的态度去工作，这将影响你的一生。
> 具有责任心的员工，会认识到自己的工作在组织中的重要性，把实现组织的目标当成自己的目标。

做有工作责任心的人

一、责任是什么

责任是人应主动承担的角色、义务和对其过失所造成的后果应承担的责罚，它有义务和后果两层涵义。每个人一生下来就在社会中扮演着不同的角色，而这些角色都对应着相应的责任：小的时候你的责任就是快快乐乐地成长；上学啦，你的责任是好好学习，将来能更好地服务社会；工作啦，你的责任是怎样做好自己的工作，为企业社会创造价值；结婚啦，你有对家庭的责任；哪怕你退休啦，你也有自己的责任，你要想着怎样为社会为家庭发挥余热。

总之，每个人都肩负着责任，对工作、对家庭、对亲人、对朋友，我们都有一定的责任，正因为存在这样或那样的责任，才能对自己的行为有所约束。社会分工赋予了大家权利，同时也明确规定了各自的职责。每个人都是在奉献职责成果的同时，也在享受别人的职责成果。社会学家戴维斯说："放弃了自己对社会的责任，就意味着放弃了自身在这个社会中更好的生存机会。"

二、责任心是什么

责任心则是自觉地将分内之事做好之心理体验和外在的行为表现。形象点说，责任是一件事，那么责任心就是对这件事的态度。有责任才有责任心；有责任心的责任才有完美的表现形式和充实的内容。

工作就意味着责任，做了这份工作就应该担负起这份责任。每个人都应该对所担负的责任充满责任心。

1. 责任心是自我能力不断超越的强大精神力量

有责任心的人面对工作挑战，不会表现出懦夫般的退缩，而是拿出百倍的勇气，排除万难，把工作完成。有责任心的人在工作中最大的表现是：总有个良好的心态，敢于面对自己的不足，积极学习，发掘自身潜能，不断地提升自己，实现真正的超越。在企业中经常会听到对员工的这样的表彰：××超负荷完成工作，这种把"不可能完成"的工作出色地完成，就是责任心的表现。

责任心，是在企业中被关注、被尊重的最大理由。

有些人喜欢抱怨，认为自己在公司里不被重视；其实对企业管理者而言，他们重视的并不是员工这个人，而是这个人做的事；一位有责任心的员工，能从工作中学到很多的知识，积累很多的经验，并把这些知识和经验应用到工作中，经常能给管理人员意外的惊喜。相反，一个没有责任心的员工，对工作没有兴趣，抱着得过且过的心态，工作表现庸庸碌碌，做人做事不诚实，能力和工作质量不断下滑；这个时候，不管曾经具有多么强的能力，为企业做过多大的贡献，都将成为企业木桶的短板；工作必定会被人们轻视，甚至人品也会受到轻视。最终将被企业运行的列车所淘汰。

2．责任心，是员工的长线投资

具有责任心的员工，勇于把企业的利益视为自己的利益，处处为企业着想，为企业留住其他忠诚的顾客，让企业有稳定的顾客群；具有责任心的员工，不会推卸责任，也不会因为一次过失而气馁，不敢承担责任。这样的人在老板眼里是一个可靠的、可以委以重任的人，也许会因为过失造成后果而进行处罚，但一旦条件成熟，机会依然会留给有责任心的员工。

三、如何做一个有责任心的员工

责任心是个体自觉地做好分内事务和履行道德义务的心理倾向，是个性心理品质成分中自我特征纬度上的重要内容，它有角色分内职责和角色道德义务两个方面的涵义。

角色分内职责：每个人在企业中都对应着一个职位，每个职位在企业生产经营过程中都有一定的职责；而对这些职责很多人都会产生误解，认为完成了公司管理制度上所指出的实际工作就是承担了角色分内职责。不可否认，完成了公司岗位说明的工作，是承担了角色的责任，但不是具有责任心的表现。

角色分内职责包括三个部分：①岗位应承担的直接工作，也就是出现在岗位说明里面的工作。②岗位能力的提升，也就是角色自我修炼的过程，使工作完成得更加出色。③其他岗位应完成的工作。许多企业都缺乏过程管理，企业只要结果不要过程，导致很多工作本应该是岗位的工作，而在岗位说明上没有很明确的界定，但是都需要角色扮演者自觉自发地去做这一份工作，如：客户资料整理及客户分析属于客服人员（或客户中心）的工作范畴，有些企业没有客户中心，那么这些工作只能由业务人员来完成，而真正做这份工作的业务人员又有多少呢？

角色道德义务：道德义务是个人对社会、他人所应负的道德责任，是一定阶级或社会道德原则和道德规范对人们的要求；在企业中，角色的道德义务就是员工岗位所应遵循的道德规范总和，相应的角色有相应的道德义务。对企业而言，角色道德义务包含几个方面：①工作互相促进。有责任心的员工不会只看到本职工作以内的事情，会对上下游的工作也有一定的关注，会想着结合自身岗位工作体会，让上游工作做得更快更好，也会把自身岗位工作做得更完美，给下游工作提供便利。②绝不姑息、推诿。有责任心的员工把企业利益当做个人利益，绝对不会容忍伤害企业利益的行为和事件出现，一旦发现，必定勇于揭发绝不姑息，对于因自己的过失而造成的后果也绝不推诿，做到勇于承担责任；当然，搬弄是非、拉帮结派的行为也不会出现在他的身上。③其他岗位特定的核心道德义务。不同的岗位有不同的义务，如：业务人员怎样做到对客户的诚实守信；生产人员怎样保证绝不以次充优、不浪费企业资源；行政人员要管理得公平公正；财务人员要公私分明；等等。每个不同角色都有其核心的道德义务。

做一个被人尊重的人，首先应该做一个有责任心的员工，只有做到在企业中能够努力地做好角色分内的工作并能够履行角色道德义务才能享受更多角色拥有的权利，才能更好地为家庭、为朋友尽到责任，也才能够被家庭、朋友所认可，成为一个受尊敬的人。同时，一个人责任心的多少，决定了事业的成功与否，事业有成者无论做什么，都力求尽心尽责，丝毫不会放松；成功者无论做什么职业，都不会轻率疏忽。

（资料参考 http://blog.sina.com.cn/s/blog_6ad509400100lknw.html）

小链接

【永不抱怨】

研读马云的人生，在前37年里，他的人生就充斥着2个字：失败。37岁之后，他突然飞黄腾达了，秘诀就是四个字：永不抱怨。下面是马云对这四个字的感悟。

我对这四个字的体会越来越深。原因是我接触的成功人士近期进入核爆炸状态，我和这些人打交道，再加上我自己的体会，发现成功的秘诀就是永不抱怨这四个字。

我很欣赏我现在的投资人吕超。欣赏他的原因是，在我和他合作的初期，我对他的折腾真叫无事生非。先是签了电视剧"宝贝"，交了两集半剧本，跟他说："对不起，我要改写'心术'了。"他说："好。"撕毁合同重签。"心术"小说在写作过程中，滕华弢导演因与吕超从未合作过，对他心存疑虑，要撤销与他的合作。我觉得像这种话人在江湖都说不出口，谁知，他又说好。我说："预付款我退你。"他说："不用，迟早会合作的。"

后来又出了一系列的事情，我曾不好意思地跟他道歉，谁知，他回答我："我的工作就是解决问题，没有问题我就心慌。你有任何问题，都可以交给我。"他的人生字典里没有责任的划分区域，他有"力拔山兮"的气概。整个交往过程，我发现，吕超是这样一个人：他从不抱怨。

认识他久了，发现圈内人对他评价极高。他务实，人缘好，既有做大的决心，也不吝啬与他人分享蛋糕。我当时就一个感觉，这个年轻人，未来无限美好。他的一个短信，我留到今天：要做事，不仅要能屈能伸，还要任劳任怨。

我最近在装修，我对装修师傅也是赞不绝口。他是我的一个医生朋友介绍给我的，对他的评价是：耐折腾。

我第一次见到他的时候，他就花很长时间跟我沟通我喜欢什么样的风格。

他隔三差五会带我到建材城去选购我喜欢的料，同时在我的预算和我的喜好之间寻找平衡点。

我订了客卫的墙砖和地砖，这是我自己选的。等我看到半壁江山的时候，我竟然后悔了。我说："这不是我想要的！他竟然比我还平静。问我，你想要什么？"

我想想，觉得不好意思，说，算了："我认账，我能忍受。"

他对我说："别。难得装修一次，要用好多年，别凑合。你不喜欢，没关系，我们改。"

我嫌麻烦。他说："满意是最高标准，只要满意，不怕麻烦。"

最终，他既没让我多花钱，又实现了让我满意的双赢局面。

另一个细节是，我跟唐师傅说，我要做电视机的背景墙。他推荐我几种墙纸，我都不中意，我最终请了学美术的同学替我手绘，价格还不贵。当我打开电脑向唐师傅展示我的凡·高"星空"背景墙的时候，他立刻掏出硬盘要拷贝，且跟我说，这个创意好，以后我要用到其他客户家里去。他的辞海里，没有愤怒、不满和责怪，只有提高，再提高，学习，再学习。

我跟唐师傅说："我相信，你的未来会做得很大。你现在才三十岁，是个只带二三十个工人的小老板，未来，你还会有大公司的。你根本不用担心自己未来买不起房子，因为你进步的速度会高于房价上涨的速度。"

这句话，其实最早是吕超跟我说的。他说："你不要担心你买不起房子，你进步的速度要高于房价上涨的速度。"果然，此话之后的大半年，我就有自己的家了。

把时间花在进步上，而不是抱怨上。

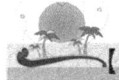

【教学活动】

活动一　工作责任心小测试

对以下问题回答"是"或"否"：
1. 与人约会，你通常准时赴约吗？
2. 你认为你这个人可靠吗？
3. 你会因未雨绸缪而储蓄吗？
4. 发现朋友犯法你会通知警察吗？
5. 外出旅游，找不到垃圾桶时，你会把垃圾带回家吗？
6. 你经常运动保持健康吗？
7. 你忌吃垃圾食物，脂肪性过高和其他有害健康的食物吗？
8. 你永远将正事列为优先，再做其他闲事吗？
9. 你从来没有放弃过任何选举权利吗？
10. 收到别人的信你总会在一两天内就回信吗？
11. "既然决定做一件事，那么就要把它做好"。你相信这句话吗？
12. 与人相约，你从来不会耽误，即使自己生病时也不例外吗？
13. 你曾经犯过法吗？
14. 你经常拖延交作业吗？
15. 你经常帮忙做家务吗？

说明：上述问题除了 13、14 答"否" 加一分，答"是"不加分外，其余的问题答"是"加一分，答"否"不加分。加一加，看一看，你的责任心有多少。

分数为 10～15 分：你是非常有责任心的人，你行事谨慎、懂礼貌、为人可靠，并且相当诚实。

分数为 3~8 分：大多数情况下，你都很有责任感，只是偶尔率性而为，没有考虑得很周到。

分数为 2 以下：你是完全不负责任的人。

活动二　宝贝不哭

在一个省级幼儿园，一组幼教专业学生的实习就要结束了。按照要求，大家依次上楼，准备参加幼儿园园长组织的座谈会。这时，迎面一队孩子下楼，很多实习生主动避让。在转弯处，一个小女孩在哭，前面的几位实习生看了一眼继续上楼，而后面的实习生小敏走到孩子身边，蹲下来，安慰孩子："宝贝，不哭。你是哪个班的？老师送你回去好不好？"

"小敏快点，要迟到了。"前面的同学回头在催促。可小敏仍然细心呵护着孩子一起下楼到班里，才又急忙回身上楼开会。

座谈会结束后，园长留下小敏："看得出你和你的老师一样很爱孩子，你的老师说你很能干，业务不错，你愿意留在我们园工作吗？"

在故事中，你看到小敏具有哪些职业品质？小敏为什么在实习中能得到领导的认可？你从故事中还获得了哪些感悟？

你知道吗？

老板不喜欢什么样的员工？

由于缺乏责任心而不受欢迎的性格类型，表现为以下几方面。

傲慢、稚气型：明明是完全不懂，也装出一副万事通的模样。找工作时通常优先考虑薪资多少，却不重视工作内容。

将错就错型：虽向往成为优秀职员却不定目标，而且听不得别人批评。一旦做错事情，就开始找借口抱怨，最后不忘加上一句："这是没办法的事，怪不得我"。

自吹自擂型：面试时自称在学校成绩优异、评价颇高，但录用后却发现所言夸大其词，实际上并无特殊之处。

回避责任型：认为"即使工作得不好也没关系，因为我是新人"，且该做的事常会忘记去做，缺乏责任感。

恃宠敷衍型：对工作持恃宠敷衍的态度，能耍赖就耍赖，一心一意地讨好上司，却不肯好好做事。

避免使用逃避责任的言辞

"不管我的事"、"我试试看吧"、"我想会有人处理的"、"又没有人问过我"、"没有人告诉我啊"、"为什么要找我"、"反正又没人在乎我"、"反正没有人会知道的"、"反正不太重要"、"反正大家都这么做"。

最近你是否用过这类语言呢？如果有的话，就要认真思考改变自己哦。

用人单位第一印象——责任感至上

调查表明，用人单位最看重的是责任感。

某公司的人力资源部主管在谈到这个问题时说："一个人只有充满责任感才会自觉地努

力工作，为他自身也为单位而工作。那些没有责任感的学生我们是不会考虑的。没有责任感，怎么会把工作做好呢？"

用人单位对毕业生个人方面素质的看重程度（前四位）如下表所示。

素质	看重程度
责任感	4.56
团队协作精神	4.42
事业心	4.37
自信心	4.29

注：看重程度满分为5分，表示"非常看重"；4分表示"比较看重"；3分表示"一般"；2分表示"不太看重"；1分表示"不看重"。

负责任的人的特点

负责任的人通常有下面5个特点：

做人的准则是履行诺言，说到做到从不食言；

以自身工作的高质量而自豪。不会为速度而牺牲质量；

做事主动积极，不需要监督就能完成分配的工作；

严格遵守道德规范；

愿意承担新责任，并从中获得动力。

第四节　不以规矩，不能成方圆

法律和道德就是能够把我们自身与社会联系起来的所有纽带，它能够将一群乌合之众变成一个具有凝聚力的团体。

——涂尔干

规范即明文规定或约定俗成的标准。人类社会有两大规范，即道德规范与法律规范，当不按社会规范行事时，人的正常行为就会产生偏差，甚至触犯法律。幸福的人生、成功的事业，是以社会规范为保障的，即所谓"不以规矩，不能成方圆"。

【案例及分析】

【案例一】不义之财取不得

小刘毕业后到邮局做邮递员工作。时间长了，特别是看到在外企工作的同学，吃得穿得都比自己强，同学聚会时，他们花钱出手阔绰，看看自己这点工资，心里很不是滋味。

一次偶然的机会，他发现有些信件、汇款因为寄信（款）人、收信（款）人地址写错或有误，常常因一时无法查找到下落，在邮局暂时成为"死信件"，在那搁置着。一次，一封从国外的来信，就这样"躺"在那里很长时间。起初，出于好奇，他试着拆开看看，觉得很好玩，以后，闲着没事时，他就偷偷拆几封看看，他的胆子大起来，有主的信件，只要吸引他，他都敢私拆。终于有一天，他发现了一张500美元的汇票，暂时没法投递，他就私藏起来。为取汇款，他又到黑市买了一张伪造收款人的身份证，冒领了 500 美元。一次组长在检查工作时，发现少了一张在小刘的投递区待处理的外币汇票，后又经过有关部门核查，这张汇票领款人签字的笔迹是小刘的，在事实面前，他只得承认自己冒领汇款的违法行为。

> 有的人奉行"一切向钱看"的原则，只要能赚到钱，不讲人格，不要良心，不择手段。这些人常常是以不端行为开始，以害己结束。

【案例二】弄虚作假反害己

华仔原是一所中专学校的计算机教师，尽管他只有中专学历，但因勤奋好学，业务水平不断提高，深受学校的器重。后来在一位南下打工朋友的影响下，也辞去了干得好好的教师工作南下了。

到了广东他才知道，这里并不像他想象的"遍地是黄金"，由于只有中专学历，想到外资或合资企业工作不是很容易。于是求职心切的他买了一张某名牌大学计算机专业本科毕业的假文凭。

过了不久，一家港资企业招聘面试时，看到华仔计算机水平挺高，业务熟练，聘他搞软件开发工作。凭着他的勤奋努力，不久便被提拔。正当他踌躇满志地向前进取时，他的假文凭被揭穿了。最忌弄虚作假的老板非常气愤，毫不客气地辞退了华仔。

他的顶头上司不无遗憾地对他说："如果你不用假文凭，凭你的实力，尽管只有中专学历，也完全可以到我们企业来工作。只要干得好，工作又需要，企业也会送你去进修的。"

> 没有规矩，不成方圆。我们无论做什么事情，都要严格遵守"游戏规则"。而自己的行为规范将直接催生职业生涯发展的种子。

【案例三】此一时　彼一时

小吕的第一份工作是在一家加拿大公司做销售，这家公司对员工的考核只看结果，不看过程，只要能完成销售目标，就是好员工。该公司的管理和激励员工主要采用的是目前国际上比较流行的目标管理体系。公司对销售人员实行的是不定时工作制，上下班时间没有严格的要求。以一定时间内完成销售任务作为考核的指标。所以，在不违法和不影响任务要求的前提下，小吕对自己的工作方法、方式、工作时间、销售费用开销等有充分的自主权。在这种环境下，小吕如鱼得水，他的销售任务连年超额完成，成为公司最有价值的员工。

转眼间 5 年过去了，由于公司的产品被市场上的新产品所替代，公司的经营状况每况愈下，销售额逐年下降，公司不得不关门。不得已他转到一家日本公司，同样也是做销售工作。对于他来讲，这项工作真是轻车熟路、游刃有余。他过去的丰富经验帮了他大忙，虽然在日本公司他是新人，但头一个月他就完成了销售任务，以后的时间里销售额更是大幅上升，销售任务完成良好。

在日本公司，他的业绩是最好的，但他得到的奖励却不是最高的。他的主管多次提醒他要遵守公司的作息时间和各项规章制度，可是他一直没有把主管的话放在心上。小吕以自己在加拿大公司的习惯做事，认为销售员的任务就是完成销售任务，其他是可有可无的。直到有一天，小吕的主管把他叫到办公室，告诉他，公司决定辞退他。

> 不同的文化背景，产生不同的规则、标准，不能一成不变地墨守成规。一定要首先了解公司的规范和要求，要先融入公司的企业文化，才能在公司里把事情做对、做好。

遵守社会规范

一、社会规范及其分类

1. 什么是社会规范

规范是人们以交换为目的的行为准则，是人类为了满足需要而建立的，是价值观念的具体化。规范有约定俗成的风俗，也有明文规定的法律条文、群体组织的规章制度。各种规范之间互相联系、互相渗透、互为补充，共同调整着人们的各种社会关系。规范规定了人们活动的方向、方法和式样，规定了语言和符号使用的对象和方法。规范体系具有外显性，了解一个社会群体以及社会的文化，往往从认识规范开始。

社会规范是人们在改造社会的长期实践中形成的适应性行为模式。它一方面是对人们社会行为和社会关系普遍规律的反映，是一定社会中人们行为和相互间关系基本要求的概括。另一方面，它是通过某种习俗、传统方式固定下来或由国家及社会组织认可的构成一定社会成员普遍遵循的行为准则。

规范的分类包括世代相传的习俗、认可或反对某种行为的奖惩戒律、认为某种行为具有必要性形成的惯例，对社会全体成员都适用的规则就构成了制度规范，如法律。社会规范系统具有多要素、多层次的内部结构。为了分析复杂的社会现象，根据社会规范的控制手段和产生的历史顺序，可以将其划分为习俗规范、道德规范、宗教规范、纪律规范和法律规范。

2. 社会规范分类

（1）习俗规范。

习俗规范是社会规范系统中最原始最悠久的部分，反映着人类社会发展初期由血缘群体和地缘群体形成的社会关系。它的产生发展经历了一个漫长的历史过程。在人类发展的最初阶段，人们在共同生活和劳动中的行为总要引起各种社会结果，这些行为经过无数次重复后，人们开始认识到它的合理性，希望在现实生活中再现它、巩固它，同时人们也认识到另一些行为的危害性，要求防止它、纠正它。人们的这些要求和愿望逐渐在世世代代的社会历史经验中凝结、积淀、巩固下来，形成一些在原始群体内相互关系的习俗规范。这些习俗规范在一定的地理环境和社会条件下，在长期适应和改造环境过程中历代延续与人们衣食住行方面的行为联系更为密切。如协调婚丧嫁娶、节日盛典、往来礼节等方面的行为。习俗规范往往以心理、习惯等稳定的内控制形式起作用，没有明显的外部控制力。

（2）道德规范。

道德规范是对人们在社会实践中所形成道德关系的概括和反映。道德规范从一部分习俗规范深化而来，以信念、习惯和内心情感等内在因素为基础，以善与恶、诚实虚伪、荣誉与耻辱等观念为评价尺度，在舆论和教育等强制力下发挥作用。人们遵行道德规范往往基于基本价值观的认同，从而表现出自觉的行为。

（3）宗教规范。

宗教规范是一种与神圣象征相联系的信仰和规范体系。宗教规范以特定教仪和教规调整相应的宗教团体中的人际关系。在传统社会，宗教相信并崇拜超自然的神灵，是自然力量和社会力量在人们意识中的歪曲、虚幻的反映，但同时也承担着在人类社会尚没有完全认识自然现象和社会现象时，对整合社会行动和价值观提供意识形态基础的正功能。在科技高度发展的现代社会，宗教在神圣仪式下又承担着对于日益分化的现代社会进行教化和整合的功能。宗教规范往往是对民族的道德规范和习俗规范提炼的象征，既有吸纳教会成员崇拜种物或信仰神灵等较强的内控制力，又有舆论、体罚、除名等较强的外在压力。宗教规范只对宗教团体中的教徒和信仰它的人起作用，调节以内在信仰和服从神明为特征的宗教关系。

（4）纪律规范。

纪律规范是现代社会适应社会组织化和职业分工的精细化而出现的行业规范。纪律规范是指一事实上团体和部门制定的，要求其成员遵守业已确定的秩序、执行命令和执行职责的一种社会规范。它随着社会组织的产生而产生，随着各种社会团体日渐增加而迅速发展起来。各社会团体、企业和单位都有其独特的纪律规范，并且是以与团体成员利益相关的精神上或物质上的奖罚来维持和实施，对人的行为有较强的外控制力。

（5）法律规范。

法律规范是行为规范的最高等级，是由国家行使立法权的机关依照立法程序制定、体现统治阶级意志、通过国家强制力保证实施的社会规范。自从私有制产生以后，人类社会关系中就逐渐产生了阶级关系，原有的氏族社会规范在这时已不能有效地维持社会秩序，在国家产生的同时，体现统治阶级意志的法律规范出现了。在各类社会规范中，法律规范的特点是具有最强的外在控制力，以成文法形式表现，且条理清楚、逻辑性强、适用范围广。法律规范体系的出现和发展是人类文明发达程度的标志。

3．社会规范的性质及其作用

（1）标准性

社会规范规定了在一定条件下，哪些行为是可取的、必不可少的和应予以鼓励的，哪些行为是不可取的、有害的和应予以禁止的，它为人们的社会行为提供了模式和标准。

（2）普适性

社会规范概括了能使社会秩序保持相对稳定的人类行为的共同特征，因此，社会规范的对象是抽象的、一般的人，具有普适性，它的内容不表明人们在特定环境下如何行为的具体程序，只规定人们行为的界限和模式，其效力不是偶然适用，而是在同样条件下能够反复适用。

（3）导向性

人们在从自然人向社会人转化的过程中，都会以他人遵守或违反社会规范的行为后果作为自己行动的参照，从与他人行为的比较中，估计自己行为与社会要求是否偏离，并预见社会和团体对自己行为的评价和态度，预见自己所承担的责任。由于人们总是不断地将与自己有关的社会规范内化，因而人们运用规范时，常常根据积累的关于规范的奖惩知识指导和约束自己的行为。这种变通的导向性，可以使人类在社会规范允许的范围内发挥出自己的主动性、创造性。

（4）强制性

社会规范实施机制是社会压力机制，具有强迫人们遵守的约束力，在社会化过程中，社会或团体会把既定的社会规范传授给每一位社会成员，并且根据他们履行这些规范的表现来执行奖励和制裁。社会和团体可以通过给予或拒绝个人所企求的认可来控制它的成员，从而强迫人们接受和遵守这些规范。社会规范的性质不同，其强迫的性质、范围、程度也会不同。各种规范都相应地实行各种裁判，以期使人们对自己的行为后果负责或付出代价。

（5）权变性

社会规范是统一人们行为的社会预期，约束着个人和群体的行动。但社会是发展的，人的主观因素和社会背景不同，社会规范被不同人内化的程度各异，不同群体和个人的行动能力和选择空间存在差异，人们对同一社会规范的理解也不尽相同，因此由规范规定的一致的奖惩标准对于不同的群体和成员的约束效果是不一样的。而且人们的目标往往是根据社会进程和自己的能力而动态修正的，受个体和团体的偏爱、价值认识、习惯、思想与知识背景等因素的影响，使人们的行动在规范约束下有权变的可能。

4．社会规范的功能

（1）界定两人在分工中的"责任"。用市场的例子来说明，就是约定哪些商品由哪些人生产。用新古典经济学的语言，就是给出行动目标。

（2）界定每个人可以干什么和不可以干什么的规则。因为每个人追求以最小的努力换取约定的好处的行为可能会危害他人的利益。

（3）明确界定对违规的惩罚。即约定对（1）中规则的违反要付什么样的代价。

（4）平等规则。在此基础上方能确定交换的价值量。

二、增强社会规范意识

1．从"要我做"到"我要做"

从业人员要懂得个人的命运与企业的前途是紧密相连的，个人利益系于企业的发展，因而要自觉地学习和认同企业的职业规范，自觉自愿地严格遵守企业的职业规范，包括经济的、行政管理的、业务技术的、道德的和法纪的等方面的行为规则，比如企业的工艺规程就是企业的生产大法，违背了生产规则，轻则产品报废，重则危及人的生命。

认识提高了，还需把外在的约束力化为个体自主自愿的需要，把"要我做"变成"我要做"，养成遵纪守法的良好道德品质。

2．把美德化为习惯

习惯造人，有什么样的习惯，就能成就什么样的人。一次，卫灵公与南子对坐闲谈，忽然听到一辆马车在外面马路上远远驶来的沉重声音。马车大约行驶到王宫门口时，他们似乎听到马车停下了。稍后，车子轻轻地走了过去。又过了一会，车子又停顿了一下。接着马车恢复了开始时较为沉重的声音……

卫灵公对南子说，车上的人一定是蘧伯玉。第二天一问，果然不错。为什么卫灵公认定是蘧伯玉呢？因为只有他才会在深夜也同样遵守"过王宫下车"的规定。有人说蘧伯玉虚伪，有人说蘧伯玉迂腐，其实，他是守法成了习惯。

这正像遵守规矩的现代人在深夜开汽车，不管街上有没人，都能像白天一样坚持"绿灯行，红灯停"一样，是守法，也是习惯。

3．从我做起

任何一个社会都有自己的规范，对于中国社会来说，21世纪是一个建立规范，由无序走向有序、由人治走向法治的时代。在这样一个时代里，所有社会成员都必须确立一种规范意识。所谓的规范意识应该是一种法律意识。作为21世纪的中国学生，我们应该首先具有一种社会的规范意识。在这样一种社会前提下，公民首先应该遵守社会规范。规范的社会是理性的社会，而在这个理性的社会之中，必须做一个理性的人。规范意识就是理性的基本内涵。

人生需要意义，需要神圣感，需要一种理想召唤。建立起社会规范的神圣价值并在实践中履行，是社会对每一个公民提出的基本要求。我们每一个人的努力躬行，都将为社会秩序的稳定和社会结构的完善做出实质贡献。因此，请不要忘记这句话："从我做起"。

【教学活动】

活动一　规则与生命

你希望火车往哪个方向开？

有一个火车轨道，由于道路改建，原来的铁轨不用了，但铁轨并没有拆除，成为了废弃的铁轨。新的路轨在原来的旧轨道旁开了岔口向一方弯去，不久，新轨道建好并通车。在新修建的铁轨旁，树了一块牌子，上写"严禁在此轨道玩耍"。几个中学生放学后来到了这里，有一个学生看到牌子上的警告后，他劝另外三个学生不要在新建的轨道上玩，但那三个学生不予理会。为了安全，他自己则跑到原来的旧轨道上去玩。这时一辆火车突然疾驰而来，速度太快，学生们已来不及从轨道上离开。

假定在新旧火车两个岔道口前面有个扳道装置可以决定火车往哪个方向开，即让火车沿着正在使用的新的轨道或者是沿着原来的废弃的旧轨道开。

学生阅读后围绕以下问题先以小组为单位交流各自的观点。然后每个小组派代表进行全班交流。

1．如果你是扳道工，你会把火车扳向哪个方向？为什么？此时你的感受是什么？

2．如果你是那三个在新轨道上玩耍的学生，你希望扳道工把火车扳向哪个方向？为什么？此时你的感受是什么？

3．如果你是那个在废弃的旧轨道上玩耍的学生之一，你希望扳道工把火车扳向哪个方向？为什么？此时你的感受是什么？

第二单元　为我的未来做准备

提示：火车应向正常行驶的轨道上走。因为：①每个人都应该有良好的规则意识，每个人也应该有责任意识，要敢于为自己的行为负责，那些不遵守规则的人应该为自己的行为付出代价。②若火车驶向一个人的轨道上去，让没有违反规则的人去为违反规则的人付出代价，那是十分不公平的，同时也不利于其他人规则意识和责任感的培养。③规则被破坏后，会导致更大的混乱，生命的安全可能更加无法得到保障。美国9·11事件中，被撞的大楼上，消防员与普通民众遵守规则，减少混乱，使得更多人的生命得以挽救。

活动二　阅读后的思索

一个震惊整个德国的动人故事

前不久，德国一家电视台出高薪，征集"十秒钟惊险镜头"。

许多新闻工作者为此趋之若鹜。

一个名叫"卧倒"的镜头以绝对的优势夺得了冠军。拍摄这10秒钟镜头的作者是一位名不见经传的年轻人，几个星期后，获奖作品在电视的强档栏目中播出。10秒钟后，每一双眼睛里都是泪水。德国在那10秒钟后足足肃静了10分钟。

镜头是这样的：在一个火车站，一个正在坚守岗位的扳道工，去为一列徐徐而来的火车扳动道岔。这时在铁轨的另一头，还有一列火车从相反的方向开进车站。

假如他不及时扳道岔，两列火车必定相撞。这时，他回过头一看，发现自己的儿子正在铁轨那一端玩耍，而那列开始进站的火车就行驶在这条铁轨上。是抢救儿子，还是扳道避免一场灾难？他可以选择的时间太少了。那一刻，他威严地朝儿子喊了一声"卧倒！"同时，冲过去扳动了道岔。一眨眼的工夫，这列火车进入了预定的轨道。那一边，火车也呼啸而过。车上的旅客丝毫不知道，他们的生命曾经千钧一发，他们也丝毫不知道，一个小生命卧倒在铁轨中间，火车轰鸣着驶过，孩子丝毫未伤。那一幕刚好被一个从此经过的记者摄入镜头中。后来，人们了解到，那个扳道工是一个普普通通的人，他唯一的优点就是忠于职守，没误工过一秒钟。而更让人意想不到的是，他的儿子是一个弱智儿童。他曾一遍一遍地告诉儿子说："你长大后能干的工作太少了，你必须有一样是出色的。"儿子听不懂父亲的话，但在生命攸关的那一秒钟，他却"卧倒"了。这就是他在跟父亲玩打仗游戏时，唯一听懂并做得最出色的动作。（摘自：《上海一周》，Steve转帖，2004年1月7日）

思考：这个故事给了你什么启示？

第五节　质量是企业生存的根本

质量是维护顾客忠诚的最好保证。

——杰克·韦尔奇

"即使是万分之一的次品，对顾客来说也是百分之百的次品"。在质量问题上无论怎样"小题大做"都不过分。质量是企业的生命线，它关系着企业的生存、消费者的利益，甚至关系到你我的生命。

85

【案例及分析】

【案例一】张瑞敏"砸冰箱"

张瑞敏，前青岛电冰箱总厂厂长，现海尔集团董事长。1985 年，张瑞敏带头把 76 台有质量缺陷的冰箱全部砸烂。如今，在海尔科技馆里的那把"闻名遐迩"的铁锤，向人们诉说着质量与品牌的故事。这一锤所砸出的不仅是质量意识，砸出的还是一种崭新的观念，从此，质量意识结结实实地印在海尔人的心中。在叮叮当当的锤声中，在全厂工人痛心的泪光里，"有缺陷的产品就是废品"的观念从此树立起来了。

从创名牌到多元化、国际化，海尔成功实现了两大战略性跨越。海尔人现在已经获得了许许多多的荣誉，但在他们心里，分量最重的是国家质量奖。它所代表的海尔质量理念，是让海尔站稳国内和国际市场的基石。

> 海尔所实行的是"零缺陷"质量管理，它意味着质量是每一个人的事，每一个人都必须认清每一项微小行为的重要性，它的目标是要成为一个高质量的组织，干出高质量的工作，生产出高质量的产品。

【案例二】99+1＝0

有一次某服装集团承接了国外企业的几十万件文化衫的制作任务，本来都已做好、打包。不料，质检人员在抽查中发现有两件文化衫上有汗渍，集团领导当即决定停止打包。然后逐包拆开检查，直到全部重检合格。

小天鹅集团曾为了查找两颗小小的螺丝钉究竟是哪台洗衣机漏装的，把全部安装好并已装箱的六百台洗衣机全部拆箱检查。在拆到 327 箱时，找到了差两颗螺丝钉的洗衣机。

"一招不慎，满盘皆输。"对企业来说也是这样，如国内某品牌啤酒，曾在市场上非常畅销，不仅在国内响当当，在国外也相当有名气。后来由于在一瓶啤酒中发现了一只死老鼠，引起全国的轰动，差点把这个企业整垮，再也没有以前的风光了。这就是残酷的"99+1＝0"的法则。

> 不要因为一时的大意而毁了"一世英名"。质量不容疏忽！

【案例三】捷径不可取

我国的山野菜——蕨菜，本来出口销售得很好。它的加工工序是在最佳的 10 天内采集最嫩的蕨菜。采集来的蕨菜先在阳光下晾晒一天。经过两天晾晒，水分蒸发干了，捆起来装箱。使用时用水一泡，鲜嫩爽口。但是有些农民为了图快，采摘季节过了仍然采摘，采来后又免去了太阳晒两天的工序，改为在炕上烘烤两小时，虽然表面看来没什么区别，但在食用时，再怎么泡也不行，总是又老又硬，结果砸了自己的买卖。

第二单元 为我的未来做准备

> 满足顾客需要是占领市场的手段。只有保持高质量的产品，才会赢得顾客的赞誉并保住市场份额。质量是一项长远的工作，上面的农民犯了短视的毛病，不顾质量，快速出货，结果导致了失败。

质量是企业的生命线

1. 要谈质量、先谈意识

质量并不是一个简单的指标，它是一种精神。现代的工商管理学越来越认识到一个经济生命体是依靠"三气"而生存的，即企业要有名气、组织要有士气、员工个人要有志气。这"三气"凝聚成一种精神——质量精神。"名气"是要以质量为保证的；"士气"是以质量为诱因和结果的；而"志气"则是拿出高质量的工作绩效来谋求个人发展。质量形成的过程，不仅是一个物质加工生产的过程，更是一个文化、思想、意识凝聚的过程。质量意识同时也是一个人的价值观、素质、气质的投入和产出过程。

在个人职业生涯发展中，要不断提升自己的"志气"，多投入才能高回报。

2. 不要因为小的缺陷、引发大的麻烦

美国在 1964 年开始推行一项质量管理活动——零缺陷规划，简称"ZD 规划"或"ZD 运动"。从本质上说，ZD 的基本观念就是以一种新观念向"错误乃人所常有"和"人孰无过"这两种深入人心的旧观念挑战。所谓无缺陷，未必是绝对的零，而是以零为最终目标，以便努力达成。

消费者想要也应该得到"完美"的产品。传统的关于"没有人是完美"的辩解是不对的。对于许多产品和服务来说，即便是达到 99.9% 的完善程度也不够好。美国的英特尔公司是世界最大的计算机芯片制造公司。前几年，有一位教授发现其生产的"奔腾"处理器里面存在一个小错误，会使装有该芯片的计算机的除法运算的精确度略有下降。该公司解释说，这一缺陷导致的误差，普通用户要 27 000 年才会遇到一次，极为罕见，但这并不能减轻消费者的担心。但后来用户投诉不断，其最大买主之一——国际商用机器公司宣布将中止销售装有"奔腾"芯片的电脑。所以千万不要小看哪怕是不到 0.1% 的缺陷。

3. 高质量产品的生产靠高质量的人

质量是一种精神，一种哲学，通俗地说，质量是一种态度。人是质量的关键，而不是别的，产品品质实际就是人的品格。人合格，产品绝不会是次品；人不合格，产品绝不会是正品。就像众所周知的瑞士钟表，只有精益求精的态度才能制造出精确的手表。目前因国内市场到处充斥假冒伪劣商品，现在社会讲究追求经济效益，许多急功近利的人在疏于监督的情况下，把劣质品包裹上"瞒"和"骗"的外衣流进市场。鲁迅曾经说过："落后和不发达不仅仅是一堆能勾勒社会经济图画的统计指数，也是一种心理状态。"

对于一个即将走上工作岗位的年轻人，要想获得一份稳定的工作，并有所发展，起码要是个能做出合格产品、工作质量过关的人。这就要求你有一个认真的态度，在此基础上不断充实、提高，成为一个高质量的人，做出高质量的产品。

4. 人人都有顾客，人人都是顾客

所有依靠你和你的工作来完成他们自己工作的人都是你的顾客，比如你的下一道工序。下道工序希望你提供高质量的产品或工作，以减少他们的麻烦。而你也是你所依靠的人的顾客，比如你的上一道工序。你也希望上一道工序的产品、工作不给你添麻烦。环环相套，从而产生总体的高质量。

所以，常常为顾客想一想，我的工作成果取得了哪些？我的工作对谁重要？我的工作被谁看重？作为顾客，你希望为你服务的人怎样更好地满足你的需要？他们做了什么让你惊喜的事？了解这些，就了解了质量意识。

5. 克服短期利益行为

过去，日本企业的传统思想认为，提高质量必然导致成本上升，利润下降，所以，在企业经营管理活动中只重视成本而忽视质量。但是，随着质量管理的发展，这种思想发生了变化。日本企业的经营者开始认识到，产品质量高了，就会减少废品，大幅度降低降低返修、调整、检查的成本。同时，产品质量提高，能得到消费者的信赖，有利于扩大产品销路，稳固占领市场。所以，尽管在短期内会造成成本上升、利润减少，但从长远看，它会提高企业素质，给企业带来更多、更大的利润。正因为如此，日本企业在贯彻质量第一的经营思想过程中，特别强调克服短期行为，重视企业的长期发展。这一点在日美两国汽车和彩电等行业的竞争结果中表现得尤为突出。由于美国企业残存着旧式资本主义的影响，股东对企业经营者的约束力较强，公司经理不迅速提高利润就有被解雇的危险。所以，这些经营者只注意短期利润，而顾不上考虑企业的长远发展，最终在国际竞争中败给日本。

在树立质量意识的过程中，要认识到为了短期利益而奔忙，忘掉质量、不警醒投资，就会失去长期利益。切记，不可只顾眼前利益而忽视质量问题。

6. 诚信是弥补过失的策略

俗话说，智者千虑，必有一失。意思是尽管我们已精心工作，但还是有了疏漏怎么办？

丑媳妇不要怕见公婆。深圳自行车公司生产的童车，刚刚进入海外市场，就发生了由于钢圈受压变形使一个爱尔兰女孩摔倒在地被送往医院的质量事故。消息传到深圳，总经理立刻飞往伦敦，先向受伤女孩的父母道歉，并就地对存货一一检查。一场危机过后，深圳自行车公司的海外形象不但没有受损，反而有所提高。第二年，英国代理商的订货增加了 10 万辆。

化干戈为玉帛。2000 年 1 月 26 日，现代城办公室接到 2 号楼 1008 室陈先生的电话，告知它住房内有一种特别难闻的气味。现代城按照他们的工作程序检查，各处均正常。2 月、3 月又有几户住户反映有异味，至 3 月底增至 10 多户。据了解，这难闻的气味是从混凝土中发出的氨气味（冬季施工时建筑部门往混凝土中加含有尿素的防冻剂所致）。现代城的老总一方面搞清问题的原因，一方面在报纸上公开道歉。他们决定承担住户的损失，声明可以退房，付给双倍的利息，也可以给住户配备除氨气的设备。在新交付使用的住房发放钥匙时，同时发放北京市劳动保护研究所出具的室内空气质量检测的合格证明。困扰现代城一年多的"氨气事件"终于得到解决。有人担心，现代城老总的日子会不好过，事实显示，他的楼盘赢得了客户的信赖，销量比过去上升了一倍，消费者对现代城的评价更高了。

以诚待人，以信处事，这是质量意识的最高境界。工作的好坏，质量的高低，如同做人一般，不容半点虚假。一旦发现失误，诚实改过，还是会赢得信任的。

7. 顾客的需求也是质量的要求

瑞士一直被人们认为是优质手表的生产地，在石英表问世之前，瑞士一直统治着世界手表市场。石英表更好地提供了顾客所需要的：更准确和更低的价格。虽然美国的得克萨斯仪器公司首先引入了石英表，但是，是日本人出色地开发了这个产品并满足了世界范围的消费者。大家都听说过精工吧？具有讽刺意味的是，瑞士发明了石英表，但却没有生产它，你能认为它注意到客户的需要了吗？

企业要对顾客的需要和期望有清楚的认识。无论是生产性公司还是服务性公司，高科技公司还是低科技公司，都需要关心顾客需要什么、什么时候需要。围绕客户，要千方百计地满足客户需求，绝不对客户说"不"。"你的需要，我们知道；你的追求，我们创造"，这就是现代质量意识的一个组成部分。

活动一　"黑心棉被"的思考

寒冬来临，街上行人穿的衣服越来越厚，个体户李老板店里的棉被已经供不应求。于是，李老板即以每床"棉被"18元的价格订购了100床用香烟头和带着血迹的脏棉花做的"黑心棉被"，遂以80元的价格全部卖给了在附近工厂上班的打工者。谁知，员工盖了此被，浑身发痒，皮肤红肿发炎，于是到工商局投诉。工商局经过调查，证实李老板店里的"棉被"都属伪劣商品，依据《深圳经济特区严厉打击生产、销售假冒伪劣商品违法行为条例》第十四条规定，对李老板做出了处罚，没收其违法所得，并处以相当于伪劣棉被总值3倍的罚款。

像资料中李老板这样不遵守职业道德规范的人，损人利己，投机取巧，乘人之危，不但影响了社会公共秩序，还损害了自己的职业发展，你们是否看见过、听说过、经历过？大家一起来谈谈。

活动二　企业走访

通过参观企业，采访企业老板，思考：为什么说质量是企业的生命线？

小资料

美国83家企业道德准则的变量分析

美国通过对83家企业道德准则的调查（包括埃克森公司、杜邦公司、波士顿银行和威斯康星电力公司等）发现他们的内容可分为三类：

（1）做一个可靠的组织公民；

（2）不做任何损害组织的不合法或不恰当的事情；

（3）为顾客着想。

以下按照被提到的频率的顺序列出了各种类型包含的变量。

1. 做可靠的组织公民

（1）遵守安全、健康和保障规则。
（2）表现出礼貌、尊敬、诚实和公平。
（3）禁止生产非法药品和酒精。
（4）管理好个人财务。
（5）出勤率高和准时。
（6）听从监督人员的指挥。
（7）不说粗话。
（8）穿工作服。
（9）禁止上班携带武器。

2. 不做任何损害组织的不合法或不恰当的事情

（1）合法经营。
（2）禁止付给非法目的报酬。
（3）禁止行贿。
（4）避免有损职责的外界活动。
（5）保守秘密。
（6）遵守所有的反托拉斯和贸易规则。
（7）遵守会计规则和管制措施。
（8）不以公司财产谋取私利。
（9）雇员对公司基金负有个人责任。
（10）不宣传虚假和误导信息。
（11）制定决策不考虑个人利益。

3. 为顾客着想

（1）在产品广告中传递真实的信息。
（2）以你的最大能力履行分派的职责。
（3）提供最优质的产品和服务。

（摘自[美]斯蒂芬.P.罗宾斯 著 《管理学》第四版, 中国人民大学出版社, 1997.）

麦道公司道德准则

为了使正直和道德成为麦道公司的特征, 作为公司的成员, 我们必须努力做到:
在我们所有的交往中要诚实和守信。
可靠地执行分派的任务和职责。
我们所说的和所写的一切要真实和准确。
在所从事的所有工作中要协作和富于建设性。
对待我们的同事、顾客和其他所有人都要公平和体贴。

在我们的所有活动中要守法。

始终以最好的方式完成全部任务。

经济地利用公司的资源。

为我们的公司和为提高我们所生活的世界的生活质量的提高奉献自己的力量。

正直和高道德标准需要努力工作、勇气和困难的选择。雇员、高层管理和董事会之间的协商有时对决定正确的行动路径是必要的。正直和道德有时可能要求我们走在生意机会之前。从长期来看，我们做正确的事情比做权宜的事情能获得更好的结果。

（摘自[美]斯蒂芬.P.罗宾斯.《管理学》第四版［M］中国人民大学出版社，1997.）

第三单元
掌握打开职业之门的钥匙

本章知识框架

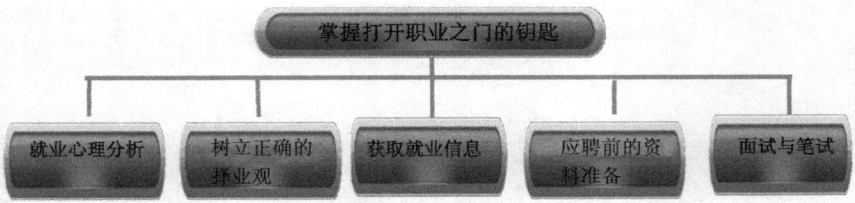

学习目标

1. 掌握就业心理分析,走出择业误区。
2. 调整就业心态,树立良好的择业观。
3. 掌握获取就业信息的渠道,选择合适的求职途径。
4. 做好应聘的准备,掌握笔试和面试的技巧。

第三单元　掌握打开职业之门的钥匙

【案例一】五花八门择业观

几位中职即将毕业的学生聚在一起聊就业问题，各有各的说法，张军同学说："不符合专业的单位不去！"杨超同学说："不适合兴趣的单位不去！"李丹青同学说："没有住房的单位不去！"许小妮同学说："小县城不去！"王兰同学说："非事业单位不去！"于小飞同学说："工资低于1000元的单位不去！"黄大帅同学则说："给别人打工不如自己当老板！"闫涛同学自有主张，他认为走出校门，有工就打，有活就干，给钱就行，先填饱肚子再说。吴志朋同学说："第一学期，我想当经理，第二学期我想当车间主任，第三学期我想当班组长，现在我只想做好一名操作工"。

> 案例中几位同学的不同说法，反映了他们对职业选择的基本看法和观点，也就是他们的择业观。
>
> 你支持哪位同学的说法？你还有不同于他们的看法吗？

【案例二】随机调整择业观

李虎，2003年7月毕业于陕西省机电工程学校，他学的是电气技术专业，一心想从事本专业技术工作，却被一家企业录用为厂办文书。小李在这个岗位上，先是打扫卫生，通知人开会，收发文件，做一些一般人认为是简单不过的事情。但是小李不以为然，他以积极的心态面对现实，主动调整择业观，一方面努力做好本职工作，一方面刻苦自学文秘、办公自动化等知识，为机遇创造条件。随着学识的增长，经验的不断积累，加之其突出的工作表现，三年后，小李由普通干事晋升为办公室副主任。

> 李虎同学的经历不仅说明平凡普通的工作也能成就非凡的事业。同时也告诉我们作为人生观内容之一，择业观的形成是随着择业主体的成长逐渐形成的，在择业观的形成过程中，择业主体的世界观、人生观、价值观、法制观及其兴趣爱好、认知结构、专业知识、生活环境等都有重要的影响。明智的择业观应当是在发展变化中不断完善、不断补充，审时度势地进行调整的，因为社会生活现实往往与我们的主观愿望之间存在着一定的差异。我们应当集自我价值的实现和物质生活的满足于一体，并兼顾国家、集体和个人利益，主动积极地适应现实，万万不可守株待兔。要知道十全十美的人在现实中是没有的。同样，百分之百满意的职业只存在于想象之中。

【案例三】让择业观走出误区

某中职学校自去年11月20日开始，就千方百计地将用人单位请进来，尽力做好宣传、服务工作，可是，招聘单位在校园等待求职者的现象却时有发生。据该校对2003届3932名

93

毕业生进行的网络调查显示：74.25%的学生选择在福州、厦门、漳州、泉州等沿海城市就业，19.13%的学生希望去北京、上海、广州、深圳等地，只有1.12%的学生愿意到省内其他地区就业。38.34%的毕业生希望能进入外企工作，33.78%的学生想去机关和事业单位，国有企业只有少部分人选择。70%毕业生希望月薪在1500元以上，40%选择2000元以上。

> 这个案例说明，之所以就业压力大，主要是由于毕业生就业目标集中在经济发达的北京、上海、深圳、广州及东南沿海地区的大中城市或国有大型企业、外资企业和国家机关。千军万马涌向大城市、好企业、高薪酬这个"独木桥"，必将导致好单位"吃撑了"、一般单位"吃不饱"。一句话，问题出在"择业观"上，所以，要解决"就业难"的问题，首先必须修正择业观。

小·故事

从不好吃的草吃起

我们刚毕业的几个同学和导师一块聊天，谈起自己目前的工作，我们几个都非常不满，有的同学甚至义愤填膺，表示要辞职另谋高就。老师在详细了解情况后，给我们讲了个故事。

老师讲，在他的老家山村中有许多耕地的黄牛。在夏天不劳动的时候，一般都是十几头集中起来放牧。夏天过去了，原来差不多的牛群就发生了变化，在牛群中总会有两三头牛脱颖而出，长得又肥又壮，而这些牛往往干农活也比较好，价格也自然比其他的牛高出许多了。为什么会出现这种情况呢？其实农村人都知道，这与牛的脾性有关，有的牛吃草时从不挑剔，一直沿着一个方向吃，而有的则是到处找好草吃，结果这些牛把大部分时间都花在找好草上了，其他牛儿在休息了，这些牛还没有吃饱，不但没有吃饱而且还没有时间休息，自然就不可能长肥长壮了，当然也就没力气干农活了，自然也不会受人们的欢迎了。而另一些牛儿从不挑剔，从不好吃的草吃起，在别的牛儿寻找好草时，已经吃得半饱了，如果遇到好草则再吃一会就饱了，因为有了前面不好吃的草垫底。老师话题一转，其实找工作也一样，你必须面对现实，慢慢地为自己积累基础，一步步地向前，这样你终会有所成就。而一开始就总想找一个满意的好工作，你可能永远也找不到好工作，就算你找到份"好工作"可能也不一定适合你，因为你没有相关工作的基础，不一定能胜任。

听了老师的话，我们陷入了沉思。是啊，我们都有一腔宏愿，希望明天就能实现，但现实是有无数像我们一样的年轻人，谁能最终脱颖而出？这需要积淀，需要忍耐，需要一些不够精致的粮食先打底，这样我们才有力量走好下一步！

第一节　就业心理分析

选择职业就是选择未来的自己。

——罗奈

职业学校学生择业的过程，是一个复杂的心理变化过程，面对新的形势，他们缺乏社会经验,不能正确认识自我,在择业过程中,存在不同程度的认识误区和矛盾的心理。

一、职业学校学生择业中常见的矛盾心理

面对择业,职业学校学生的心理是复杂多变的,一方面为能尽快实现自己的抱负而高兴,另一方面又因面临着挑战和竞争常常表现出矛盾的心理。

1. 常见的矛盾心理

(1) 有远大理想,但往往不能正视现实。

人的一生,总在不断地追求美好的未来。职业学校学生在择业中这种追求和憧憬更为强烈,更为丰富,更为远大。经过充实而丰富的在校生活,职业学校学生们豪情满怀,准备在汹涌的市场经济大潮中搏击一回,然而,由于涉世尚浅,接触社会较少,理想往往脱离客观与主观现实条件。如许多人在择业前并未真正考察自己的知识、能力、性格、爱好、气质等条件是否适合所选的职业,也未真正考虑所选单位是否有利于自己的发展,出现了理想的自我膨胀和现实的自我萎缩之间的矛盾。

(2) 注重实现自己的人生价值,但缺乏艰苦创业的心理准备。

在择业中,很多职业学校学生都愿意根据自己的专业选择职业,准备干一番事业,实现自己的人生价值,不愿碌碌无为。但同时他们又缺乏艰苦创业的心理准备,想走捷径,到层次高、工作条件好的单位一举成名,不愿到艰苦的地方去,不愿到边远的地方去,不愿深入基层。

(3) 有较强的自我观念,但缺乏把握自我的能力。

在校阶段,职业学校学生的自我意识日趋完善,对自我的存在及意义有了较明确的认识。在择业中,他们意识到自己作为人才将为社会贡献自己的聪明才智。同时,他们也迫切要求社会也能认同其自身的价值。但是,由于职业学校学生的人生观、价值观尚未最终定型,再加上社会大环境的影响,他们往往不能客观地分析和评价自我。由于自我认识能力发展不足,继而再调动自我功能、实现自我驾驭方面显得不足,有时自我评价过高,有时过低。在面对择业现实时,不能把握自我,遇到顺利的事,忘乎所以,狂喜狂欢;遇到挫折时,烦躁苦闷,自暴自弃,不能冷静理智地对待现实,缺乏自我驾驭的能力。

(4) 渴望竞争,但缺乏竞争的勇气

就业制度的深化改革,为职业学校学生择业提供了公开、平等的竞争环境。大多数学生对此渴望已久,同时也认识到,在商品意识广泛渗透到社会生活的各个方面,世界经济渐趋一体化的情况下,如果没有强烈的竞争意识,不通过竞争,就不可能成就事业。但是,真正面对社会为其提供的竞争机会时,许多职业学校学生又顾虑重重,缺乏勇气,有的怕竞争失败,丢了面子,有的怕竞争伤了和气,有的担心竞争不公平、不愿过分投入。凡此种种,使职业学校学生在竞争面前缺乏勇气,自信不足。

(5) 想找好单位,但又难以决策,缺乏果断。

择业过程中,往往会遇到多种选择的境遇,各种选择,各有千秋,倘若犹豫不决,就会坐失良机。例如考公务员待遇稳定,但收入不高;经商收入丰厚,但不稳定;留在原籍工作,人际关系较熟,但缺乏新鲜感和挑战性;去外地有新鲜感和挑战性,但又人地两生;想

签此单位,又怕别的单位更好,迟迟不能定夺,最后坐失良机。

对于职业学校学生就业心理中的上述矛盾,我们应予以正确地认识,决不可笼统地将其一概视为消极心态。应当看到,职业学校学生择业中的心理矛盾表明了职业学校学生心态中的积极因素与消极因素两个方面,其中积极因素无疑是主导的、本质的方面。其消极因素的形成又有多方面原因,有些是在所难免的,只要对毕业生进行针对性地引导,一些矛盾是可以迎刃而解的。

2. 职业学校学生择业中产生心理矛盾的主要原因

(1)求职择业本身是各种矛盾的汇集,是处在各种矛盾之中的艰难选择。

职业学校学生在求职择业中会遇到各种矛盾,专业与爱好的矛盾,专业与地域的矛盾,地域与家庭的矛盾,讲究实惠与精神需求的矛盾等。这些矛盾,互相交织,互相作用,是他们从来没遇到过的,这就使得职业学校学生难免处在一种心理不平衡和难以自拔的境地。

(2)缺乏社会实践。

职业学校学生对社会了解不多,因而在观察问题、分析问题、处理问题时,只是凭书本上讲的条条框框去生搬硬套,缺少理性的眼光,在对自我的评价上,有的同学因为学到了一些专业技能,便夸夸其谈,纸上谈兵,择业时容易期望值过高,缺乏承受挫折的心理准备。也有的同学过多的看到社会的阴暗面,择业时期望值过低,有时过分依赖家长和老师,缺乏主动进取和善抓机遇的心理准备。

(3)青年期特有的心理特点。

职业学校学生毕业时一般是在 20 周岁左右,处在这个时期的青年,多幻想,好冲动,接受事物快,自我意识强。虽然他们的生理发育已经成熟,但相当一部分学生心理发展还不成熟、不稳定,生理与心理发展具有明显的不同步性,因而其个性心理特征有较大差异,在求职择业中就表现出心理活动的复杂性。

(4)外界因素的影响。

首先从社会环境看,我国经济体制由计划经济向市场经济的时间还比较短,产业结构调整、政府机构缩减、部队裁员,因此为职业学校学生提供的工作岗位有限。其次是社会习俗的影响,职业学校学生把社会习俗有关自己的观念作为自己选择职业的依据:有的同学虽然对一些社会习俗有自己的独立见解,但迫于社会舆论的压力,产生了从众心理,因而在择业时,求稳求静求享受,缺乏艰苦创业的准备,出现争进大单位、大城市、不愿到基层的倾向。还有家庭、朋友的影响。中国几千年的传统文化,使部分青年学生深受"苦读十年,光宗耀祖"的观念影响,家庭、地域观念很重,他们选择职业时,首先是征求父母的意见,想到的是对家庭有没有利,有没有面子,离家远不远,事业发展是第二位的,无形之中,家庭、亲友利用其特殊地位,对职业学校学生就业抉择起了替代作用,女学生在这方面的表现尤为突出。

二、职业学校学生择业中常见的认知心理误区和不良情绪

面对激烈的市场竞争,许多毕业生都能正确认识和分析就业形势,调整心态,转变观念,选择适合自己成长和工作的就业之路,在不同规模、不同性质、不同层次、不同待遇的

单位发挥才智和作用。但是，也有相当一部分毕业生在择业过程中存在认识心理误区和不良情绪，直接影响到就业。

1. 职业学校学生常见的心理误区

（1）双向选择就是要找好单位。

许多毕业生认为：在实行统招统分就业制度的年代里，毕业生有自由选择个人用人单位的权力，但并非意味着可以找到好单位。一方面，如果毕业生个人知识不扎实、能力不强、综合素质不高、专长不明显，那么好的单位便不会录用你；另一方面，好的单位毕竟有限，而且每年毕业生人数不断递增，因此能进所谓好的单位毕业生人数总是有限的。没有好单位就不就业了吗？这种想法对毕业生今后发展是不利的。

（2）我不能比别人差。

职业学校学生参加规模较大的洽谈会尚属首次，他们在这种场合中衡量事物，尤其是评价自己的价值能否得到承认的最常见的办法是互相攀比，比周围的同学哪个选择了知名度高、效益好的单位，哪个同学去了大城市或高层次部门。他们在心理上总抱有的一个念头是"我不能比别人差"、"我不能不如人"、"过去我事事顺利，择业也依然会顺利"。尤其是学习成绩较好一点的学生更是如此。于是在选择中，攀比妒忌、强求心理平衡，总是把别人作为标准，"这山总比那山高，这花看着那花俏"。结果，不从时机出发，延误了时机。

（3）大多数人钟情的一定是好工作。

一部分职业学校学生选择工作单位，自己毫无主见，总是随波逐流。看大多数人选择哪里，自己就选择哪里；大多数人往哪里挤，自己也往哪里挤。他们认为，大多数人钟情的，一定是好工作；大多数人选择的，一定没错。结果，人云亦云，不假思索，盲目跟着大多数人走，忽视了自己的特长，丧失了最能发挥自己特长的机会。

（4）要去就去沿海或大城市。

一部分职业学校学生面对择业，认为要去就去沿海或大城市。在他们看来，去沿海可以挣到大钱，到大城市一定会有更多的发展机会。他们宁肯到沿海或大城市改行，也不愿为当地和西部地区、边远地区献业；宁要大城市一张床，不要边远地区一套房。他们选择的目标不是深（圳）、珠（海）、广（州）、海（口），就是天（津）、南（京）、上（海）、北（京）。他们很少考虑自己事业的发展和能力的发挥，更少考虑国家的需要。

（5）选择单位就看实惠不实惠。

一部分职业学校学生认为，择业既然是人生的一次重要选择，选择单位就要看其实惠不实惠。他们的观点是"管它专业对口与否，挣钱第一"、"前途前途，有钱就图"、"先挣钱，后搞专业"。在与用人单位洽谈时，首先问的是该单位效益怎样，奖金多少，能否分到住房，而很少涉及专业问题。他们的眼睛，只盯着外贸、金融、保险和邮电等经济效益好的部门，很少问津企业、科研、教育等更能发挥他们才能的部门。

（6）求职的竞争就是关系的竞争。

有些职业学校学生认为，择业的竞争不是求职者素质的竞争，而是关系的竞争，看谁的关系硬，看谁的关系起作用。于是，这些学生不把立足点放在自身的努力上，而是找关系、托门子、递条子，甚至不惜代价，重礼相送，用庸俗的一套对待择业，自己表面上反对不正之风，但暗地里却以充满不正之风的一些手法使公正、公平、公开择业的竞争原则受到了损害。

(7) 首次就业决定一生命运。

有些职业学校学生受传统择业观念的影响,把初次择业看得过重,在他们看来,选择一个单位就预示着自己"嫁"给了这个单位,嫁鸡随鸡,嫁狗随狗,自己将在这个单位厮守终身,单位好了,自己就好,单位不行了,自己跟着倒霉。因此,他们觉得首次就业关系一生命运。他们看不到人才流动制度改革的步伐加快,看不到新的择业观的出现,看不到越来越多的人正是通过流动,才寻找到最能发挥自己才能的岗位。

(8) 非国有单位不予考虑。

有些职业学校学生择业的观点是"非国有单位不予考虑"。他们认为:国有单位可靠、保险、稳定;非国有单位反之。固然,这些学生主动献业于国有单位是应该给予肯定的。但是,工作可靠不可靠、保险不保险、稳定不稳定,绝不是以单位的所有制性质决定的,关键要看其是否主动适应市场经济的要求,是否有发展势头。实际上,不少非国有单位主动适应市场的要求,发展势头很好,既是对公有制经济的有力补充,又缓解了国家的就业压力。职业学校学生到这些单位工作,同样可以发挥自己的聪明才智,同样也是为社会主义服务。那种认为到国有单位就可靠的观点也是过时的,随着人事制度的深入改革,国有单位也充满了竞争,不适应工作岗位的人,也是会被"炒鱿鱼"的。

2. 职业学校学生择业时常见的不良情绪

(1) 自卑。

自卑是一种缺乏自尊心、自信心的表现,自卑常和怯懦、依赖等心理交织在一起。它使一些学生悲观失望、忧郁孤僻、不思进取,阻碍了学生自身聪明才智的正常发挥。在求职择业中,有些毕业生由于知识、能力不足而缺乏自信心,甚至过度自卑。

(2) 焦虑。

焦虑是由心理冲突或挫折而引起的,是一种复杂情绪的反映。主要表现为恐惧、不安、忧虑及某些生理反应。

毕业前夕,绝大多数学生心理问题表现为过度焦虑。有关研究表明,引起毕业生焦虑的问题主要是:自己的理想能否实现;能否找到一个适合自己专业特长又条件优越的单位;用人单位能否选中自己;屡屡被用人单位拒之门外怎么办;自己看中的单位,父母、恋人不赞同怎么办;选择单位失误,造成"千古恨"怎么办;到单位后不能胜任工作怎么办;等等。尤其是一些长线专业,或来自边远地区,或性格内向,或有生理缺陷,或成绩不佳的学生以及女学生,表现得更为焦虑。这种焦虑,使学生毕业时精神上负担沉重、紧张烦躁、心神不宁、萎靡不振;学习上得过且过、穷于应付、反应迟钝;生活中意志消沉、长吁短叹、食不甘味、卧不安席。有些学生在屡遭挫折之后,甚至产生了恐惧感,一提择业就心理紧张。

(3) 怯懦。

怯懦是种胆小、脆弱的性格特征。有些学生在求职择业过程中过于怯懦,有一种"丑媳妇怕见公婆"的心理;有的在面试桌前不是面红耳赤,就是语无伦次、张口结舌、支支吾吾、答非所问。辛辛苦苦准备的"台词"、腹稿,一急之下,忘得一干二净;有的谨小慎微,生怕一句话说错、一个问题回答不好会影响自己在用人单位代表心目中的形象,以致不敢放开说话,该表达的未表达。这些学生渴望公平,但在机遇到来时却手忙脚乱,局促不安；他们盼望竞争，然而在机遇面前却未能充分发挥自己的才能，在"自我推销"中退下阵来。这种怯懦心理也多见于一些女生以及性格内向和抑郁气质类型的学生。

（4）孤傲。

一部分学生对自己估价过高，自认为高人一等，非常傲气；或认为自己已学习了很多的知识，各方面条件也不错，不会没有好的归宿，哪个单位录用自己是其荣幸；或认为现实太落后，英雄无用武之地。在择业中，这些学生好高骛远，期望值过高，看不上这单位，瞧不起那种职业，横挑鼻子竖挑眼，没有自己满意的。孤傲心理是缺乏客观地自我分析和自我评价的表现。一旦有了这种心理，很容易脱离实际，以幻想代替现实，使自己的择业目标和现实产生极大的反差。倘若未能如愿，情绪则会一落千丈，从而产生孤独、失落、烦躁、抑郁等心理现象。

（5）冷漠。

冷漠是一种对周围的人或事无动于衷、漠不关心、置之不理的情绪体验，是个体对挫折的退缩式反应。一般而言，多数大学毕业生血气方刚，情感丰富，富于激情，但也有少数职业学校学生对就业表现出情绪冷漠。引起职业学校学生情绪冷漠的主要原因是对战胜挫折、克服困难自感无能为力，从而失去信心和勇气，对原先追求的目标失去兴趣以至于甘心退让，表现为漠不关心、麻木冷漠。此外，缺乏家庭的温暖、缺乏安全、信任、尊重的社会环境，也会造成职业学校学生性格孤僻、态度冷漠。在择业过程中，由于经受不住挫折的打击而态度冷漠的学生不关心国家大事，不关心他人，对自己的人生价值、前途漠然处之；意志衰退，心灰意冷，缺乏进取精神；看破红尘，逃避现实，随波逐流。

（6）敌视。

一些职业学校学生在择业过程中，因为社会上的某些不正之风而导致落聘，由此而感到社会就业竞争不公，对社会产生敌视心理，还有一些职业学校学生在求职中因输给同班同学而产生敌视心理。前者的认识是不正确的，我们不能以偏概全。其实，更多的单位是从本单位的长远利益出发，选择各方面条件优秀的毕业生的。职业学校学生要相信自己的能力，相信社会主义制度下的公开、公平、公正的竞争。后者的心理需要调适，在求职中，由于能力、知识、专业等各方面原因而落聘是正常的，输给本班同学也是正常的。因为一个岗位只能聘用一个人，有入选的，就必然有落选的。每位毕业生都有自己的优势。要相信，"天涯何处无芳草"，总有单位看上自己。俗话说"好货沉底"，说不定，后者更优。如果产生了敌视心理，对择业、就业及今后的发展都不利，职业学校学生应注意自我调适，防止产生敌视心理。

（7）绝望。

少数学生因为家境、人际关系等方面的原因，择业遇到了挫折，因而感到心灰意冷，甚至产生绝望心理。尽管当前就业形势比较严峻，但是社会提供的就业岗位仍然有很多，只要有良好的就业心态，凭着在大学期间培养的能力和素质，每位毕业生都可以找到合适的工作单位。对毕业生而言，关键是有了工作单位之后，如何实现自己的人生价值。

三、职业学校学生求职择业中心理问题的自我调适

解决职业学校学生求职过程中心理问题的根本对策，是帮助学生学会自我调适。自我调适是指个体运用一定的原理和方法，主要是心理学的原理和方法，促使自己的心理和行为获

得积极改变的过程。自我调适的作用,就在于帮助学生在遇到挫折和冲突时,能客观地分析自我与现实,有效地排除心理障碍,从而使自己保持一种稳定而积极的心态,达到如愿择业的目的。因此,引导学生积极和有效地进行心理调适是十分必要的。

1. 常见的自我调适的方法

(1) 自我转化。

有些时候,不良情绪是不易控制的。这时,可以采取迂回的办法,把自己的情感和精力转移到其他活动中去,如新知识、新技能的学习,参加有兴趣的活动,利用假日郊游接受大自然对心灵的净化,等等,使自己没有时间和可能沉浸在不良情绪中,以求得心理平衡,保护自己。

(2) 适度宣泄。

因挫折而焦虑和紧张时,消除不良情绪的最简单的方法莫过于宣泄。切忌把不良心情强压于心底。忧虑隐藏得越久,受到的伤害就越大。

较妥善的办法是向朋友、老师倾诉,一吐为快,甚至也可以在亲友面前痛哭一场,求得安慰、疏导、同情,虽然古语说"男儿有泪不轻弹",但必要时男儿弹泪也无可厚非。也可以去打球、爬山,参加大运动量的活动,宣泄情绪。但是,宣泄一定要注意场合、身份、气氛,注意适度,应是无破坏性的。

(3) 自我慰藉。

自我慰藉就是自我安慰,实质是自我辩解。人不可能事事皆顺心、处处是英雄。择业中遇到困难和挫折,已尽了主观努力仍无法改变时,说服自己适当让步,不必苛求,找一个自己可以接受的理由让自己保持内心的安宁,承认并接受现实,以求得解脱。

(4) 松弛练习。

松弛练习也叫放松练习,是一种通过练习学会在心理上和躯体上放松的方法。放松训练可帮助人们减轻或消除各种不良的身心反应,如焦虑、恐惧、紧张、心理冲突、入睡困难、血压增高、头痛等症状,且见效迅速。学生在择业中如遇类似的心理反应,可在心理咨询师指导下尝试进行放松练习。

(5) 理性情绪化。

人有理性与非理性两种信念,这些信念指引下的认识方式会左右人的情绪。人的不良情绪的产生根源来自人的非理性观念,反之可类推。要消除人的不良情绪,就要设法将人的非理性观念转化为理性观念。例如,有的学生在择业中受了挫折便消沉苦闷或怨天尤人,其原因在于他原本认为"学生就业应当是顺利的"、"我的择业应该很理想"、"我过去事事顺利的,这次也不应例外",等等。正是这些观念作怪,才导致或加剧了他的不良情绪。如果将这些想法加以纠正,则不良情绪一定能得到克服。学生在运用理性情绪化方法时,应首先分析自己有哪些消极情绪,从中分析、综合、抽象、概括出相应的非理性观念,并对其进行挑战、质疑和论辩,同时对比两种观念状态下个人的内心感受,鼓励自己向理性观念方面转化,从而有助于排除不良情绪。

职业学校毕业生应当认识到,人生是一个不断发展变化的历程,也是个人对环境不断适应的过程。面临毕业,在考虑社会给自己提供了哪些职业位置,有多少选择的机会与可能的同时,也应想到如何认识自己,调整自己,使个人能做出最佳选择并尽快适应职业活动。

因此，职业学校学生应当充分认识心理调适的作用，提高自我调适的自觉性，通过自身努力使自己保持一种良好的心态，以利于合理择业、顺利就业和健康成长。

2. 职业学校学生应具备的择业心态

（1）正视现实。

正视现实是职业学校学生择业必备的健康心态之一，它主要包括两个方面的内容，即正视社会、正视自身。

① 正视社会。现实是客观的，既有有利的一面，也有不利于自己的一面。我国目前生产力还比较落后，社会为学生提供的工作岗位不可能使人人满意。供需形势也不平衡，边远地区、艰苦行业、基层和第一线急需人才。而同时，我国的毕业生就业市场还不规范，还需进一步完善，不正之风还有可乘之机。但随着社会主义市场经济的发展，社会越来越尊重知识、尊重人才。社会将会尽可能地为学生求职择业提供适合的环境，为学生施展自己的才能提供广阔的天地。对此，职业学校学生应面对这些现实，一切从实际出发，处理好理想与现实的关系。

② 正视自身。俗话说：知人者智，自知者明。一个不能正确认识自己的人，就不能把主观愿望和客观条件有机地结合起来，从而选定实际的目标。正视自身，就要对自己有充分的认识，如专业学习状况、各种能力、身心素质等。对自己有充分的认识，有助于将主观愿望与客观实际结合起来。而对自身个性心理特征，如气质、兴趣、性格、能力等的充分客观的认识则有更重要的参考作用。

（2）不怕挫折。

挫折是指个人在从事有目的的活动过程中，遇到干扰和障碍，致使动机不能实现时的情绪状态。崇高的职业与现实总会有差距，而现实中理想的或热门的职业存在着激烈的竞争，挫折更是不可避免的。但毕业生们也应该清醒地认识到，生活中的挫折是造就强者的必由之路，同时也是锻炼意志、增强能力的好机会。因此，在择业过程中，遇到挫折，一要认真分析失败的原因：是主观努力不够，还是客观要求太高；是客观条件苛刻还是主观条件不具备。以此做到心中有数，调节心理。二要保持健康的心理。挫折是试金石。心理不健康的人，知难而退，甚至精神崩溃、行为失常；心理健康的人，勇于向挫折挑战，百折不挠。

（3）放眼未来。

对于将来，不少大学毕业生仍存在着"一次就业定终身"的落后观念，以至于择业过程中患得患失。因此，把目光放远一些，把第一份工作看成是聚集实力和竞争资本的好机会，把目标从求轻松、求享受转到重视拼搏精神、报效祖国，重视自我创业、实现自我价值上，从大处着眼、从长远着眼，才是改变择业难的关键所在。也只有这样，毕业生才能做到充满自信、从容就业！

【教学活动】

活动目的：了解中等职业学校学生在择业中的心理状态，使学生学会自我调适，走出择业误区。

活动要求：以小组为单位，3～5人为一组，通过访谈应届毕业生，了解他们在择业时的心理状态以及如何进行自我调适，克服矛盾心理，从而找到适合自己的工作。

第二节 树立正确的择业观

积极者相信只有推动自己才能推动世界，只要推动自己就能推动世界。

——佚名

职业学校学生所表现的不良就业心态与择业观念与经济发展和全面建设小康社会的现实不相吻合。如果就业观念不转变，职业学校学生就业难的问题就很难有根本的改善。因此，正确认识自我，及时调整就业心态，树立良好的择业观是职业学校学生择业的一个关键。

1. 先立志，后立业

【案例】李小霞的故事

在平常人眼里，殡仪馆总有几分恐惧色彩，迷信者更有诸多忌讳。可是，据惠州日报报道：李小霞同学中专毕业后选择当殡仪工，她一边工作，一边通过自考学习拿到经济管理的大专文凭，但她仍选择到惠东县殡仪馆工作。她说"只要能减轻死者亲人的悲痛，再难也要做好。"

> 对一名女同学来说，李小霞择业时选择了殡仪工这一行当，这是需要一定勇气的。从李小霞身上，我们看到了一种可贵的品质，那就是：立志从大处着眼，就业从小处开始。假如说李小霞中专毕业后选择当殡仪工，那是因为她学的是这个专业，人们似乎可以理解。但当她通过勤工俭学拿到经济管理的大专文凭后仍选择到惠东县殡仪馆工作，这就让人钦佩了。殡仪工作难做，难就难在需要一定的勇气，难就难在世人对殡仪工作存有偏见。可李小霞却说："只要能减轻死者亲人的悲痛，再难也要做好。"在这个岗位上，她感到能够发挥自己的专长，实现自身的价值。但愿即将毕业的同学们和面临再就业的人们能从李小霞的故事中得到启示。

职业问题是人生中的重要问题，职业的选择，首先取决于一个人的人生观。所以，我们首先要检阅自己的人生志向、人生目标和人生理想。人活在世上，是为了谁，是为了个人还是他人？你的人生理想、人生目标是什么，是为了社会做贡献还是向社会索取？这些问题直接影响你的择业观。世上本来有许多路，走的人少了，路也就荒芜了。我们的父辈年轻时曾有过很多豪迈的选择——"到祖国最需要的地方去"。不论何时，这种选择都值得称赞和提倡，这种精神将感动和激励越来越多的有志之士。马克思说，如果我们选择了最能为人类工作的职业，那么，重担就不能把我们压倒，因为这是为大家做出的牺牲；那时我们所享受的就不是可怜的、有限的、自私的乐趣，我们的幸福将属于千百万人，我们的事业将悄然无声地存在下去，但它会永远发挥作用，而面对我们的骨灰，高尚的人们将洒下热泪。

在新的形势下，随着人事制度的改革和就业市场供求关系的变化，确立正确的择业观，对拓宽就业领域、实现自我价值、促进社会发展具有积极意义。只要我们树立正确的人生观、世界观、社会主义荣辱观，把胸怀祖国、服务人民作为自己的座右铭，坚持理论联系实际，走与实践相结合、与人民群众相结合的成长道路，用科学发展观武装头脑，积极响应党的号召，把祖国的需要作为无悔的选择，我们就会转变就业观念，树立行行建功、处处立业的新型择业观，自觉到基层去、到西部去、到祖国和人民最需要的地方去建功立业。

2．先就业，再择业

【案例】张辉的心里话

某校 04 届毕业生张辉同学在与该校 06 届毕业生谈到就业问题时说：每一位同学在择业时必会根据个人需求层次的不同而做出不同的选择。我为什么要选择永乐呢？诚然，首先是通过就业，永乐将给我提供一定的收入保障，是个人生活保障之所需。在满足了这一首要层次需求后，我必然会走向不断提升个人价值的阶段。鉴于个人的发展，作为一名有理想、有抱负的员工，必然会更注重个人能力的不断提升，使得个人随着企业的发展处于共同前进的过程中。这时，当我所具备的个人素质符合了企业飞速发展的需求与认可时，在永乐规模与效益不断扩大与提升的前提下，我必然会实现自我价值。一分耕耘，必有一分收获，在永乐家电的强者地位日趋巩固，拥有的基础日趋雄厚，个人的价值体现有了载体后，对应的必然是个人价值的提升。

> 美国心理学家马斯洛曾提出人的 5 个层次需求论（生理需求、安全需求、情感和归属的需求、尊重需求、自我实现需求），这种理论的构成根据 3 个基本假设：①生存；②需求按重要性和层次性排成一定的次序；③当某一级的需求得到最低限度满足后；才会追求高一级的需求，如此逐级上升，成为推动人继续努力的内在动力。
>
> 同学们，听了张辉的心里话，理解了马斯洛的人的五个层次需求论，你得到什么启示？也向老师、同学说说你的有关择业的心里话。

的确，要找一份称心如意的工作确实有难度，但更重要的是要树立正确的择业观。正确的择业观首先基于对自己的充分认识，包括自身的能力特长、兴趣爱好、知识水平。既不能盲目清高，也不能妄自菲薄；不能一味地追求"我想干什么"，而要知道"我能干什么"。

人生面临许多重要选择，择业便是其中之一。职业生涯在人的生命周期中所占的时间最长，职业对人意义重大。职业与事业紧密相连，职业是生存的保证，而事业则意味着生存的意义。离开职业谈事业，只能是想入非非。人的价值是靠劳动体现的，因而工作与职业便是个人实现自我价值的基本途径。

职业期望伴随着人生的职业生涯，不同的人会有不同的选择。职业理想人人都有，期望高低因人而异。理想与现实之间总有距离，及时调整自己的职业期望是明智之举，最好不要去做让现实适应自己的徒劳之事。

选择职业不是一相情愿的事情，制约它的因素很多。你想去的地方人家不要，要你的地方你又不一定愿意去。"双向选择"像一把双刃剑，在给你自由选择的同时，也把这个权利赋予了对方。

了解形势、了解政策、了解用人单位、了解自己，这是每一个毕业生在选择职业时都应做的准备。任何职业都有利有弊，"热门职业"不见得适合你，盲从和趋众除了增加竞争的激烈程度外，还有可能使你忽略了自己的能力、特长和兴趣并丧失了其他好机会。何况，自主择业并不意味着自由择业，就业政策和户籍制度等将对你的择业行为进行必要的限制和规范。乐观者常认为别人的"葡萄"没有自己的甜，这种心态在择业时会使你认定自己选择的职业是最好的。相反，"这山望着那山高"的择业者却始终怀有一种无法摆脱的遗憾和痛苦。初次就业不等于终身厮守，职业生涯充满着变化，今后变换工作的机会还很多。

3．"自负盈亏"求发展

【案例】李宁的成长

某职校李宁同学，03年毕业于某校电气技术专业，当时作为一名手机生产线操作工，她被招聘到深圳一家电气公司，她爱岗敬业，不嫌工作单调，经过三个月实践，她就成为生产线上的操作能手。同时，她围绕生产线存在的管理问题，认真学习生产管理的有关知识，并结合车间实际，向主管部门提出许多有效建议，为该车间节资增效近万元。由于她的突出表现，被提拔为生产线线长。

> 李宁同学的经历告诉我们，要从小事做起，才能成就大事。不要拒绝做小事。注意每一个细节，这对一个人的一生都很重要。影响我们的生命和成功的往往不是大事，彗星靠近地球是大事，但它不会影响你的事业；豺狼虎豹是猛兽，但我们中有谁曾经被咬过；蚊子与人类相比，绝对是弱势群体，可是哪一位没有被蚊子叮过？在人生旅途中把我们搞得狼狈不堪、精疲力竭的往往不是高山大河，而是我们鞋里的一粒沙子或者是松开的鞋带。从细微之处着手，这才是成功的保证。这些细节包括你是否善于观察、善于钻研，你的修养是否到位，处事是否得体。

由此可见，良好的择业理念是择业应具备的核心价值观。先进的理念会带动正确的行为，正确的行为会产生良好的结果。据调查，目前约60%的毕业生就业理念较为模糊。而就业市场的实践告诉我们，先进的理念就是当前知识型社会就业的引擎。掌握好以下几点原则，有助于树立良好的择业理念。

（1）多消费智力，少消费资本。

在知识经济时代，知识是有时效的，知识不消费过时也就会成为垃圾。应届毕业生应把握好时机，在就业竞争中适时将所学知识应用在市场中营销中，实现知识的最佳卖点，才能使自己在择业市场中增值。情商理论告诉我们，当一个人的兴趣和爱好集中在一个问题上的时候，人就会达到忘我的程度。热爱一种工作，就会把工作当学问研究，当事业去奋斗。快乐工作是人生最大的乐趣，也是工作的最高境界。应届毕业生初选工作，要把自己的兴趣放在重要的位置，做自己感兴趣、愿意做的事，工作带给你的便是阳光，在未来的工作中才会越做越出色。

（2）适合你的就是最好的。

在自主择业和自由流动中，择业标准是多元化的，双向选择中的成功定律是：最适合的就是最好的。成千上万的成功择业案例说明了这一点。好的企业有差的岗位，相对差一点的企业也有好的岗位。适合自己的选择方法是：关注自己与企业能否同步成长，研究自己的潜力在企业可持续发展中是否能有所为，注意力应放在自身性格及价值取向与企业文化是否相容上。

（3）精致的模仿不如简单的创造。

创造是中华民族的灵魂，竞争就是竞变。毕业生应树立这个理念：把择业转为创业，把找工作变为创造工作。知识经济时代，每年都有一批职业被淘汰，也有一批新的职业诞生。应届大学毕业生在知识型就业中应该敢于做职业创新的领路者！

【教学活动】

活动一　分组交流，并写出心得

两则新闻的启示：

2010年年初在用工荒空前爆发、招聘高潮到来之际，大学生就业形势有所起色。然而很多企业更愿意要职高生而非本科生。负责人认为职高生实践操作能力很强，本科生是理论型人才，动手能力不强，企业不得不投入时间金钱搞入职培训。不少企业宁愿花高价招熟手，而不愿花高价培养没有一技之长的本科生。

据统计，中专、高职（大专）的供求比分别是 2.4：1 和 3.6：1，而本科生的供求比为 4.8：1。相关人士分析，其中的原因在于，学历不是考量人才的唯一标准。很多企业在选人的过程中发现，学历高的人往往"眼高手低"，不能安心地去一线工作。而一些学历较低的应聘者，非常珍惜这份工作，吃苦耐劳，经过一段时间的系统培训后，基本能弥补学历方面的缺陷。另外，还有一些企业认为本科生是流动性最强的群体，往往都是干一段时间后再跳槽去其他单位。所以，本科生在人才市场没有专科生和职高生、技校生以及职业培训学校的学生好找工作也就成为一种普遍现象。

活动二　采访企业工人、父母、亲戚，了解他们的择业观，形成自己的观点后与同学交流

活动三　《树立正确的择业观》演讲比赛

【小·链接】

不选贵的，只选对的

作为赴境外干部培训班成员，我在美国洛杉矶加州州立大学学习、生活了 4 个月，并到其市政府人力资源开发部门实习。我在学校和政府结识了许多美国朋友，从他们的择业取向上，我感悟到他们的从业观念是：合适是第一位的，收益是第二位。这与美国人平日的金钱观是相悖的。

吉姆是加州州立大学化学工业制造专业的研究生，他就业的渠道很多，可以找一家生化研究所当试验员，或在低一层次的大学任教，也可以改行干社会上任何一种可赚钱的职业。而且，美国的就业机会相对较多，干哪个行当都有最低工资法令保障，收入一定不菲。但吉姆却选择了当地一家规模不大的生化制药厂当见习工。

美国有个规矩，见习工的工资不受最低工资额保障，收入远远低于一般工作的工资水平。而吉姆之所以委身屈就一个小工厂，是因为他看好工厂的发展前景，而且专业对口，学有所用。更吸引人的是，工厂准备把他向工程师岗位培养，因此，让他熟悉工厂生产的每道工序，每个环节。前三个月，吉姆从最苦、最累的药品车间分拣员干起，每天和工人们的劳动内容、劳动时间和劳动强度一样，而薪水却少了很多。但吉姆很乐意，他认为择业"不选贵的，只选对的"对以后自己的事业发展有利。

相比之下，在美国的一些中国人却抱着一种"只选贵的，不管对的"的择业观念，自恃有博士、教授的头衔，待价而沽，但结局往往非常惨。最后，由于理想与现实的差距太大，只能放下架子，干起在国内自己都瞧不上眼的最低档的工作。在美国，人工很贵，而一些脏、累、差的活儿美国人不愿干，于是出高工资雇人干。这样的活儿，美国遍地都是，只要肯干，就能生存，而且收入不低。一些中国人在选"贵"心理的驱使下，为财择业，拉下脸面，去干自己以往所不齿的活计——餐馆做招待、厨房洗盘子、公园剪草坪、街道清垃圾……

在美期间，我结识了一位李先生，他原是上海交大的高材生，1995年留居美国，他自嘲地对我说：来美国快10年了，所学专业一次没用过，几乎忘光了，但餐馆跑堂、公园剪草、马路清扫这种最出力最低档的活，他干遍了。原因只有一个，想拿高薪，根本没考虑过什么专业……他让我想起在课堂上一位美籍华裔教授给我们讲的一个客观现象：一些华人在美国总是"打工一族"的代名词，他们总不肯在本专业、本领域持之以恒地长远发展。其中，短视的择业观念起了很大作用。

联系自己平日所从事的干部人事管理工作，我认为，困扰国内人才价值有效发挥的瓶颈，首先是择业观的问题。这些人往往把薪金视为衡量自身价值的筹码，对专业方向、发展空间却很少考虑，并且倾向于一次择业定终身，求稳怕动，对第一次择业慎之又慎，思量再三，不见兔子不撒鹰。所以，国内许多地方会出现一边岗位富余，一边人才富余的矛盾现象。据新近的全国人才市场择业状况调查统计显示，全国人才就业岗位提供最丰富的三个城市，北京、上海、深圳，同时也是人才闲置率最高的城市。我想，不是专业不对口，而是择业观念在作怪。在一些人的思维定向中，进外企、开公司、入政府成为人才流向的大趋势，专业是否合适另当别论，暂不考虑。

在美国，像吉姆一样不看重眼前能拿多少工资，而关注职业选择是否对自己的人生设计有益的人不在少数。而且，在美国人的择业观中，还有"先就业再择业"的思想，他们反对"一次择业定终身"，认为"骑着马找马"更好。美国人不反对跳槽，但跳槽的行为多在自己的专业和熟悉的领域内，他们认为这样更能利用他们的所学发挥自身的优势。因此，美国人才的流动性很大，一个人一生平均更换职业多达12次。美国人的择业观：能发挥他们所学和特长的地方就是"岗"。

第三单元 掌握打开职业之门的钥匙

小资料

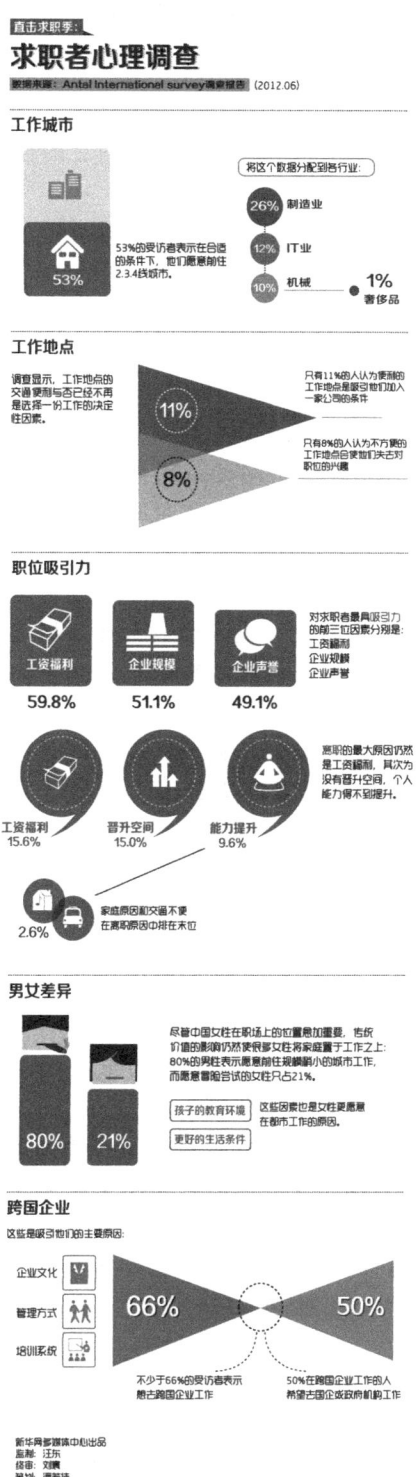

就业与创业指导（第二版）

第三节 获取就业信息

毕业生就业信息是一种特殊的信息。获取及收集就业信息并进行分析、整理是每一个毕业生在进入职场前必不可少的重要工作。它具有很强的目的性、价值性、时效性和可控性。

【案例及分析】

【案例一】机会属于有心人

小黄是某中专学校电子专业班的学生，她利用课余时间自学了日语，毕业后一直在寻找就业机会。一天，她无意中看到"华商报"招聘版有一则日资公司的招聘广告，当时就精心书写了一份个人日文简历。一周后得到公司面试通知，录用后被送到日本总公司培训深造。

小黄的同学小刘毕业后做服装生意，并且取得可观的业绩。小刘为此很得意，她说这取决于曾利用寒暑假在哥哥的服装公司工作过几个假期，积累了一些服装销售经验。所以这家公司招聘面试时，她一路过关斩将，各项业务考核顺利过关。被公司正式录用后，凭着哥哥的推荐和关照，很快打开了销售局面，并逐步形成了自己的客户群体，几个月下来，工资加提成奖金就拿了好几万。这不，眼下正在准备买车，为进一步扩大业务联系做准备。

> 小黄和小刘的故事给了你怎样的启示呢？我从中得到这样一些启发：
> 一、"世上无难事，只怕有心人"，寻找职业，处处留心。
> 二、学什么不一定非要干什么，要注意对自己全面素质、多种能力的训练，能多学就多学一些，所谓"技多不压身"。

【案例二】求职遭遇"忽悠"

小明同学通过一家中介所介绍来到某公司应聘。令他奇怪的是，公司负责人对他的简历、专业情况并不感兴趣，只是让他支付 300 元的报名费，并承诺只要报名即可上岗。然而，当小明付清费用之后，却被告知没有通过面试。

刚毕业不久的小刘也有类似经历。他应聘到一家电子公司，在签订合同时，公司负责人告知：将对所有新进人员进行为期半个月的培训，由某某大学知名教授来讲课，这笔培训费用（350 元）将由个人承担。公司负责人讲："培训后，你终生受益，这笔钱出得值"。几经劝说，小刘便交了培训费。结果讲课的并非什么知名教授，更让他没想到的是，当培训结束后，公司通知他："培训不合格，你被辞退了"。

> 这都是求职应聘中常见的欺骗手法。这些公司在招聘时常常不查看任何学历证明，甚至不安排任何面试，而只是要求求职者交纳诸如中介费、报名费、培训费等名目繁多的费用。而当求职者付清费用后，公司就会找出各种理由将应聘者"辞掉"。

第三单元 掌握打开职业之门的钥匙

专家提醒：根据《劳动法》和《劳动市场管理规定》的有关规定，用人单位招聘时不得"向求职者收取招聘费用"、"向被录用人员收取保证金或抵押金"、"扣押被录用人员的身份证"等证件、"以招用人员为名牟取不正当利益或进行其他违法活动"等。

因此，求职毕业生一定切记：任何招聘单位，以任何名义向求职者收取抵押金、风险金、培训费等行为，都属违法行为。

获取就业信息

一、如何获取就业信息

有专家建议：在当今社会发展中，每个毕业生除了学好自己的专业外，还要具备"找工作"的能力。要想为自己选择理想的工作，首先要了解获取就业信息的方法。

1. 我们应该了解哪些信息？

首先，必须了解、掌握、正确运用当年国家有关部门对毕业生的就业指导政策，以及地方政府、学校及各用人单位贯彻国家就业政策的具体规定。国家关于毕业生就业的方针政策是根据社会和经济发展形势而确定的，与当年的社会经济发展有着密切的关系。毕业生在收集就业信息时，要特别注意了解学校就业指导部门关于毕业生就业工作的具体规定，在就业政策上有哪些调整和变化。在此基础上，联系自身实际情况，制定自己的择业计划。

其次，要了解当年就业市场的需求变化。毕业生是社会上的一种人力资源，必须要进入市场参与竞争与流通。所以国家社会经济发展战略、经济体系改革措施等因素，都会影响到劳务市场在人才供求上发生的变化。这些变化有专业方面、地域方面、社会职业冷热变化、工资待遇变化等多种因素。毕业生要学会审时度势，及时调整好就业心态，求职时牢记三个"先"，即"先培训、后就业"、"先就业、后择业"、"先生存、后发展"。正确地给自己"定位"，恰当地去收集信息，把握好就业机会。

最后要收集一些相关法律、法规信息。如关于毕业生就业工作程序、政府、学校和中介机构的职责，用工单位、毕业生的权利义务。要学会在职场生涯中运用法律武器保护自己。例如："劳动合同法"、"劳动法"、"劳动预备制度"。

2. 获取就业信息的渠道、方法

获取就业信息的方法很多，可以从多种渠道来进行搜集。

（1）学校就业主管机构。

现在的各校设立有从事毕业生就业指导工作的专门机构，有着丰富的就业指导工作经验，并和用人单位保持广泛、长期的合作关系。学校就业指导部门提供的就业信息数量多、可靠性强，

109

并且经常组织校园内的招聘会。因此作为毕业生应和学校就业指导机构保持密切联系，以此作为求职的一条重要途径。

（2）新闻媒体。

随着国家对人才市场化建设的加快，各类报刊、杂志、电视、广播等媒体都在加大人才供求的报道。很多报纸设立有人才招聘专版，并且对毕业生就业方面进行政策上、方法上的指导。毕业生应随时注意人才资源市场上供求关系的新动向及变化。这些新闻媒体发布的消息具有信息量大、时效性强、涉及行业面广的特点。据调查统计，通过报刊广告成功求职者约为48%。在今后相当长的时间内，通过各类媒体的招聘广告应征求职将是一种主要的就业手段和途径。毕业生要及时收集、整理这些信息资料，充分加以利用。

（3）人才交流机构。

各地政府劳动、人事部门都设立有人才交流中心及劳动力市场。

毕业生可以到这些机构去开户登记，进行填表留下联系方式。也可以带上毕业证及职业资格证参加人才市场的供需见面会，直接和用人单位进行交谈面试，签订用工合同协议。

（4）充分利用社会关系。

可以通过家人、亲戚、朋友及同学等各种社会关系寻找用工单位，使用这种方法必须准备好个人自荐书、求职信交给委托人，并且告诉他们自己的专业、特长，对单位的待遇要求等基本条件。

（5）网上搜寻。

在当前社会中，科学技术飞速发展，各类网站有数量众多的人才招聘信息。毕业生可以经常利用互联网搜寻，把自己的基本情况发送到用工单位邮箱中，以供用工单位选择。

二、就业陷阱防范

就业是职业学校学生在人生道路上遇到的一个新课题，经过多年苦读的毕业生，都希望能够找到一份理想的工作，这是情理之中的事。然而，近几年来，由于毕业生规模不断扩大，国家机关、事业单位机构精简、人员分流，众多企业减员增效、下岗分流，一些用人单位人才相对饱和，毕业生自身期望值过高等原因，大学毕业生的就业压力越来越大，大学毕业生就业难已成为不争的事实。与此同时，就业市场同其他市场一样，既有机遇，也有陷阱，还有待于进一步的规范和完善，职业学校学生的择业之路并不平坦。大多数毕业生没有择业经验，急于就业的毕业生如何才能拥有一双"慧眼"，不至于落入择业"陷阱"之中，是一个值得探讨和研究的问题。

择业"陷阱"是指以为求职择业者提供就业为诱饵，或骗取财物，或使择业者从事的工作与双方原先口头承诺的内容要件不符，或者完全不符，甚至无偿（有的即使有偿，但与劳动的投入相比，微不足道）占有求职者的劳动，使择业者的人身、财产受到损害，利益受到侵害的骗术或非法行为。尽管，择业"陷阱"形形色色，形态各异，但其目的是一样的，对毕业生的危害都是巨大的。毕业生要防范各种择业"陷阱"，首先就要了解和认识形形色色的择业"陷阱"。

1. 常见的择业"陷阱"的种类与特征

（1）传销"陷阱"。

众所周知，传销是非法活动。虽然国家加大了对传销的打击力度，传销在一定范围、一定程度上得到了较为有效的控制，但是有的传销人员并未死心，他们转为"地下"活动。一些非法传销组织利用职业学校毕业生求职心切的心理，以知名企业或单位的名义招聘毕业生，或通过要求毕业生网上投递简历等方式套取毕业生的通讯地址和联系方式，然后主动与毕业生联系，以要求面试或到单位实习为由，将毕业生骗至外地，收取其有效证件，控制其人身自由，强迫、诱骗毕业生加入非法传销组织，给毕业生造成巨大损失。

（2）承诺"陷阱"。

一些用人单位利用职业学校学生求职心切的心理和缺乏社会经验、单纯、易轻信别人的特点，在"双向选择"的过程中或在招聘广告中介绍本单位的情况时言过其实、夸大其辞、避重就轻，或者使用一些笼统、含糊不清的词句，或者做一些让人心动的"承诺"，以迷惑并吸引毕业生前来应聘。常见的"承诺"有"高薪承诺"、"职位承诺"、"福利承诺"等，而实际上要兑现这些"承诺"有许多苛刻的限定，要想实现，比登天还难。

（3）感情"陷阱"。

不可否认，有时社会关系（如亲戚、朋友、同乡、同学等）在毕业生就业中起着重要的作用，在提供就业信息、疏通就业渠道等方面发挥着学校无法替代的作用。但是，也有人会打着同乡、同学甚至亲戚的幌子招聘你去工作，一不签合同，二不办手续，略有不满，就将你一脚踢出。也有的人鼓吹自己如何"神通"，非常热情地为毕业生寻找工作，在取得学生及其家长的信任后，逐渐会提出这样和那样的要求，其结果往往是毕业生及家长钱花了不少，所谓的工作却总是"空中楼阁"、"海市蜃楼"。

（4）合同"陷阱"。

由于毕业生刚刚走向社会，对一些基本的法律法规知之甚少，因此，在与用人单位签订合同时，容易落入用人单位设置的"合同陷阱"之中。这些违法的劳动合同主要有以下几种表现形式：

"霸王合同"。有些单位片面地从自身利益出发，严重违反劳动合同订立应遵循的平等自愿、协商一致的原则，制订"一边合同"，用人单位在合同条款中处于主动地位，处处体现"我就说了算"。

"生死合同"。这种合同主要特征是劳动保险条款中有关病、伤、残、死亡的规定不符合《劳动法》及国家社会保险的相关规定。发生上述情况，企业以较低的金额给职工一次性补偿，其支付的补偿金额远远低于医疗费用；或者企业以日工资或日补助的形式支付职工的劳动保险费用，职工一旦发生病、伤、残、亡，医疗费用概不支付。

"保证合同"。具体表现在一些用人单位为了确保劳动者履行自己的义务，在与劳动者签订劳动合同时让每个劳动者出具一份"保证书"，用人单位把一些不合理的要求写入保证书，附在劳动合同上，以此来约束劳动者。

（5）试用"陷阱"。

用人单位通过求职者在试用期的表现来决定其去留本是一件无可厚非的事情，但近来，不少毕业生遭遇这样的陷阱：一些单位与很多毕业生签约，但在试用期马上就要结束时，以各种理由辞退了绝大多数毕业生,用人单位的这种考察毕业生的方式对职业学校学生实在伤害太重;更有甚者,要求职者交纳一定数额的培训费,在试用期即将结束时,将求职者全部辞退,这样一来,求职者交了培训费不说,还给老板白干了几个月。因为在试用期内,一些老板不给报酬或报酬极低,这实际上把求职者当成了"廉价劳动力"。

另外,中介"陷阱"、抵押"陷阱"、网络"陷阱"等等也是毕业生在择业中常常遇到的。就业"陷阱"形形色色,但大多有下列几点特征:

① 设置"陷阱"的"用人单位"大多不是经过工商部门注册的正规公司。他们在"招聘"时不刊登公司的名称,或只刊登邮政信箱号码、电话号码,却不提供公司的具体位置,不介绍经营何种产品或服务,所要求的条件也含糊不清。

② 提供的"职位"不要求资格、条件或条件过于宽松。任何正现经营的公司招聘求职者,不会无故征人而不具备条件征人,因为每增加一名员工,他就要增加一份经营成本,只有骗子才会利用人的弱点,引诱他人上当,对于无条件或过于宽松条件的职位,通常有特别的用意,最起码这个职位不受重视,人人可做,随时也可能被替换。

③ 提供的"职位"名称好听,但不符合实际功能。什么招聘"培训干部"、"行政助理"、"业务经理"等,名称不错,但实际工作的内容和这个职位所要担负的功能是什么,没有具体的说明。

④ 提供不符合市场行情的薪资。每一个职位都有它的市场行情,刚刚走上工作岗位的毕业生没有工作经验,不具备任何技术职称,"用人单位"却愿意付出高薪。那么求职者要付出什么样的代价,应当心知肚明。

2. 职业学校学生对择业"陷阱"的防范

消除择业"陷阱"需要进一步规范人才市场的秩序,完善人事管理制度和相关的法律法规,加大对不法分子的打击力度。但对毕业生而言,如果预先有了心理防范意识,仔细甄别用人单位的真假,相信再诱人的陷阱也能够找出破绽。为此,毕业生可从以下几个方面入手,增强自己对择业"陷阱"的防范能力。

(1)增强对择业"陷阱"的防范意识

毕业生对择业"陷阱"的防范意识是毕业生面对择业"陷阱"时的自我保护能力的重要组成部分,在预防择业"陷阱"中具有重要的意义。培养和增强毕业生对择业"陷阱"的防范意识,是通过毕业生自我教育、自我修养、自我完善来实现的。

① 加强相关的法律法规的学习。

一些与求职择业密切相关的法律法规、文件,如:《中华人民共和国劳动法》、《中华人民共和国合同法》、《普通高等学校毕业生就业工作暂行规定》、《中华人民共和国企业劳动争议处理条例》、《职业介绍规定》等,对毕业生择业时的权利与义务等做了详细的规定。职业院校毕业生在求职前或求职过程中,应主动学习这些法规和政策,提高自己的求职素质和独立思考、明辨择业"陷阱"的能力。

② 树立正确的择业观。

不可否认市场规律给择业观念带来了巨大冲击,但不能以此作为观念的基准。不正确的择业观会使毕业生在择业中迷失自己的方向,不能客观地评价自己,不能准确定位,过高的期望值和功利性的择业会使毕业生在择业时,把经济收入因素放在首位,对工资待遇、奖金、福利、住房等因素过于关心。这些都会使毕业生在择业时被蒙蔽双眼,落入"高薪诱惑"的陷阱。

③ 保持良好的择业心态

再美丽诱人的陷阱都有它的破绽,甚至有的"陷阱"本身就漏洞百出,然而不少毕业生在择业时缺少良好的择业心态,在心理认识和感性认识上出现了对客观事物的偏差,失去了应有的判断力,结果落入了择业"陷阱"。因此,毕业生在择业时保持良好的择业心态对防范择业"陷阱"有重要的作用。当毕业生出现急于求成、贪图虚荣、消极依赖等不良心态时,就应提高警惕了。

(2) 掌握基本的防范对策。

对择业"陷阱"有了防范意识,毕业生已经迈出了防范择业"陷阱"的第一步,接下来,毕业生还要掌握基本的防范对策。

① 对信息的核实。

不论择业"陷阱"如何设置与变化,都要通过提供、发布就业信息为行骗的途径。因此,就业信息既蕴藏着机会,也可能潜伏着陷阱。毕业生面对林林总总、良莠不齐的就业信息,需擦亮眼睛,仔细辨别,要学会去伪存真。

首先,对获取就业信息的途径一定要了解。一般,从学校就业指导部门、高校或当地毕业生就业主管部门组织的毕业生供需见面会和人才招聘会、正规权威的人才招聘类专业网站、值得信赖的社会关系及广播、电视、有权威的报纸、杂志等途径获取的就业信息比较真实可信。

其次,对自己重点关注的就业信息,即使其来源可靠,毕业生也要对信息的内容做进一步的核实,防止信息中包含夸大、不实成分。毕业生在投递简历前应充分了解用人单位的情况,毕业生可以托人打听,可以向老师咨询,当然,让毕业生最放心的还是眼见为实,自己到用人单位去看一看。

② 面试"陷阱"的防范。

大多数用人单位都会提出面试的要求。择业"陷阱"的设置者,也大多数以面试为幌子,实施对求职者的欺骗。因此,面试也是毕业生需要特别小心谨慎的环节。正常的面试,用人单位一般会安排在白天,地点大多在用人单位,面试的时间、地点一经确定,没有特殊的原因一般不会改变。招聘面试是一种双向选择的机会,无论是求职者还是招聘单位,并没有为对方提供任何具体的服务,所以根本不应涉及费用。如果"招聘单位"要求求职者夜间面试,或要求求职者前往非上班地点面试,或无故要求更换面试的时间、地点,或要求缴纳"面试费"。这时,就需要提防择业"陷阱"。

③ 签约"陷阱"的防范。

签订就业协议是一种法律行为,协议书一经签订,便视为生效合同,具有法律效力。签订就业协议,是确认签约双方权利和义务的必要程序,又是处理就业纠纷的主要依据,毕业生应该正确认识和严肃对待就业协议书,慎重签订就业协议。

对于选择和确定职业这样一件人生大事,毕业生应当慎之又慎,不能只凭用人单位的一面之词就与之签约,要能识别出其既多且杂、异常动听地介绍或招聘广告中的"美丽"的谎言，要获取其中有用的信息。在与用人单位签约前，毕业生对用人单位的运行情况、拟定安排的工作岗位和工作内容、工作条件、用工制度及工资报酬、住房、福利保险等各项待遇都要详细了解，做到心中有数，以免日后产生不愉快或纠纷。

毕业生要对准备签订的协议仔细研究，协议必须公平、公正，明确双方的权利与义务。协议应对服务期、工作岗位和工作内容、劳动保护和工作条件、工资报酬和福利待遇、劳动纪律、协议终止的条件、违反协议的责任等作明确规定。

一旦发觉上当受骗，要及时向招聘单位所在地的人事局、劳动局监察大队或公安局派出所报案，寻求法律保护。但由于择业"陷阱"诈骗往往涉及公安、工商、劳动、人事等部门，求职者应该根据情况选择最有效的投诉部门，若被投诉对象为合法机构，求职者可以找劳动部门；若被投诉方为无证无照经营的职介公司，求职者可以同时投诉到工商、劳动部门；若求职受骗情况特别严重、诈骗金额大，可以到公安部门进行报案。

总之，一方面，我们要树立防范意识，掌握防范对策，及时识破择业"陷阱"。另一方面，也不能因为择业"陷阱"的存在就产生消极恐惧的心理，在择业的道路上束手束脚，影响了择业目标的实现。

三、求职途径

毕业生求职主要通过以下途径：
（1）参加招聘会和用工单位直接洽谈；
（2）应聘在各类报刊上登载招聘广告的用人单位；
（3）在当地政府人才交流中心登记信息、寻找机会；
（4）利用社会关系，请他们帮忙提供就业机会；
（5）翻看电话簿，找那些适合自己专业的单位，打电话去了解是否招聘；
（6）利用互联网来查找招聘信息，或者把自己的简历贴在网站供用人单位浏览。

几点建议

（1）在求职过程中要提前准备足够的简历等求职材料，整理好个人学历证、职业资格证等。
（2）在着装上要整洁大方，语言谈吐要谦虚礼貌。
（3）遇到求职失败时应该冷静思考，找对自己的求职方向。
（4）利用假期进行针对性"充电"。
（5）要把求职过程变成发掘自我和展示自我的过程。
（6）面对挑战，充满信心，把握机会，拓展视野，一步步升华自我，完成自己的奋斗目标。

【教学活动】

活动一　找工作

组织学生每 3 人 1 组。提前准备好应聘资料。利用周日时间，去招聘会、人才交流中心、招聘单位找工作，并要求回来后写一份调查报告，进行交流分析。

活动二　看我火眼金睛

活动目的：通过活动提高学生对就业陷阱的防范意识。

活动说明：将班内同学分成若干组，每组同学分别设计一个含有求职陷阱的就业场景，并进行现场模拟表演，其他同学在观看的同时找出表演中的择业"陷阱"，并提出防范的措施。

活动总结：活动结束后每个同学都要总结各组设计的就业陷阱以及相应的防范措施，为自己以后的顺利就业积累经验。

活动三　信息大搜索

活动方式：登录相关网站或浏览报刊，观看、阅览相关的就业陷阱消息，提高自己的防范意识。

小资料

学生就业陷阱及防范方法

陷阱1　押金、保证金以及押证件

一些用人单位会要求学生支付押金，承诺交了押金后就可以上班，但之后又以人员已满等各种借口辞退同学，而且拒绝返还押金，最后就没有音讯了。有的单位收取保证金，称以此"保证"学生按要求上班，并答应在打工结束后归还，可是到结算工资的时候，保证金却不见踪影。多见于临时促销工作中。

★防范方法：不付押金或是协议里写明押金理由。

一般情况下单位是不应该收押金、保证金的，如果确实要收，要问清理由，并将费用的性质、什么时间、什么情况下归还等都写进协议中。切记，如果数额太大则宁可放弃打工。因为真被骗了，去诉讼会花更多的钱。缺少经济能力的学生只能吃哑巴亏了。最好不要押任何证件！证件一旦流失，不法分子可能利用它来进行诈骗或者伪造证件等不法活动。

陷阱2　"皮包"公司

王明同学去一家开价很高的翻译公司打工，对方的办公地点看起来很正规，工作人员态度也不错，为表示自己工作的诚意，她没有提出与公司签协议，只口头商定一个月发一次工资，分500元底薪和翻译费两部分。一个月后，王明同学因故不能继续工作了，可公司却以财务有问题为由，承诺两星期后再付报酬。半个月后，当王明同学再去公司索要工资时，却发现那家公司已经不知去向。

★防范方法：通过年检鉴别"皮包"。

根据法律规定，两年不参加工商年检的公司，会被吊销营业执照，所以有的公司就利用这点跟学生签订短期合同，骗取免费劳动力。我们可以到工商局查询用人单位最近一年的年检情况。

陷阱3　拒绝与学生签订协议书

有些公司高价招聘临时促销员，但未提及要签订书面协议，结果活动结束后，厂家要赖走人，你的劳务费无处可讨。

★防范方法：签订权责明确的协议书。

学生打工一定要与用人单位签订书面协议。有的单位在协议里为自己规定的权利很多，而给学生的权利很少，这样的协议要谨慎对待，要求其权责明确。签协议书要明确对象，有的用人单位可能要花招，营业执照上写的是 A 公司，协议书上写的却是 B 公司。

陷阱 4　非法传销

2004 年 7 月初，在京读大学的张同学本打算利用暑假打工贴补学费，没想到被高中同学以打工为名骗到河北霸州市，钱和手机也被人拿走。被不法分子限制人身自由 2 天后，霸州警方将张解救回京。

★防范方法：了解传销特征。

第四节　应聘前的资料准备

机遇只偏爱那些有准备的头脑。

——贝弗里奇

在前一节中我们反复提到应聘前要做好资料准备，那么，应聘前应做好哪些资料准备呢？

【案例及分析】

【案例一】小王去应聘

清晨 6 时整，一阵急促的闹铃声把正在沉睡中的小王唤醒。"今天上午参加面试"的念头刚刚闪过，小王就一骨碌从床上爬起来。更衣、洗漱，十几分钟后，小王就坐在了桌子前。

为了迎接今天上午 10 时"世纪公司"的面试，小王已精心准备了一个星期。招聘单位的背景材料、招聘简章、面试礼仪常识、面试中的疑难问题、公司招聘主管的姓氏及个人资料等都已制成了卡片，可以随时拿出来查阅。身份证、毕业证、职业资格证、计算机三级证书、在校获奖证书的原件、复印件也按目录装在文件袋中。

8 时整，查看了交通路线图，把所有资料及钢笔装在包内，整装待发的小王走到镜子前，进行最后检查。眼前的小王服装整洁、合体、大方。脸上充满着自信的微笑……迎着初升的太阳，小王走出了家门。

> 小王在面试前作了充分的准备，你来分析分析看，他都做了哪些准备？特别是做了那些资料准备？

【案例二】让应聘资料显示实力

张宾是陕西省某工业学校 02 级家电专业的学生，陕北人，自身条件不是很好，个子仅有

第三单元　掌握打开职业之门的钥匙

1.52 米，毕业时，家长及学校都替他担心，怕他难以找到合适的工作。但他非常自信，脸上总是挂着笑容，走路抬头挺胸，还哼着欢快的歌曲，这又使就业指导中心的老师稍微有点放心。但随着一次次面试，一次次失败，就业指导中心老师放下的心又悬了起来，因为企业一见他 1.52 米的身高就摇头，有些甚至不给他面试的机会，就这样一连十多次，尽管张宾还是一脸轻松，可就业指导中心的老师却坐不住了，怕他的自尊受到伤害，于是就把他找来谈话，了解他的思想动态，这一谈，就业指导中心的老师有了主意，因为表面看张宾其貌不扬，普通话中夹杂着许多浓重的陕北音，然而他的思路特别清晰，反应也很快，专业基础也很扎实，更重要的是自小练就一手漂亮的毛笔字，蝇头小楷写得清秀隽永，于是就让他把自荐书、毕业生登记表通通换为毛笔小楷，当企业来招聘人时就把这份资料送到招聘者手里，工夫不负有心人，当上海和拓电子有限公司的招聘人员看到这些资料后，立即约张宾面谈，并通过请求公司领导，破例录用张宾，进厂后立即推荐到公司工会，从事企业文化宣传工作。

> 出身不能选择，自身的外在条件也不容易改变，能选择和改变的只有自己的气质、知识和人生态度，要知道花香自有爱花人，是金子总会发光的。
> 在用你的容貌和言谈打动面试人之前，先让你的书面资料打动他吧。

应聘前资料准备

一、应聘前个人资料准备

1．自荐书

自荐书的内容是以最佳候选人的形象去应聘一个具体的职位。自荐书与个人简历起着不同的作用，简历告诉对方你的经历和你的学习、培训及掌握的技能。而自荐书告诉对方你能为招聘单位做哪些工作。

（1）自荐书要点。

① 自我介绍和自荐理由。开始要引起对方的充分注意，说明你为什么来应聘及谋求某职。要在自荐动机上谈及你对应聘单位的了解情况。

② 自我推荐部分。要简短地叙述自己受到的专业培训及实习经历，特别是在技能方面将会适应这个工作岗位。这部分你应强调通过自己的努力，将会有益于应聘单位的发展。

③ 联系方式。要告诉应聘单位怎样与你联络。你的联系电话或 E-mail，最好不要等电话。要表明三四天后你会打电话确认招聘者的意见，语气要诚恳、礼貌。

（2）自荐书技巧。

成功的自荐书应该表明自己具有强烈的团队合作精神，在最短时间内认同企业文化。能表现出自己愿意为事业奉献自己的聪明才智。要写好一封令人满意的自荐书，须注意以下几点：

① 富有个性，突出重点。要在描绘自己时不拘泥于通俗写法，立意新颖，以独特的语言给对方造成强烈的印象。要使对方认为你是最适合的岗位人选。要突出那些引起对方兴趣，有助于获得工作岗位的内容，主要包括专业知识、自身特长和个性特点等。

117

② 简明扼要，充满自信。要用简练的语言把个人特点表达出来，切忌堆砌辞藻。自荐书不在于长，而在于精，精在内容集中、明确，语言凝练明快，篇幅短小精悍上。要达到深思熟虑，充满自信。

③ 字迹整洁，层次分明。在写自荐书时一定要书写工整，让人一目了然，赏心悦目。段落层次意思分明，能够清楚的把你的工作态度，精神状况，性格特征介绍给对方，使你在众多求职者中胜出。

范例

求职自荐信

尊敬的××先生：

您好！

我是××职业技术学院的应届毕业生。在这个非常注重学历文凭的社会大环境中，我也许没有本科生的知识渊博，但我勤奋好学，积极上进，经过三年的学习，已比较系统地掌握了从事商业会计的知识与技能，各门课程均取得了好成绩。而且我和其他许多优秀的高职生一样，也具有很多优秀的素质，如有自知之明，对自己能正确估价和定位，热爱会计工作，做事细致认真，务实肯干，有敬业勤业精神，动手能力比较强，能胜任财务会计、出纳、收银、电脑操作、公关接待等工作。请给我一个施展才能的天地，我将爱岗敬业，不负雅望。

诚恳地希望给我一次面谈的机会，不胜感激！

    通讯地址：（略）
    邮编：××××××
    电话：××××××××

            此致

敬礼

                ×××敬上
                ××年×月

2．个人简历

个人简历是毕业生择业求职过程中的重要工具。随着社会就业和人才交流市场的不断扩大和完善，一份精美的个人简历有可能取代正式的求职信函。

（1）个人简历的格式。

个人简历按其外表形式来分，可分为表格式和半文章式两类。表格式的简历，一般都附有照片，制作上复杂一些。但外观形式看上去要比文字叙述简洁明了。现在经过计算机进行文字处理很普遍，表格式是经常采用的一种方式。

（2）个人简历的主要内容。

为了获得求职效果，不同的应聘者会撰写出不同风格和形式的简历。但在个人简历的主要内容方面，应包括："个人基本情况"、"个人简历"、"能力和专长"、"求职意向"及"联系方式"等基本要素。

① 个人基本情况一般应写出自己的姓名、性别、年龄、籍贯、民族、学历、政治面貌、毕业学校、毕业时间及专业。

② 个人简历主要是个人从中学阶段至就业前所获最高学历阶段之间的经历，应该前后年月相接。个人的学习经历应主要体现与你谋求的职位有关的专业知识。对于中专、中职学生来说，应把自己在各种实习、实践活动中的经历作为重点。

③ 对个人的能力和专长介绍要恰如其分。对在学校担任的社会工作、个人兴趣爱好、与所谋求岗位最好能相结合。

④ 求职意向用于表达求职者的愿望，（目的与动机）应力求简短明了，对哪些岗位感兴趣，有无其他相关要求。

⑤ 最后一定要清楚、准确地留下你的联系方式。如手机号、通讯地址、E-mail 地址等。最好留下固定电话号码，这样在你手机号变更后，应聘单位能迅速联系到你。

（3）书写个人简历的技巧。

个人简历使用纸张应选用 A4 纸张为宜，纸的质量要好一些。

个人简历的排版打印要精心设计，四周必须留下足够的空白。要做到清楚、整洁、美观，不要留下污垢，不要涂改。

个人简历用字尽可能精炼，行文上要用事实说话，要坚持实事求是，既不虚构，也不夸张。务必以诚实之心写出一个真实的自我，给对方留下美好的印象。

毕业生在写个人简历时，要突出自己的特点：年轻身体素质好，即有一定的理论基础，又有较强的实际动手能力，受到较规范的专业技能培训，各类证书齐全。

范例 1

个人简历

翁志实　《闽江晚报》副刊部记者　大学文化　中共党员 汉族 34 岁

1985 年参加工作。先后供职于黄安区宏大纸制品厂、三利信息咨询公司、《江南信息报》、1995 年 2 月考入《闽江晚报》。

在《闽江晚报》工作两年多的时间里，我参与了国家星火计划规划宣传月、省政协三届二次会议、三江市城市运动会、市招聘局级干部等大型活动的新闻报道工作，先后任报道组记者、副组长、组长；共采编新闻稿件 120 篇，其中 27 篇被全国性报刊采用，34 篇被省级报刊采用，有 4 篇特写被收入书中公开出版，××文章获得国家新闻奖，同时，在省以上报刊发表专业论文 4 篇，3 篇获奖，其中××获得国家记协颁发的金杯奖。

除了新闻写作外，本人还爱好摄影、绘画，与他人合作出版的《小青蛙漫画集》，被闽江市广播电台评为 1995 年度畅销书。

在工作中，本人能较好地与他人合作，被同事们称为"快乐的朋友"。

联系地址：黄安区三利大街 33 号　家庭电话：01234567

工作和学习经历

1980 年—1984 年	闽江市师范学院新闻系学习
1984 年 8 月 18 日	大学本科毕业并获学士学位
1984 年—1987 年	黄安区宏大纸制品厂任厂部秘书

1987年—1990年　　　三利信息咨询公司信息部业务主管
1990年—1995年　　　《江南信息报》任记者、信息部副主任
1993年5月　　　　　被本报提前授予记者职称
1995年—现在　　　　《闽江晚报》任社会部、副刊部记者

成绩清单（论文部分）

所获奖项	刊载报刊	论文名称	发表时间
国家记协金杯奖	人民日报	政治环境与国民的新闻意识	1995.7
省记协创新奖	闽江日报	短消息的逻辑学分析	1993.3
省记协征文奖	新闻研究	谈人物特写的背景渲染	1995.4
	闽江晚报	如何给老题材赋予新意	1994.2

范例2

外企求职履历表

姓名：×× 　性别：男　 出生年月：1958年1月17日

地址：天津市南开区红旗路×××#　　邮政编码：300113

电话：（×××）××××××××

求职目标：销售部经理

学历情况：

1/1986—12/1988　天津××大学经济管理学院工商管理硕士

3/1982—1/1986 　天津××大学市场营销学士学位

工作经历：

8/1998—今　英国利思特公司家电产品部　天津地区销售经理

　　　　　　负责天津办事处日常管理，同本公司在中国各地的工厂联络，负责中国北方市场销售，直接向香港汇报。领导6位业务代表，销售额每年约1000万元。

8/1988—8/1993　天津贸易总公司经理助理，负责进出口和市场营销，及合资合作项目。

1/1987—7/1987　美国爱科公司工业部实习经理，负责项目投标、采购、计划和预算。

计算机使用：PC-DOS　WIN 7.0　Microsoft　　office 2010　Excel 2010 PoweRpoint 2010

爱好：音乐、游泳、旅游

RESUME

Name：××

Sex：male

Date of birth ：Jan 17，1958

Address ：Hongqi Rd ×××#，Nankai District，Tianjin，300113

TEL：（×××）××××××××

EDUCATION

1986.1—1988.12　Economic management college，Nankai University，M.B.A

1982.3—1986.1　Tianjin×× University，B.S in marketing

EXPERIENCE

1993.8—present　UK Lister Co，Ltd，control products division sales manager location in Tianjin take the duty of general management，mainly involved in marketing and sales in north of China，Project management and daily office administration，directly report to the manager in H.K

1988.8—1993.8　Tianjin Trade Corporation

　　　　　　　　assustant General Manager

　　　　　　　　responsibility

　　　　　　　　import & except，　marketing project management，

　　　　　　　　establishment of J.V projects.

1987.1—1988.7　E.CU.S.A Industrial Division Trainee Manager proposal management and procurement

1979.1—1982.7　Tianjin Electronic Research Institute planning and budgeting

　　　　　　　　Computer Stil：PC dos，Windows 7.0，Microsoft 2010，Excel 2010 PowerPoint 2010

　　　　　　　　HOBBIES Music，swimming，traveling

3．其他资料

（1）求职信：在有些招聘广告中要求应聘者先寄个人资料进行初审，然后再通知进行面试。

求职信基本内容和自荐书相同，格式上和普通信件一样，应结合求职单位的生产及工作岗位来谈你的成就和专长。

（2）应聘登记表：是在面试前要求应聘者填写的一种登记表。这类表格在填写中要做到字迹工整，准确翔实。对所有项目都要填写，不要有空格。对"期望薪资"栏可参照招聘单位基本工资待遇填写，不要很随意地写一个数字。最后要认真检查，进行签名后交表。

4．各类证书资料

参加应聘前应将自己的各类证书进行整理。在参加应聘单位面试时需带齐所有证件的原件及复印件。投递自荐书、个人简历、求职信时只需把复印件作为附加材料寄出即可。不要用原件，以免丢失。

需准备的各类证书资料有："毕业证"、"职业资格证"、"身份证"（未拿到毕业证可出具学校盖章的"结业证明"），特殊工种"上岗证"、参加其他专业培训的证书。例如"计算机证"、"英语四、六级证"、"毕业生推荐表"、"个人自荐书"、"个人简历"、"三好标兵"及在校期间各类奖励、表彰证书等。

5．准备好"自我介绍"

在参加应聘面试时一般要求进行"自我介绍"，主要内容为：姓名、出生年月日、毕业

学校、毕业日期、专业、在校学习、培训的主要经历、个人特长、爱好、家庭主要成员，求职岗位及求职动机，等等。

对中专、中职毕业生可按 3~5 分钟表述时间准备。注意在进行自我介绍时一定要做到声音响亮，目光平视对方。

二、还要准备聘方资料

1. 分析招聘简章

拿到招聘单位的招聘简章，首先要了解招聘方对应聘者的基本身体条件要求。例如：年龄、身高、视力条件及健康状况，看自己是否符合条件。

其次要了解招聘岗位及工资福利待遇，在月工资上要了解是否含有加班工资，是否符合国家对加班工资的标准、付款方式。对外地企业要了解地理位置、交通情况及当地气候、饮食。能否适应长期工作。最后要搞清楚试工期时间，是否办理各类社会保险，是否签订符合劳动部门规定的"劳动用工合同书"。

2. 准备招聘单位背景资料

孙子兵法中有一句名言"知己知彼，百战不殆"。讲的是作战中明了敌我情势，虽经百战，也不致陷入危险中。

在参加应聘活动中，必须要尽可能地多了解应聘单位的情况。应该从这几个方面来调查了解应聘单位：

① 应聘单位的成立日期、规模、主要领导人及资产情况。
② 应聘单位的地理位置、主要产品、在同行业中的地位。
③ 应聘单位的体制及发展前景。
④ 应聘单位的工资及福利待遇。

在了解上述资料的方法上可参照本章第二节"甄别信息的方法"进行调查验证。

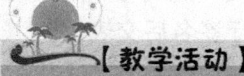
【教学活动】

信息大比拼

组织应届毕业生开展一次"信息大比拼"竞赛活动。

活动具体要求如下：每人在一周内收集就业信息 1 条。要求信息来源真实可靠，不得杜撰及虚构夸大。

要用 A4 纸按以下顺序格式打印出来：信息来源、招聘单位及招聘岗位、工资及福利待遇、公司地址及相关负责人、应聘结果、信息收集人姓名、班级。

竞赛活动组织机构：聘请就业指导老师及推荐部分同学组成 3 个工作小组。第一组为"信息资料审核组"，任务是逐一落实信息来源及真实性；第二组为"综合评定组"，任务是进行实用性分析，并且要对信息搜集难易程度、可行性程度等做出点评（实行五星级打分）；第三组为资料公布组，任务是将符合星级的信息加点评后进行张榜公布。

第三单元　掌握打开职业之门的钥匙

小·链接

聘方经理如是说

某职校就业指导中心对毕业班学生组织了一次"就业指导讲座"。在会上，学校请了几位公司老总，公司人力资源部经理谈了看法。

有着6年工作经验，1万人次面试经历的人力资源部经理告诉大家说：在资料方面我不喜欢花里胡哨的简历，给我一点简洁，但不是简单。不要对我说太多的自我介绍，不要一副"只要你招聘我，我什么都肯做"的姿态，这样给我一种"卖身"的感觉。不是你"求"职，而是我"请"你来参加，因为你会为公司创造价值。

不要不敢用眼睛看着我，你不敢瞧我的时候，我也瞧不起你。我永远坚持：你的信心就是我的希望。你的岗位机会不是我给的，而是你自己争取的。

不要对我拒绝收你的自荐书或简历时感到失望，在情绪上显得很低落。我不收你的资料，不是你不行，而是不适合我公司。

在大陆投资近10年的一家合资公司老总说：我们公司招聘员工的标准之一，是看员工对企业的忠诚。表现在不管老板在不在场，都能认真地工作，踏踏实实地做事。

我们不苛求名校学生或成绩非常优秀的学生，只要学生综合素质好，有敬业精神，能吃苦耐劳，适应能力强，同样受到欢迎。

我们公司希望学生能够与企业文化、团队氛围相融洽。这样的员工能够很快适应企业环境，与企业共同发展。

第五节　面试与笔试

在应聘中，面试与笔试是非常重要的环节，如果把握不好，满盘皆输。在面试、笔试之前，除了要做好充分的书面资料准备，做好心理准备外，还要掌握一些面试、笔试技巧。

【案例及分析】

【案例一】面试在进行

"三星"集团在全世界都享有很高的声誉，企业效益很好，这些年在招聘人时也是奇招多多。一次他们一行三人到某中专学校招人，看到应聘者云集，就提出先进行笔试。主考把应聘者集中到考场门口，对大家说："我现在开始发卷，发卷按名册顺序，叫到谁，谁请举手应答，得到许可后方可进入考场，领取试卷"。点名开始，有些同学按要求举手应答，领到了试卷，而有的同学过于紧张，听到点自己的名，一边举手应答一边就跑进考场，结果被请出考场取消考试资格。接着，答卷开始，试卷上的问题都很简单。领到考题的同学非常高兴，埋下头认真地答了起来。突然主考说："停止答卷"，有的同学按要求停下笔来，端坐

123

在座位上,有的同学则看没有答完,继续埋头答题。结果停下笔的同学进入下一轮考试,继续答题的同学被淘汰了。

> "三星"作为世界500强企业,在企业管理方面有他们的独到之处,在他们看来,好的心理素质及严格的组织纪律观念,外加精干的外表,一切行动听指挥的精神,才是企业立于不败的关键。

【案例二】失败的小刘

小刘去参加一个外企的招聘,她衣着整洁,对自己的自荐材料也很得意。考官问了一个又一个问题,小刘都对答如流,考官非常满意。面试结束后,考官说:"麻烦把椅子放到一边",小刘顺手提起椅子,向外一甩,重重地放在了一边,打了个响指,潇洒地对考官一笑,离开了。面试结果,小刘落选了,原因是小刘太过于轻狂。

> 小刘落选的原因看上去很偶然,好像是招聘者在小题大做,但事情虽小,内涵都很深刻,像小刘这样做事的人往往事事以自己为中心而不顾及别人的感受。就这件事来看,表面上是小刘不拘小节,实际上却反映了一个人的行为修养和公共道德。

【案例三】别样面试

这是全市最忙的一部电梯,上下班高峰时期,和公共汽车差不多,人挨着人。

上电梯前和公司的人力资源总监相遇,说笑间,电梯来了,我们随人群一拥而进。每个人转转身子,做一个小小的调整,找到一种相对融洽的关系。

这时,一只胳臂从人缝中穿过来,出现在我的鼻子前头。我扭头望去,一个小伙子隔着好几个人,伸手企图按电钮。他够得很辛苦,好几个人刚刚站踏实的身子不由得前挺后搬,发生了一阵小小的骚动。

那个人力资源总监问道:"你要去哪一层?""九层。"有人抬起一个手指头立刻帮他按好了。没有谢谢。

下午在楼道里又碰见那个总监。"还记得早上电梯上要去九层的那个小伙子吗?"她问我。

"记得呀,是来应聘的吧?"九层,人力资源部所在地。

"没错。挺好的小伙子,可我没要他。""为什么?"

"缺少合作精神。"她露出了一幅专业HR神情,"开口请求正当的帮助对他来说是件很困难的事情,得到帮助也不懂得感谢。这种人很难让别人与他合作。"我点头称是。追求独立是件好事,但太过了,就成了缺乏合作精神,独立的意志就不再受到尊重。

如果那个小伙子大方而自信地说一句"请按一下九层",结果会怎么样呢?大家不但不会反感他的打扰,而且帮助他的人还会心生助人的快乐,最后他也能得到想要的工作。

日本著名企业家清水说:"所谓经营,其根本应该是使自己与他人都高兴。"

第三单元　掌握打开职业之门的钥匙

面试与笔试技巧

一、面试技巧

1. 面试前，精心准备

（1）了解招聘方基本情况。

招聘的形式一般分三种，一是企业来人到学校招聘，二是学校组织学生到企业应聘，三是学生自己参加社会上组织的各种招聘会。对于中职学校来说，考虑到学生的安全及为了减轻学生的经济负担，一般采用请企业来校招聘，这就为学生就业提供了最大的便利。因此当有企业来时学生只要认为专业对口，又能有自己足够的发展空间，有意应聘，就一定要了解熟悉招聘方的各种情况，一般不要拘泥于他们发布的招聘信息，还应该通过熟悉情况的老师、网络等途径更多地了解招聘方所在的位置、性质、企业的规模、业务范围、产值、待遇、产品、销售、发展前景、应聘岗位及所需的专业知识和技能等情况，以便应对面试中招聘者有可能提出的一些问题，同时要了解招聘者的性别、年龄、性格特点，以确定自己参加招聘时的表情、态度及回答问题的方式。

（2）熟记自己求职资料的全部内容。

招聘者提出的问题除过提前设计的之外，一般是临场发挥和针对被招聘者的资料内容提问，这就要求被招聘者熟悉自己资料中的各项内容，包括身高、视力、体重等，尤其是自己的一些爱好，各科成绩，招聘者容易在这中间找问题提问。

（3）衣着得体、整洁大方。

中职生参加招聘时不需要穿名牌或过于花哨，以朴素大方为度，如确实没有得体的衣服，穿校服也行，但要干净整洁，同时要注意养成良好的卫生习惯，勤洗澡，不能化妆，不染发，不染指甲，男生不留长发，不戴耳坠，不留胡子，不佩带首饰，手机要关掉，总之要给人一个干练、利落的印象。

（4）做好心理及知识准备。

面试是学生走向社会，结束学生生涯的最后一道坎，也是人生的又一个十字路口，其选择方向对人的一生都有重大影响。在就业形势日趋严峻的今天，中职生能顺利就业找一份好工作，与家庭、对社会、对学校都有很大的关联。因此，面试前的毕业生要有充分的心理和知识准备。心理准备主要是精神准备，对招聘者也不能看得过于神秘，他们也是有血有肉的人，他们也需要挑选一些适合为自己企业服务的人，因此精神上无需胆怯，换句话说，在面试时，双方的人格是平等的，有了平常心态，就会消除紧张情绪，就取得了面试成功的一半。同时，也要做好知识的准备，这里所提到的知识并非是自己几年来所学的专业知识，而主要是指一些最基础的知识和一些社会知识，如国家的领导人、周边的国家、全国的行政区划等新闻中时常出现的名词术语，以测应聘者的社会知识面。

2. 面试中，微笑到底

前面说过，面试双方在面试中人格意义上是平等的，但并不是说你觉得满意的企业就一定能进去，因为面试的标准由招聘者说了算，作为应聘的一方只有去适应这一标准，这就需要参加面试的应聘者保持良好的心态，面试中，微笑到底。

（1）满怀信心，不卑不亢。

罗斯福曾说过："除非你自己看不起自己，否则任何人都无法使你感到自卑。"在面试时千万不可让亲友或同学陪同，避免给人留下不成熟的印象。进入面试场不要紧张，要保持自信和自然的微笑，这一方面可以帮助你放松心情，令面试的气氛变得更融洽愉快；另一方面，可令面试者认为你充满自信，能面对压力，同时，今天的面试者也许就是你明天的同事。

（2）面带微笑，细心听取主考提问。

听考官的提问，一定要集中精力，细心听完对方的问题，不可中途插嘴或抢答，这样容易弄错问题，回答错误，同时也有失礼貌。也不可表现为在听问题时唯唯诺诺，似乎都听进去了，但等别人说完，却又问道"很抱歉，你刚才说些什么？"对应聘者来说，也许只是一时的心不在焉，听漏了重点，对考官来说却是感到很失礼的事。除过集中精神、细心倾听对方说话外，倾听对方说话的神情也很重要。听考官说话时，眼睛望着地下，或嘴巴微张，呆呆地听，甚至重复发问好几次，都会给人留下不好的印象。有人常会轻率地问："我不太明白刚才这个问题的意思"。这对面试者都是很不利的。你宁可聪明一点表示："据我听到的，您的意思是否是这样？"即使你真的没听懂，或听漏了一两句，也千万别在对方说话途中突然提出问题，必须等他把话说完。有些面试者喜欢三五人一组的进行面试，这样他（她）就会有比较地测试你的注意力和理解能力。有主考待大家坐定，会提出一个非常简单的问题，然后让举手作答，有应聘者会迫不及待地站起身来抢答，很显然这就违背了他（她）让举手答题的意愿，尽管你答得天衣无缝，也可能在这一轮被淘汰出局。

（3）声音清晰，巧妙作答。

听懂了主考的问题，下面就要认真对答，主考也许来自天南海北，本身普通话也不会很标准，但应聘者应尽可能地使用普通话回答问题。回答问题时态度要诚恳，不宜过分客套和谦卑。陈述自己长处时，要诚实而不宜过分夸张，但也不宜过分实话实说。有考官问面试者都有什么爱好，有学生就实说"爱打球、唱歌、上网"，问有没有男（女）朋友时，又肯定的回答"有"，这种坦诚给人的印象是大大咧咧，没有上进心。因此在回答问题时要实话实说，但别直说，招聘者中不乏刁钻古怪之人，可能故意为难，令人难堪，但这不是"不怀好意"，而是一种问话技巧，让你不明其意。故意提出不礼貌或令人难以回答的问题，其意在于"重创"应聘者，考验你的"适应性"和"应变力"。你若反唇相讥，恶语相对，就大错而特错了。某校有学生小王参加面试，考官突然问他："你说你爱好写作，可在你的自荐书中有两处语法错误，你怎么解释？"小王吃了一惊，填表写自荐书他字斟句酌，怎么可能出现这样的错误呢？时间不容他多想，他当机立断，边想边回答："为了弥补失误，我将在表格后附一张'更正说明'，上面写'某某地方出现两处错误，实属填表人的粗心大意，特此更正，并向各位致歉'"，他顿了顿，又说"在我发出这份更正说明之前，想知道是哪些错误，我不愿错误地发份'更正说明'"。考官们善意地笑了，原来这是故意设置的一个圈套，来测试小王的应变能力。

在回答问题时语调要肯定、正面，表现信心，必要的幽默不可少，但切忌不可油腔滑调。同时尽量少用语气助词，避免给主考一种用语不清、冗长、不认真及缺乏自信的感觉。

第三单元　掌握打开职业之门的钥匙

讲错话时也要想法补救，不可轻言放弃，必须重新振作，继续回答其他问题。也不要因考官不赞同你的意见而惊慌失措。部分主考也会故意反对应聘者的正确观点，以观察他们的反应。

（4）站有站相，坐有坐相。

对前来面试的人而言，面试的环境和场景有许多不确定和不可知的因素。有时单独进行，有时几个人一同进行；有时人多，有时人少；有时有座位，有时没座位，这就需要应聘者根据现场情况，随时调整自己的身体语言。有椅子，须等考官说完"请坐"时道声"谢谢"，方可落座。坐下后不要背靠椅子，来回乱晃，也不可弓着腰，双臂交叠胸前，单手或双手托腮，更有甚者，跷起二郎腿，左摇右摆，给人感觉很不舒服。也要避免手无处放而揉搓手指或舞弄笔杆、眼镜。女同学说话时避免用手掩嘴。同时坐时也不可把腰挺得太直，这样反倒会给人留下死板的印象，应该很自然地将腰伸直。

如果面试场没有座位，也不可四处张望，眼睛左躲右闪。站立时不可太直，显得拘束；也不可斜着身子，跷着一只脚，显得吊儿郎当。更不能为了贴近考官而双手扒着考官面前的桌子，同时男生要避免用手把弄衣衫、领带以及将手插入裤袋内。女生不宜过多地拨弄头发、手搓衣角、低头看脚尖，过分造作。

（5）礼貌进入，适时离开。

进入面试场不可随意推门乱闯，要敲门获准后再行进入。敲门时不可过分用力，也不可过于急促，要注意节奏，以敲三下为宜。进门后不要用后手将门关上，应转过身去正对着门，用手轻轻将门合上，然后再转过身来，快步走向主考席，含笑问完"您好"后等待考官的提问。如果面试室有几个人，其中一个人介绍其他人时，你应点头致意或主动问候，并努力记住每个人的姓名、职务。在对方伸手时，你要及时与之握手，切忌主动伸手。

面试结束后，考官一般会说"很感谢你能参加我们公司的招聘活动，今天就到这里"，"你的情况我们已经了解，你等通知吧"等话语，很显然是在启发你离开，你万万不可追问"您看我怎么样？""我有录用的希望吗？"而应适时站起身来对考官表示感谢，顺便说声"打扰了"或"感谢能给我这次面试的机会"。在走出面试室时先打开门，然后转过身来向考官鞠一躬并再次表示感谢，然后轻轻将门合上。

如果应聘者进出面试场的动作得体到位，在某种程度上会弥补面试中回答问题的不足，有些考官甚至以应聘者出入面试场的动作来作为面试的标准。因为多数主考官觉得学生毕竟年轻，社会阅历浅，可塑性强。只要个人修养、文明习惯、行为规范等方面符合要求，便可能是可造之才。

3．面试后，拾漏补缺

面试的结果，必然有两种，录用或不录用。而往往录用与否从考官的眼神、表情即可看出，因而要求面试者认真总结得失。面试结束，在未接到录用通知前都不可过分得意或沮丧，而要及时地总结得失，静静地等候面试结果。某中专学校毕业生张某，个头1.78米，帅气、精干，面试时简洁的语言、礼貌的举止让所有考官折服，考官也按捺不住喜悦，暗示他已被录用。张某离开面试场后非常得意，立刻追打外面等候的同学，并用很粗鲁的语言和同学笑骂，而这一切恰恰被出来上洗手间的考官看到和听到，其结果可想而知。而同时面试

127

的女同学孙某,则因陪同学看病而来得匆忙,面试结果并不理想,出面试场后,认真总结经验,静等其他同学面试完后,向考官讲明原因,求得考官重新给了一次机会,这次她静下心来集中精力听问题,款款作答,赢得了考官的同情和赞许,而最终被录用。

由此可见,面试结束,并不等于有了确切的结果,还需认真总结得失。失误了,也别气馁,和老师、同学一起分析失误的原因,为下次面试早做准备;成功了,要进一步研究该企业产品、市场定位、生产流程等。因为你进入企业后还有一个岗位的安排问题,前来面试者多为企业人力资源部的负责人,某种程度上也参与决策你进入企业后的前途和发展。因此,面试结果好坏,都应有一个平常的心态,有一颗平常之心。人生的道路就是这样,一直走下去,才能到达成功的彼岸。

4. 面试注意事项

(1) 了解单位。

面试中考官的提问和谈话往往和本企业或行业紧密相关,应试者的回应对考官的选择判断影响非常大。因此,应聘者面试前要尽可能多掌握一些用人单位的情况,如单位的性质、地址、主营、业绩、发展目标、行业前景、人事管理和培训流动、薪资福利、劳动保险、企业文化和招聘岗位的具体条件要求等,作好"知彼"的准备。

(2) 审视自我。

关于应试者本人的情况和问题是面试的另一个主要内容。毕业生要正确认识自我的优势和欠缺,自信地应对面试;拟订面试的计划策略也很重要,具体包括简短的自我介绍、应聘的目的、具备的那些素质能力、成功的经历、性格个性、人际关系、兴趣爱好特长、学业成绩、获奖情况、对学校和专业的评价等。

(3) 礼仪形象。

面试前形象礼仪训练必不可少。应试者要根据应聘单位性质和职业岗位特点结合自己性格气质,适当进行形象设计。表现出郑重、整洁、大方、自信、进取的个体形象。在如称呼、介绍、握手、致意、交谈、站姿坐姿、行走姿态、面部表情、手脚动作等细节方面的日常交际礼仪要特别注意,因为它们往往成为直接影响面试官的第一印象的重要因素。

(4) 调适心理。

紧张是人在遇到陌生环境或重大事态时的一种本能情绪反应。毕业生参加面试前出现紧张心理并不奇怪,但是如果紧张到患得患失,难以入睡,则会对面试造成较大影响。严重的会在面试现场发生讲话结巴、声音或身体会不自主地发抖,眼神游离或呆滞,给面试造成不良影响。

导致面试紧张的主观因素主要有两个:一是面试前了解到招聘单位或岗位"太好",应聘毕业生众多,从而过分看重自己的缺陷和不足,产生自卑心理,害怕用人单位看不上自己,担心失去理想的就业机会;二是事先对单位或岗位并不了解,在等待面试时受到其他应聘者的感染或暗示,得到"很好机会"的刺激,心理期望发生变化,以至产生从众心理效应,怀疑自己的就业目标而惶恐不安。因此,毕业生在面试前,有针对性地进行一定的心理调适,保持轻松自信的心态十分必要。在具体心理调适时,可以考虑以下因素:明确就业定位,熟悉面试环境,保持竞争心态等。

5. 面试礼仪及原则

（1）把握赴会时间。

面试时间的把握非常重要。过早或过晚到达面试地点都是不受欢迎的表现；过早显得唐突，面试官很有可能尚未做好准备；迟到更糟糕，不但会被认为不守信，而且很有可能让面试官的时间浪费在等待上。因此，面试千万要守时。一般来说，离约定时间还有 5 分钟到达指定地点最合适。

（2）注意礼貌修养。

从到达面试地点到面试正式开始之前的这一小段时间，许多面试从这个时候就已经开始了——一些面试官喜欢把面试前应试者的表现作为录取与否的重要参考依据，因为在面试开始之前，很多人还处于生活中最自然的状态，没有面试时的高度警惕，这种状态考官其实也是非常注意的。因此，请遵循以下建议：

① 一定要敲门或通报。

不可贸然进入任何一个房间，如果门是虚掩或关着的，要先敲门，征求对方同意方可进入。敲门以三声为一次，如无人应答可再敲两次。三次过后不宜再敲。敲门的力度要掌握好，太重不礼貌，太轻听不见。需要注意的是：即使门是开着的，进去之前也应该在门上轻扣三声，以示礼貌。

现在许多单位都设有前台，在进入房间之前应该请其代为通报。如果前台人员暂时走开，也不应该擅自往里闯，而应稍等一会，等其回来再作通报。

② 服从安排。

进入招聘单位后，要服从工作人员的安排。如果安排你在某处等候，不可进入其他地方或来回溜达。在等待面试官的时候，不要东张西望、左顾右盼，更不要走到该单位职员旁边观看其工作。

③ 主动、热情、微笑。

在碰到该单位职员的时候，给他们一个微笑。也可以主动打招呼。一句"您好"会获得意想不到的效果。一个值得重视的问题是，请千万要尊重面试单位里的秘书或助手。这类人往往手里掌握着实权，如果说上一句对你评价不高的话，那么这次面试你就算是白来了。

④ 不可贸然聊天。

除非必要，不要跟面试单位的职员聊天。那样会打扰他们的工作，即使很多时候你并不认为他们是在工作。还有值得注意的是，不要认为和你一样待在会议室里等待的都是被面试者，很可能还有该单位的职员或秘密面试者。

⑤ 注意细节。

多在细节上展示你的个人修养。例如，洁净的会议室地板上有一个废纸团，可以主动捡起扔进纸篓里。

⑥ 关掉手机。

面试时应试者手机响会使面试官反感，因此，应关掉手机或使其处于静音状态。

⑦ 主动打招呼。

在进门后，应该向面试考官主动打招呼，例如"您好，我是 XXX，来参加面试的"。或"老师好，我叫 XXX，我今天来面试"。

如果是公务员录用面试，通常说"各位考官好"或"老师好"。主动打招呼能给面试官留下一个会交际的好印象。

⑧ 不要主动就座。

不要径直走到面试官跟前就一屁股坐下，这是没有礼貌的表现。在面试官没有叫你就坐之前，请你先站着说话。应该相信，对方是不会让你长时间站着的，除非是想故意激怒你以观察你的反应或者对你特别不满。

⑨ 多用礼貌用语。

进门说"您好"，坐下说"谢谢"，被夸时你要说"过奖"，面试结束说"辛苦"和"感谢"……诸如此类的礼貌用语，多说了不会吃亏。有礼貌的人到哪里都是受欢迎的。

(3) 用好肢体语言。

① 学会握手。

握手是最重要的社交礼仪之一，手与手的礼貌接触是建立良好人际关系的开端。如果面试考官是一个人，就有握手的机会，专业化的握手能体现你成熟的交际技巧，因此要学会握手。

讲究伸手的次序。一般说来，如果握手的双方是同性，伸手的次序是地位高者、职务高者和年长者先伸手，地位低者、职务低者和年少者响应；如果握手的是异性，一般应当由女性一方先伸手，男性一方响应；如果握手双方有主客之分，一般就由主方先伸手，客方响应。对于面试的场合，由于应试者都是"客场作战"，而且无论地位、职务、年龄一般都不及对方，因此一定不能贸然伸手，而应等对方先伸手。否则会非常尴尬。

讲究握手的姿势。在对方的手伸过来之后就伸出你的右手。握手时要态度诚恳，面带笑容，双眼直视对方，身体略微前倾。不宜握得太紧，也不要握得太快，更不要用两只手握手。因为这种握手方式只适用于熟悉的亲友和老客户之间。

② 学会站立。

站姿最能体现一个人的精神状态和性格。站立时，头微抬，目光平视，挺胸、收腹，双手自然下垂，给人以自信、谦恭有礼貌的良好印象。如果面试官为多人，应面向中间座次的面试官或主考官站立。不要站得离面试官太近，那样会让人不适，面试官有可能会感到个人空间被侵犯的不快；也不要离面试官太远，以免交流起来不方便。要注意纠正双眼看天，哈腰弯背，双手插兜或背在身后，双手叉腰，腿脚神经质般地抖动等不良站姿，要表现出自信、诚恳、认真。

③ 学会就座。

面试时可坐在指定的位置。坐着的时候，上身要挺直，双脚着地，膝盖冲前，身体要稍微前倾。要坐在椅子的前部。注意不要正襟危坐，以免看起来紧张而拘束；也不要瘫坐或斜靠在椅子或沙发上，否则会被认为没有教养。就座后，不要交叠双腿或双腿乱晃乱抖，不要让脚前伸、高翘，更不要用翘起的脚尖对着面试官。更要注意双手应放在膝盖上，而不要交叉抱于胸前。如果坐在桌子后面，双手可自然放在桌子上，不要让自己有过多的小动作，如抚头、挖鼻孔、掰指关节等。

④ 学会用眼睛交流。

眼睛是心灵的窗口，眼神有传情达意的作用。有经验的面试官经常会从应试者的眼神里捕捉信息。因此，面试中，要利用好眼睛这扇"窗户"。不要直勾勾地盯着别人的眼睛，这会让人感觉十分不舒服，如果对方是女士，这一做法更为不妥。也不要死盯着对方的身体部位看。妥当的做法是，你应该把目光放在对方的鼻子尖上。这样做的效果，是让对方觉得你确实在认真倾听，而又不产生正面冲突的效果。如果你的目光碰上面试官的目光不要慌忙移开。正确的做法是，面带微笑地与之对视 2～3 秒之后再慢慢移到他的鼻子尖上。这样能显得你成熟且胸怀坦荡。切忌左顾右盼，目光游移不定，那样会给人留下胆怯心虚、躲躲闪闪的不良印象，更让人对你的诚恳产生怀疑。

⑤ 要正确调度面部表情。

表情是无声的语言，用好面部表情会让你收到意想不到的表达效果。微笑是最具有感染力的表达方式。因此，请不要吝惜你的微笑，哪怕是在受到对方刁难、挖苦和讽刺的时候，也要保持一脸阳光。另外，表情要真实。表情应该与语言所表达的情感一致，表情还要有变化，不要从头到尾只有一个表情。在自己进行表述的时候，在你倾听面试官问题的时候，要根据不同的情况在脸上表现出不同的反应。

（4）面试问题回答原则。

① 诚实坦率。

不诚实是做人做事的大忌。对于面试官的所有提问，都应该如实作答。在回答问题时，不要吞吞吐吐，不要闪烁其词，更不要欺骗面试官。若面试官提出的问题你实在不知道，可以老老实实地答一句"实在抱歉，对这个问题我了解不多，请多多指教。"是最合适的了。

② 谦恭有礼。

人人都希望被尊重，面试官更是这样，因为他拥有决定你未来工作的权利。因此，你必须表现出礼貌，这是一个求职者应具备的基本素质。面试中的"谦虚"问题则值得我们注意。如果过于谦虚会不利于自我推销，甚至可能会让面试官觉得你的成绩是假的。

③ 积极热情。

无论所面对的面试官是一脸冷漠，还是面无表情，在交谈中都应该展示自己的热情，表现出自己对该职位将会付出的努力。热情是成功的重要前提。拥有激情并且对目标展开主动追求的人才会获得成功。

④ 扬长避短。

所求职业相关的特长越多，短处就越少，成功的机会就会越大。这是非常显而易见的道理。每个人的特长并不一定都是什么惊天动地的大本事，但也许正是这点小的特长就是用人单位所需要的，但一定要注意尽量展示与职位匹配的长处。因此，把你的长处发挥到淋漓尽致，把短处带来的负面影响减少到最低。

⑤ 不卑不亢。

"求职"，即指对职业的"追求"，而非"央求"、"恳求"。职业目标应当通过正常的途径去实现，靠自己的实力去争取。在面试过程中，不可卑躬屈膝，忍气吞声；不可一脸谄媚，阿谀逢迎；不可唯唯诺诺，毫无主见；更不可没有原则。但要注意不要与面试官抬杠。

⑥ 学会听题。

会听是指听时要注意听关键词，要表现得非常认真，要看着主考官，用眼神、微笑、点头等表达对对方所谈内容的理解和认同，不要打断主考官的提问，不要急于回答，也不宜待提问题结束后迟疑作答。

（5）面试问题回答技巧。

① 简简单单。

对于面试官提出的问题,回答最好是简单明了,切中要害。不要长篇大论地分个5大点10小点,啰啰唆唆答一大堆到最后自己都不知道说了些什么。无论多复杂的问题,答案绝对不要超过三点,回答时间不要太长。紧扣题目,思路清晰的回答才是聪明的做法。

② 以实力取胜。

要展示实力,实事求是地介绍自己,实事求是地分析自己的优势与不足,以实事求是的作风回答问题。不要赶时髦地用"新新人类"的语言与面试官进行交流,如"帅呆、酷毙、有事Q我"等;不要中英混杂,卖弄英语。

③ 突显个性。

面试问题的回答要取准角度,有创意。要注意把自己独到见解表达出来。不要受问题内容本身的约束,要拓展思维领域,多层次、多角度进行考虑,发掘题目中是否有值得展开阐述的论点。对回答问题的方式,列举的方式,表达的方式都要有创意,以达到与众不同的效果。

④ 仔细斟酌。

在回答问题时,最好先判断一下面试官的意图,仔细分析一下,对方想通过这个题目了解你哪个方面的素质?例如,如果考官问你:"请谈谈你最要好的朋友?"其关心的肯定不是你朋友的情况,而是在考察你的交际能力和与人相处合作以及你的价值取向。因为人以群分,物以类聚。明白了考试官的意向你就可以作有针对性的回答了。你可以说明你的朋友性格热情开朗、善解人意而且才能出众,适当的夸张也是允许的。在夸你朋友的时候,也向面试官传达这样一种信息:我对朋友的选择标准是这样的,我自己当然也是如此。

⑤ 巧妙回答。

面试问题是否应该直接回答,应视情况而定。一般来说,对于自己的优势和成绩应该直接说明,但对于自己的缺点或不足应该做婉转回答。例如对方问:"是否通过了英语六级考试?"如果没有就不宜直接回答"没有",最好这么说:"我通过英语四级考试了。"这样回答可避免直接承认自己的不足。

⑥ 察言观色。

所谓察言观色主要是指在应试中要时刻注意面试官的反应,根据对方的不同反应调整自己的表现。身体语言往往更能反映一个人的内心感受,读懂面试官的身体语言,才能更有利于把握面试的主动。

当面试官面带微笑,并且其身体向你的方向前倾时,这是个好征兆,他对你的陈述很感兴趣,应该再接再厉。

当面试官面无表情,双手的小动作不断,如不断挠头、抚脸、玩弄小物品、或用手支着下巴的时候,要注意了,他对你所说的没有兴趣,应该及时调整话题,争取谈话能够继续。

当面试官眉头紧锁,身体后瘫、眼睛出神地盯着别处或双手交叉放在胸前,他可能不愉快了,赶紧想想刚才有什么不当的表述,以便及时挽回败局。

当面试官左顾右盼、身体左右晃动,或不断看手表、一副坐立不安的样子,他肯定是想离开了,你所说的什么话他都听不进去了,赶紧结束面试或许还能给他留个善解人意的好印象。

⑦ 机智幽默。

幽默表达是语言应用的高级境界。在面试这样的正规场合,幽默也大有益处。但表达幽默的时候一定要注意别人的感受。如果面试官非常严肃，那么最好尽量少用。

⑧ 随机应变。

面试的具体情况千差万别，因此要随机应变、沉着冷静，针对面试中所碰到的各种问题和情况采取妥善的解决方法。

⑨ 适时提问。

面试不只是倾听与回答的艺术，同样也是提问的艺术。如果面试官示意你可以提问，就一定要提问，不可一言不发，否则对方会觉得你对该单位没兴趣，没什么好问的。虽然你提问了但如果没有提出好问题，对方就会认为你没有能力，反应又慢，不会应酬。所以说，面试中的提问是艺术。因此要把握提问的时机。不要在面试官正在讲话时进行提问。

还要注意提问方法，提问的内容要与职位相关。不要提一些与求职无关的问题，不能想什么就问什么。你所提出的问题应该能反映你对公司的关注和对所求职位的重视。提问要有深度。一忌肤浅，如果问题过于简单，面试官会觉得你这人没什么水平。二忌幼稚，不要在提问上表现你的不成熟。也不要提敏感问题，如不利于该单位的新闻报道；涉及该单位商业秘密等。不要及早地询问一些超越求职状态的问题，例如："我将来会更换什么样的工作岗位？"这种问题是不适宜的。

⑩ 致谢告别。

面试结束后要适时告别。

如果面试官明确表示面试到此为止，你即可致谢并告别离开；如面试进行中，面试官十分不耐烦或一再暗示你应离开，此时就应立即结束谈话，表示感谢并提出告别。

另外要进行必要的咨询。面试后，有的面试官会告诉你结果大约什么时候出来，但如果没有告诉你，应该进行必要的咨询，询问知道结果的大概时间，如果面试不通过是否会得到通知等情况，做到心中有数，同时也表明了你对此事的关心。

面试案例 A

在一个小型会议室里，某公司正在对前来应聘并通过初选的大学毕业生进行面试。以下是毕业生小李与主考官的对话实录：

小　李：各位领导、老师好！

主考官：请坐！介绍一下自己，好吗？

小　李：非常高兴你们到我们学校来招聘毕业生。我叫李华，是本校计算机系的应届毕业生。我对软件开发很有兴趣，在这方面投入了不少精力；同时作为班团委主要干部也参与、组织了不少社会活动，应该说大学期间我在这两个方面都有不少的收获。这是我的成绩单和个人简历，请您过目。

主考官：你了解我们公司吗？

小　李：贵公司是国内著名的电信公司，我从上大学起就十分向往毕业后到贵公司工作。我认为到贵公司工作能最大限度地展示我的才华，我不怕吃苦，就怕无事可做。

主考官：上大学时你为什么报考计算机专业？

小　李：说实话当时报考计算机专业是老师和家长的主意。但我在学习了计算机方面的知识后就深深地爱上了我的专业。特别是随着信息时代的到来，我对自己的专业发展前景非常有信心。

主考官：你学过的课程与我们的工作有什么关系？

小　李：我想，计算机技术的广泛采用是电信业的特点和发展趋势。我们计算机专业的课程设置几乎涵盖了硬件和软件技术的主要方面，这为我们打下了坚实的理论基础，同时也使我们有较强的适应能力。前面我已说过我对软件开发更有兴趣，我想这方面的知识和能力也许是将来工作需要的。

主考官：你喜欢你们学校吗？你们系的老师怎么样？

小　李：我非常喜爱我的母校，我也非常尊敬我的老师，因为我在母校学到了知识，我从老师身上学会了做人。

主考官：你还有哪些特长和爱好？

小　李：除了专业外我还具有一定的组织管理能力，喜欢美术和流行音乐，也喜欢背起行囊去游历名山大川。

主考官：你有哪些缺点？

小　李：我得承认我还缺乏实际工作经验，这方面的不足还需要在今后的工作实践中不断学习和弥补；再就是外语学得不够好，还需要继续努力学习。

主考官：你对加班、出差怎么看？

小　李：我近几年内不会考虑结婚，没有家庭负担和拖累，加班应该没有问题；至于出差更是我所高兴的。

主考官：你是否打算将来继续深造？

小　李：我想先工作几年，积累一些经验，发现自身的一些不足，然后再进一步"充电"。

主考官：你有什么问题要问吗？

小　李：不知贵公司什么时候能给我一个明确的结果？

主考官：一个星期内我们将公布此次招聘的毕业生名单。

小　李：谢谢你们，我可以走了吗？

主考官：再见！

点评：应该说这个案例展现的是一个典型的面试过程，主考官所提的问题是面试时常常涉及的问题，毕业生小李的回答也称得上圆满。下面我们就面试中所涉及的有关问题逐个加以分析。

（1）"介绍一下自己，好吗？"这是一个看起来比较随便的设问，主考官为了使你消除紧张心理，通常把它作为第一个问题提出。这个问题看似随便，但回答时千万不可从你出生平铺直叙介绍到大学毕业。因为主考官并不想了解你的生平经历，况且这些东西一翻简历就会搞清楚。对他们来说，重要的是通过你的回答来判断你的概括能力和表达能力。一般来说，回答这个问题应把重点放在你的优势及主要成绩上。

（2）"你了解我们单位吗？"提这个问题的人是想了解你对其单位的关注程度。有的可能是在暗示你，本单位福利待遇不高，工作比较辛苦，想试探你是否有思想准备。对这个问题的回答应坦率，知之为知之，不知为不知，免得左拉右扯，胡乱猜测，闹出笑话。因为对用人单位来说，这不是最重要的。重要的是直接回答这个问题之后，应表明你对福利、条件并不看重，只要有工作可干，并不挑肥拣瘦的态度。

（3）"为什么你选读此专业？"这个问题主要是考察你对专业的热爱程度，以及将来你

第三单元　掌握打开职业之门的钥匙

从事该项工作的态度。有的人可能入学时就向往并热爱所学专业，而有的人则是通过大学学习逐渐爱上这一行的。这两种情况都可据实回答，无需加工修饰。因为用人单位要知道你现在的态度，并不关心你高考时的志愿。

（4）"你学过的科目与我们的工作有什么关系？"回答时，要简明扼要地把你学过的重点课程，特别是与用人单位所需人才的关系讲清楚。在介绍自己专业成绩的同时，说明到单位后可以利用学过的哪些知识来为单位服务。这时要避免拔高、吹嘘，别忘了承认你存在实践经验不足，还需要进一步在工作中锻炼的弱点。

（5）"你喜欢你的学校吗？你的老师怎样？"一般而言，对这个问题要持积极肯定的态度。一个不爱母校、不尊敬老师的求职者不会受欢迎。

（6）"你有什么特长、爱好？"对这个问题要据实回答，不可无中生有，也不可过分谦虚。因为一个爱好广泛、多才多艺的毕业生备受用人单位的青睐。

（7）"你为什么愿意到本单位工作？"回答这个问题时，应多从工作性质、工作环境如何有利于自己专业发展，从立志干一番事业、为单位多做贡献的角度来叙述。你的兴趣爱好与用人单位性质相宜的也可以谈。但决不要讲"工资高"、"福利好"等等，那样用人单位会感到你择业的动机不纯。

（8）"你有什么优缺点？"这是一个常常被问及并且较难回答的问题。难就难在一般人难以对自己有一个客观的评价。即使能客观评价自己，回答时也很困难，往往谈优点多了怕用人单位觉得你自傲；缺点说多了更怕用人单位舍你而去。其实这些担心都是多余的。如实讲述自己的优缺点，并不会减少录用的机会。假如你有致命的弱点，即使你不讲，用人单位也会了解。对你来说，回答问题时的态度，比回答的内容更重要。这个问题可以从为人处世、学习成绩、工作及社会活动能力等诸方面来回答。最后别忘了说一句：由于客观原因，自我评价可能不很完备准确，若有可能，您仍可再通过学校组织了解。

（9）"你对加班、周末、假期工作怎么看？"回答这个问题的主题是：我能够全力以赴地工作。现在还未恋爱或未打算结婚，以及家庭没有拖累、负担等都可作为陈述的理由。

（10）"你是不是打算继续学习？"有的用人单位希望你将来进一步继续深造，而另一些用人单位则希望你坚守工作岗位。无论如何，回答这一问题时，可以表明你愿意进一步深造的愿望；但同时说明，如果工作需要，也愿意放弃进一步深造的机会。

（11）"你还有什么疑问？"这暗示着面试将要结束，面试者告诉你，他已达到目的，正给你一个自由的机会来阐述或提出你没有提及的有意义的事情。这时，不要简单地说："没有"，而应把握住机会，通过提问或表态等方式强化主考官对你的印象。需要指出的是：不要离题，更不能长篇大论，"点到为止"就行了。答完这个问题应主动称谢告辞。

摘自：《放飞的故事》

面试案例B

以下是一个到咨询公司应聘的毕业生所经历的面试对答。

面试官：你为什么想进本公司？

毕业生：咨询业在国内是一个比较新的行业，发展前景很是广阔。而且贵公司早在10年前就独具慧眼，在上海建立了分公司，现在已经是最著名的咨询公司之一。如果我有幸加入贵公司，将是对我个人能力的一种肯定。另一方面我曾经听一位前辈介绍说现在上海咨询

135

业竞争很激烈，我是一个喜欢接受挑战的人，所以很想进贵公司。

面试官：那么你具体对哪一个工作最感兴趣？

毕业生：我最想进的是咨询服务部。这个部门很富有挑战性，也可以学到很多知识。现在国内很多企业都不是很景气，如果能帮助它们走出困境，将是一件很好的事情。

（点评：以上是面试中最常见的两个问题。该同学明确地表达了对公司以及具体岗位的兴趣。不详细了解公司情况是无法从容回答这样问题的。）

面试官：如果其他公司和本公司都录用你时，你怎么办？

毕业生：对我而言，能同时被几家公司录用，是一件让我高兴的事。我想，对公司而言，希望招聘到优秀而且合适的学生；同样，对我而言，也希望自己能做出一个正确的选择，我会仔细比较各公司的特点包括公司的待遇、工作环境等，并结合我的兴趣和专业，努力找到一个最佳结合点，做出最优化的选择。但说实话，这确实是一件比较难办的事情，不知道您能不能给我一点建议。

（点评：这个问题是公司在试探你加入的意愿是否很强烈，一定要给出明确的回答。该同学的回答显得玲珑有余而主见不够。）

面试官：你觉得你哪些方面潜能可以在本公司得到发挥？

毕业生：我想每一个求职者都希望能发挥自己的所有潜能，而并不仅仅是使用学校里所学到的专业知识。如果我的潜能得不到发挥的话，对公司而言是一个损失，对我个人也是损失。我个人理解潜能包括对工作的热情、自信、对现代公司的理念的理解和实践，人际关系能力，高效率的工作，处理危机的能力，等等。就我来讲，如果有幸加入贵公司，会努力争取锻炼自己，发展自己，为公司发展做出贡献；另一方面，也希望公司能提供这样一个环境。我在大学里曾担任校团委宣传部长，负责过一些大型活动的宣传工作，在公共关系方面积累了一些经验。

面试官：请具体谈一谈。

毕业生：去年我参加了第八届全运会组委会与校团委举办的八运自愿者校园招募活动。我们首先利用海报、校园广播做了宣传，然后开了一个情况介绍会，邀请组委会领导和学校领导出席，又由以前的志愿者介绍了经验，效果很好，出色地完成了任务。

（点评：以上两个问题是了解你的能力和工作兴趣的问题，应实事求是地回答，注意充分表现自己的信心和能力，但千万不要夸大其辞。）

面试官：你对大学学习的知识如何与工作应用结合怎么看？

毕业生：大学里学到的知识主要是书本知识，主要是课堂讲述的知识以及自学的知识。这些要用到工作中去，一定要结合公司的实际，每个公司都有它自己的特点，譬如说会计，我相信每个公司都有自己的内部会计制度，所以在工作中需要不断学习。事实上我自己认为我在大学里学到的书本知识并不是我最大的收获，而是自学能力的培养和分析问题的方法，这个对我很重要，我想在工作中也是如此。

（点评：这是个可以自由发挥的问题，阐述自己的看法并以令人信服的理由说明就可以。注意言简意赅，条理清楚。）

面试官：一个人工作和团体合作，你喜欢哪一种？

毕业生：这个问题我没有固定的答案，要看工作的具体内容而定。如果是简单的、一个人可以做的工作，大家一起做的话，反而会增加工作的复杂性，在这种情况下，我倾向于一

第三单元 掌握打开职业之门的钥匙

个人工作。反之,在大多数情况下,我愿意团体合作。这个世界很复杂,而一个人的工作能力有限,团体合作将更有助于有效地实现一个目标。

(点评:无论用什么样的方法回答这个问题,一定要记住一点:缺乏团体合作及集体精神的人是不能被企业或公司接受的。)

面试官:你以前在学校里有没有团体合作的经历?

毕业生:我曾经在学校里参加过戏剧节里一个戏剧的具体节目。一个节目首先要有创意,同时也要由校方提供条件,这就有个协调和合作的过程。我的具体职务就是协调人。创意要由编剧化为剧本,然后有一个挑选演员的过程,进而是角色的分配。这里往往也有矛盾。譬如说谁演主角,谁演配角。只有大家一起团结协作,才能使角色之间达到平衡。编剧和演员之间更要合作,因为每一个人对剧本都有他自己的理解,只有当大家对剧本有一个统一的理解以后,才能把戏真正演好。

面试官:如果分配你到其他部门工作,你愿意吗?

毕业生:可以,因为我喜欢的是贵公司所从事的咨询行业,在其他部门工作,对自己熟悉整个事业的过程应该很有帮助。

面试官:好,今天就谈到这里,公司3日内给你通知。

毕业生:谢谢!非常感谢您给我这次面试机会。

点评:面试成功与否,归根结底还是取决于一个人的综合素质。面试技巧只能帮助同学们少走弯路,更好地展现自己的优势,以便更顺利地找到适合自己的工作。面试技巧的成功运用是建立在对自己的充分了解和合理定位基础上的。

小资料

面试问话提纲

面试项目	评价要点	提问要点
仪表与风度	体格外貌、穿着举止,礼节风度,精神状态	
工作动机与愿望	过去和现在对工作的态度,更换工作与求职原因,对未来的追求与抱负,本公司所提供的岗位和工作条件能否满足其工作要求和期望	请谈谈你现在的工作情况,包括待遇、工作性质、工作满意态度。 你为何来本公司工作? 你在工作中追求什么?个人有什么打算? 你曾想怎样实现你的理想和抱负?
工作经验	从事所聘职位的工作经验丰富程度,职位的升迁状况和变化情况,从其所述工作经历中判断其工作责任心、组织领导力、创新意识	你学校毕业后的第一个职业是什么? 在这家企业里你担任什么职务? 你在这家企业里做出了哪些你自己认为是值得骄傲的成就? 你在主管部门中,遇到过什么困难?你是怎样处理和应对的? 请你谈谈职务的升迁和工资变化的情况
经营意识	判断应聘者是否具有商品概念、效率观念、竞争意识以及是否具备基本的商品知识	通过经营小案例来判断其是否有这方面的观念和意识
知识水平与专业特长	应聘者是否具有应聘岗位所需要的专业知识和专业技能	你在学校学的什么专业或接受过哪些特殊培训? 你在学校里对哪些课程最感兴趣?哪些课程学的最好? 询问专业术语和有关专业领域的问题。 询问一些专业领域里的案例,要求其进行分析判断

续表

面试项目	评价要点	提问要点
精力、活力、兴趣、爱好	应聘者是否精力充沛、充满活力,其兴趣和爱好是否符合应聘岗位的要求	你喜欢什么运动?你会跳舞吗? 你怎样消磨闲暇时间? 你经常参加体育锻炼吗?
思维力、分析力、区别能力;语言表达能力	对面试所提问题是否能够通过分析判断,抓住事物本质,并且说明透彻、分析全面、条理清晰,是否能顺畅地将你自己的思想、观点、意见用语言表达出来	你认为成功和失败有什么区别? 你认为富和贫、美和丑有什么区别?
反应力与应变力	头脑的机敏程度,对突发事件的应急处理能力,对面试提出的问题能否迅速、准确地理解,并尽快做出相应的回答	如果让你筹建一个部门,你将从何入手? 提一些小案例要求其分析判断。 提出某些问题要求其回答。
工作态度、诚实性、纪律性	工作态度如何,谈吐是否实在、诚实,是否热爱工作、奋发向上	你目前所在单位管理严格吗?在工作中看到别人违反制度和规定,你怎么办? 你经常向领导提合理化建议吗? 除本职工作外,你还在其他单位兼职吗? 你在处理各类问题时经常向领导汇报吗? 你在领导与被领导之间喜欢哪种关系?
自知力与自控力	应聘者是否能够通过经常性的自我检查,发现自己的优缺点,同时在遇到批评、遭受挫折以及工作有压力时,能够克服、容忍、理智地对待	你认为你自己的长处在哪里? 你觉得你个性上最大的优点是什么? 领导和同事批评你时,你如何对待? 你准备如何改正自己的缺点? 你认为你对本公司会做出什么贡献? 你认为你有何缺点? 别人批评你时,你一般会如何应付 你喜欢和哪些人交往?同学?同事?邻居?
一般性问题		为何要应聘本公司? 你以往做过哪些工作? 为何要离开原单位? 你认为原单位有哪些缺点?

求职面试也需要 AIMA 法则

所谓 AIMA 法则,是美国人对市场营销员制定的推销法则之一。AIMA 分别代表 Attention(引起注意)、Interest(产生兴趣)、Memory(留下记忆)、Action(促成行动)。它告诉人们,一个成功的推销员必须设法让自己的产品引起顾客的注意、产生兴趣、从而留下记忆,并促成购买行动。

求职,是人生历程中的另一种推销,它推销的不是产品而是自我,即自己的知识、才华、职业理念。对于求职者来说,同样需要 AIMA 法则。

(摘自:杨松 邢根芒 卢永琪 主编《择业 就业 创业》河北人民出版社)

二、笔试技巧

严格地说,招聘主要为面试,一般不涉及笔试,但由于中职学校同专业的同学较多,所应聘的岗位往往较少,要在众多的应聘者中找到合适于自己企业的人才,全部面试一般太费时费力,因此就首先利用笔试的方法进行筛选,笔试合格后再进行下一步的面试,这就要求应聘人要掌握一定的笔试技巧。

第三单元　掌握打开职业之门的钥匙

1. 以积极的态度迎接笔试

笔试是参加应聘的第一道关，这对每个报名应聘者都至关重要，应聘者要把笔试和面试放在同等位置看待，万万不可掉以轻心，因为笔试过不了关，就无法参加下一轮的面试。

（1）知识准备。

前面说过，笔试大多是面试的前奏，笔试的考题有时是招聘人出发前准备的，有些则是到校后一看人太多而临时想出来的，但不管是哪一种，都不会有太多的专业知识，也不会太深太难。招聘者一般想从应聘者中了解其基础知识、文化素养、心理素质以及文字基本功等情况。

（2）心理准备。

笔试前要保持良好的心理状态，减少不必要的心理压力和思想负担。笔试前要注意休息，以保证有旺盛的精力，避免考试时精神不振，影响正常思维。同时要适当参加一些文体活动，从而使高度紧张的大脑得到放松休息，以充沛的精力去参加笔试。

2. 笔试的注意事项

（1）不要将笔试题想得太难。

有了充分的知识、心理准备，笔试也就有一半的胜算。笔试时要按时进入考场，按要求坐到自己的座位上，静等考官发放试卷。拿到试卷后，一定要认真审题，考官说开始再开始答题，也许这一刻，应聘活动已在进行，在此甚至在考你的组织纪律观念。

笔试和面试一样，不要看题过于简单而有意识往难处考虑。一般笔试的内容大致分三个方面：

① 专业基础知识题。这类题一般是招聘者出发前准备好的，考题大多与所招工种的专业相关。比如说机械专业在识图方面的题可能就多一些，但也是基本的，有些甚至让你讲游标卡尺的作用，以测试你专业知识掌握的程度。

② 基础知识题。中职教育主要是专业知识和专业技能教育，其文化基础课学得较少，因而在基础知识测试时，更多考初中阶段的文史地理知识，以测验其基本功是否扎实。这种考题更多采取填空或判断选择的形式出现，如"当你被老板批评时你将如何反应"，"当企业不景气时你将如何选择"，等等。

③ 智商心理测试题。在招聘者看来专业能力可以通过公司的培训获得，而毕业生是否具有不断接受新知识的能力是至关重要的。智商测试通常一种图形识别的方式进行，比如一组有四种图形前的题目，让应试者指出其相似点和不同点；另一种是算数题，主要测试毕业生对数字的敏感程度以及基本的计算能力，比如给定一组资料，让应试者根据不同的要求求出平均值等。以此来测试求职者的兴趣、动机、智力、个性等心理素质。

（2）卷面一定要整洁，给阅卷老师留下好的印象。

答题时要专心致志，不可交头接耳，相互商量或照抄。不管字写得好坏，卷面一定要注意整洁。因为答不好也许是题过难或过偏，而卷面则反映一个人的生活习惯和作风。前者可以经过学习而理解，而后者要改变就太难了。

（3）不会答的题不要乱涂乱抹。

笔试和面试一样，会则答，不会不能乱答，不能乱说一些不着边际的话语，也许有的考

139

题就在测验你的诚实,别不懂装懂,别以为什么考卷都是答得越多越好,也不要以交白卷而感到难堪,始终保持一个坦坦荡荡的自我。

三、情景模拟

情景模拟是现代人才测评中心中最具特色、最复杂的一项技术。它是根据被测试者可能担任的职位,编制一套与该职位实际情况相似的测试题目,将被测试者安排在模拟的、逼真的工作环境中,要求被测试者处理可能出现的各种问题,来测试出其心理素质、实际工作能力及潜能的方法。

情景模拟法又称评价中心。所采用的情境性测验的方法主要有:公文处理(文件框测验)、无领导小组讨论、管理游戏、演讲辩论、案例分析等。

(1)公文处理(文件框作业)。

它是对管理人员的潜在能力进行测定的有效方法。在测验中,应试者扮演企业中某一领导者角色,面对一堆待处理的公文(来自上、下级的信函、文件、电话等),在规定的时间内如何采取措施或做出决定。这个测验不仅可以较好地反映被评价者在管理方面的组织、计划、协调、领导等能力,而且还可以反映出被测者对事物的主动性,对环境的敏感性以及对信息的收集和利用能力。

(2)无领导小组讨论。

指数名应试者(一般是5~7人)集中在一起就某一问题进行讨论,事前并不指定讨论会的主持人,评价者在一旁观察评价对象的行为表现并对被测试者做出评价。

无领导小组讨论的目的是考察被评价者的组织协调能力、领导能力、人际交往能力、想象能力、对资料的利用能力、辩论说服能力以及非语言沟通能力等。同时也考察被评价者的自信心、进取心、责任感、灵活性以及团队精神等个性方面的特点及风格。

评价者观察的问题有:

每个候选人提出了哪些观点?

当别人的观点与自己的观点不符时是怎样处理的?

被评价者是否坚持自己认为正确的提议?

提出的观点是否有新意?

是怎样说服别人接受自己观点的?

怎样处理与他人的关系,是否善于赢得他人的支持?

是否善于倾听别人的意见?是否一味只顾自己讲或常常打断别人的讲话?

是否尊重别人,是否侵犯别人的发言权?

当个人利益与小组利益发生冲突时,是如何处理的?

是谁在引导着讨论的进程?

是谁经常进行阶段性总结?

每个人在陈述自己观点时,语言组织得如何,语调、语速及手势是否得体?

(3)管理游戏(企业决策模拟竞赛法)。

被测试者每4~7人组成一个小组,每人在本"企业"中分工承担的责任或职务由每人自报或协商解决。各组按照竞赛组织者所提供的案例材料,讨论出一个解决方案。通过讨论过程及结果的阐述，对应试者的进取心、主动性、组织计划能力、沟通能力、团队合作能力进行评定。由各组选派代表组成"评委会"，优胜者还给予象征性奖励，使游戏具有竞赛的特色。

【教学活动】

活动一 模拟面试

角色：主考官、应聘人（均由同学扮演）。

活动准备：双方都要做充分的资料准备。

活动规则：五个同学一组，提前做好角色分配，进行模拟面试（从敲门到最后告别）。

评价：小组同学间互评，教师总评。评价内容包括资料准备、仪容仪表、临场发挥等。

活动二 模拟笔试

向企业、往届毕业生搜集应聘笔试题，组织同学试答。

需要告诉同学们的是，笔试和面试并不是截然分开的，有时，企业在笔试的同时就进行了面试。

小·资料

繁荣后时代的求职规则

上个世纪 90 年代，当经济处于繁荣时，就业机会供大于求。现在，雇主掌握着主动权，求职者必须学会下列一些新规则：

（1）广交朋友。所有在任经理都有至少 10 个失业朋友。如果出现高级职位空缺，他们往往会先给名片夹上的朋友打电话。因此，如果你需要什么东西来提醒你建立和维持职业关系网的重要性，那就是名片夹。尽可能使自己加入更多的"10 人名单"。

（2）提高素质。在人力紧缺时期，公司常会雇一些几乎没有相关经验的人出任某项工作。那时，他们没有太多选择。现在，在任经理可以从应聘者中挑出职业经历与应聘职位 100%相符的人选。

（3）经受考验。有一句老话叫做"迈进公司的门，就是公司的人"，但现在即使连这一点都很难做到了，因为公司在聘用雇员之前，可以从容地对应聘者进行长时间的严格考察。有一个解决方案：同这个公司建立某种业务联系，比如签一个对他们来说低风险、高回报的合同。

（4）能伸能屈。一位求职者在面试时大为沮丧，因为坐在他对面的在任经理竟然是他以前的下属。现在这种情况很常见。毕竟，在经济繁荣期，许多企业家从公司跳槽，那些没有动窝的人于是得到晋升。这时你必须放下架子，摆正自己的位置。日后你可能超过他们，但若想重新参加角逐，你必须首先加入其中。

（5）积极开始。如果你现在失业，最好找个人帮你认真审视一下自己，评估你的技术和经历，给你定位在一个适合你的职位上——即使这可能意味着薪水和身份的降低。无论你现在就业还是失业，都要明白这样一个重要规则：要明智而不断建立持久的关系网，具备坚持忍耐的职业道德。勿消极等待，要主动开始自己的职业生涯。

摘自：《参考消息》，原载：美国《新闻周刊》

如何增加求职胜算

找工作时怎样做才能减少被拒绝的几率、增加成功的机会呢？

（1）重新检查你提供的资料，如履历表和商业信函。

（2）了解做好个人简历的重要性，无论简历内容还是外观形式。

（3）充分评估自己。你应该知道对方不是在拒绝你这个人，而是你提供的材料，或你的言谈举止。

（4）多途径多渠道地努力寻找机会。

（5）在适合自己的范围内找工作。所有人都一样，在某些方面，自我感觉是胜利者，在另一些方面则感觉不行。

（6）充分认识自己，确定自己到底能够向就业市场提供些什么。

——摘自：参考消息，墨西哥《数字家庭》文

求职者须知

（1）永远不要听天由命，要对自己提出要求，并成为最好的自我批评者。

（2）合理安排时间，为干好一项工作而利用好每一分钟，还要清楚哪些事情最好自己做，哪些事情可以委托别人干。

（3）要记住，取得的成绩越大，继续学习的愿望就应该越强烈。因为世界变化越来越快，跟不上时代的人就会落后。

（4）如果一种外语讲得非常好，还应掌握第二种，或第三种外语。请记住，语言是跟上时代进程的基本组成部分。

（5）一个人真正的资本是他的知识，而创造力是进行实践的最好工具。大家都有思想，问题是要使之具有价值。

（6）焦虑和抑郁是造成工作停滞不前的主要障碍。一个抑郁的人不可能具有创造力。

（7）寻求支持并非一件羞耻的事。向可以信任的人征求建议，会对解决你的问题有所帮助。承认弱点是完善进程的一部分，善于听取意见是一件好事。

（8）清楚地了解未来各个方面的情况非常重要。必须确定长期目标和短期目标。变换职业或独立开拓一项事业的决定是很可贵的。最根本的是要清楚将在什么环境下、与谁一起和为什么要那样做。

（9）有些人天生具有担当领导的条件。如果你具有这种才能，应很好地加以利用。

（10）将履历中最重要的部分抽出来，放在你的介绍材料的最前面。

（11）重视集体工作的重要性，企业都非常看重这一点。一个不肯与同事共同努力的人，可能不能适应和睦的工作环境，甚至会引发损害企业利益的冲突。

（摘自：《参考消息》，原载美国《星媒体》网站）

觅职12法

德国罗兰贝格人事咨询公司向求职者提供寻找理想工作岗位的12条建议。

（1）阅读报刊、杂志和互联网上的招工栏目，了解招工情况。

（2）在寄送求职材料之前给可能的顾主打个电话，并与企业主管部门的负责人建立联系。

（3）先申请尽可能合适的岗位。填写个人简历时，重要的经历写得详细一些，不重要的一笔带过。在求职信中应具体说明进公司日期、薪水设想等。最好提一下事先已打过电话，并把材料直接寄给与你在电话里交谈过的人。

（4）面谈前准备一些问题，如公司的任务、文化、战略、竞争优势和团队情况等，去面谈时带上这些问题。

（5）面谈时满怀信心地介绍自己的经历，并表示愿意详细回答问题。

（6）注意倾听对方的提问，回答简明扼要，尤其要显得友好和彬彬有礼。不要回避问题。

（7）你也可以提问，审查这家企业和分配的工作对你是否适合。

（8）举出你成功解决矛盾的例子。

（9）客观对待批评，想方设法驳倒对方的论点。

（10）谋求高而现实的起始薪水。薪水的提高取决于起始薪水。此外公司对你的要求也会随着薪水的提高而明显提高。

（11）如果在薪水问题上必须妥协，而你完全相信自己的工作能力，那么坚持在合同中写明，你的薪水在使用期结束后应明显提高。

（12）只有在涉及众所周知的标准合同的情况下，你可以当场签字。否则每一位顾主都会理解，你打算在签合同前再静下心来仔细审查一遍，然后签字送去。

（摘自：《参考消息》，原载德国《星期日图片报》）

良好形象增加求职机会
衣着得体

你的着装和总体形象会给潜在的顾主产生直接印象。选择正确的"会见服装"将是好的做法。

无论是男士还是女士，服装都应裁剪合身。女士不应穿任何透明服装，也不应穿过分紧身的衣服。

女士不应穿袒胸露背的服装，也不能穿无袖衫。

男士的头发要修剪好，长头发应梳理好，而且，头发要永远保持干净。

化妆不要过分夸张。

尽量少戴首饰，首饰要有品位和不会发出声响。

男士的饰物应干净和适当。会见时不宜打花哨的领带。

指甲要特别干净和光洁。

应穿有跟、完好、干净和光亮的鞋子。女士不应穿凉鞋。

袜子不能有破洞。男士的袜筒要足够长，以免坐下时裤腿上升露出腿部来。

经常带着手帕以便应付紧急情况。

举止大方

准时到，决不要会见者等你。

不要随便坐下，直到人家请你坐下，并要注意坐姿。

与会见者保持目光接触，不管是你讲话还是你听他讲话的时候。

不要想着吸烟。

如果携带文件，那就应该整理好，以便随时找到所需的文件。

讲话语气要肯定。不要害怕回答问题。请记住较聪明的提问方式是"这个职位能够增加什么机会？"而不是"什么时候休假？"

不要对家庭生活进行评论，如果涉及这个问题，仅仅简单提一下。

不要提及你认识的重要的或有影响的人物。

不要调情，不管是女士还是男士。

不要触摸和玩耍办公桌上的物品或会见者的文件。

不阅读办公桌上的文件。

应知道何时该离开。那就是当会见者站起来，或者他说"感谢你的来访"时。告别时应伸出手，并对安排会见表示感谢。

在会见之后，写一封感谢信寄去。这不仅是一种良好的举止，而且会让会见者记住你，以便给你现有或将来有的岗位。

（摘自：参考消息，美国《星媒体》网站文）

择业的5大误区

1. 找职业还是找企业

在择业时应选择一个长期稳定、有发展前途的职业，而不是企业。

2. 找职业还是找工作

若每一次重新择业都是在原来职业基础上的发展和延续，属于缺乏长期眼光的肤浅的找工作行为。

3. 找工作还是求头衔

求职者在择业时应当非常清醒地分析求才企业究竟招的是什么样的人才，千万不能为所谓的"主任"或"经理"的头衔所吸引而忘乎所以。

4. 谋高薪还是求发展

不要为暂时的薪资方面不尽人意而放弃了一个自身成长和发展的机会，只要你所谋求的职业有着光明的前景，即使目前工资低一些，只要能够学到本领，就定能有所发展。

5. 求稳定还是顾眼前

40岁以前的年轻人可以多考虑一些眼前利益，40岁以后应当把企业的稳定性放在首位。

（摘自：刘大卫，《外企求职致胜术》，世界图书出版公司，2000.1）

看透主考官

（1）喜欢按照履历表顺序问话的主考官往往是缺乏经验或缺乏激情的人；

（2）喜欢从工作经验问起的主考官往往是经验较为丰富者；

（3）喜欢漫不经心从无关紧要的问题起问的主考官往往是"老奸巨猾"者；

（4）喜欢问一些标新立异问题的主考官往往是喜欢卖弄学问者；

（5）喜欢滔滔不绝到大谈特谈自己企业的主考官是最容易对付的。

（摘自：刘大卫. 《外企求职致胜术》[M]，世界图书出版公司，2000.）

第四单元

做合格的职业人

通过本单元的学习,旨在帮助刚刚步入职场和就要步入职场的毕业生合理定位。

 **本章知识框架**

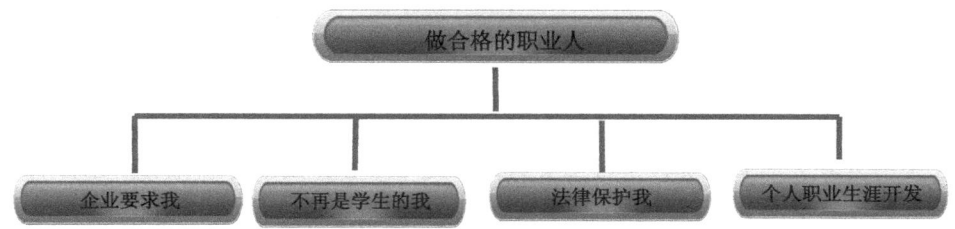

 **学习目标**

1. 了解企业对毕业生素质的要求,提高自身素质。
2. 认识并掌握角色转换的意义和方法。
3. 学会运用法律武器保护自己在求职中的合法权益。
4. 掌握个人职业生涯开发的途径并进行激励和调试。

第一节　企业要求我……

> 人生没有彩排，每一天都是现场直播。
>
> ——易中天

在我们找工作的时候，可能更多考虑的是对企业的要求，但你是否想过，企业也在挑你，对你也有要求，如果我们不具备良好的素质和技能，就是找到一份工作，也很难做得长久、做出成绩。

【案例及分析】

【案例一】上班一个月

今年 23 岁的金乐毕业后就来到一个国际货运公司的分公司上班。他学了四年外贸英语，现在是一名海运部业务员，平时主要的工作是帮助客户进行贸易代理，包括联系客户、开具凭单、确定装船发货时间等。

参加工作一个月，他体会最深的是尽管工作上手还比较容易，但要想做好绝不是一朝一夕的事，必须脚踏实地一步一步走。由于刚入门，认识的客户不多，大部分时间都是跟着师傅出去跑，向师傅学习怎样接洽业务，自己所能做的就是去银行拿汇票，送汇票，提着货样到商检局进行检测。虽然这些与他学习外贸英语时想象中的大型贸易有很大差别，但他还是干劲十足。他说："做业务不像背书，自己突击一下短时间内就能提高，要做一个好的业务员，必须从跑腿这些最基础的工作做起，慢慢积累，我的师傅都是做了很多年才有了丰富的经验，建立起自己的业务关系网，好高骛远以后会吃苦头的。"

【案例二】抢手的小李

某中专毕业生小李到一家中型铜板材料厂实习就业，在半年的实习时间里，小李勤学苦练，善于向同事学习，很快掌握了调整轧辊的技术。在小李来之前，原单位高薪聘请了两名外地师傅，这两名外地师傅总是与小李找别扭，小李实在待不下去，辞职离开。后来该车间产品的质量及产量都逐步下滑，车间立即调查分析产品质量下滑的原因，经过调查分析，发现这一切是由于小李的离开。原来，由于小李熟练掌握了岗位技术，并对这一技术进行了革新，两名外地师傅怕小李受到重用影响自己的待遇，于是找茬将小李排挤出去。车间主任发现是由于小李这一难得人才的流失而严重影响了产品的质量和产量，于是到处寻找小李想把他请回来。但是，人才是多么难得啊，小李已经被一家大型企业聘用了，待遇非常可观。

> 企业对员工的要求首先是优良的道德品质，吃苦耐劳，勤学苦练。同时，企业的生命是产品的质量和产量，而这些靠的是员工的技术本领。有好的品质，又有好的技能的员工，是企业渴望得到的。小李，正是企业想拥有的员工。

第四单元 做合格的职业人

【案例三】丢了饭碗的小赵

某重点中专会计电算化专业毕业生小赵上班半年,马上就要通过试用期。在他本人递交了《转正申请书》后的一天,人力资源部的马副部长找他谈话,问:"如果我是总经理,而你是我的财务部长,我要求你给我一年内逃税1000万元,那你会怎么做?"小李当场抓耳挠腮地思考逃税计谋,好不容易胸有成竹,准备开口作答,但还未等他开口,马副部长便说:"好了,这个问题你不用回答了,你去吧!"结果,小李在即将转正时却被通知试用不合格。

> 马副部长其实是在考察小李在试用期内是否已经将自己融入诚实守信的企业文化,不管小李当时是苦思良策还是对答如流,立即列举出一大堆方案,那都证明他上了马副部长设下的"圈套"。实际上,在几乎所有的大中型现代企业中,守法是员工行为的最基本要求,同时也反映了员工本人的思想素质。

企业对毕业生素质要求

目前毕业生就业市场形成了"买方市场",就业竞争激烈,用人单位对毕业生的素质要求标准越来越高,选择毕业生更加注重毕业生的综合素质。众多的用人单位已将综合素质作为评价毕业生"实力"的主要依据和用人标准。例如,在毕业生就业市场上出现了既便是同一学校、同一专业,也会由于综合素质不同而导致就业差别较大的现象。综合素质高的毕业生容易受到青睐,他们就业面宽、就业机会多、选择余地大,常常是供不应求。今天的学生,明天的员工,企业总是利用招聘、试用等短暂的一段时间想尽办法来考察应聘者是否是他们想要的人。那么,企业究竟想用什么样的人呢?

(1)具有较高的思想素质。从多年的毕业生就业情况来看,用人单位普遍欢迎政治思想素质好,品德优良的学生,例如,在校期间获得过"优秀毕业生"、"优秀学生干部"、"三好学生"、"优秀共青团干部"、"优秀共青团员"、"三好学生标兵"、"优秀共产党员"等荣誉称号的毕业生在就业市场上大受用人单位的青睐。在没有更好的办法考察人的品质的情况下,这一切成为衡量学生是否有优良的品质、是否遵纪守法的有力佐证。

(2)具有强烈的事业心和责任感。事业心和责任感是许多用人单位对毕业生素质的基本要求。用人单位特别欢迎事业心强、目光远大、心胸开阔、具备强烈的使命感和责任感的人。而对那些最大地追求实现个人价值,或刚到就业单位一不顺心就跳槽者则表示极大的不满。

(3)具有吃苦耐劳创业精神。最近几年的毕业生大多是第一代独生子女,最大的弱点是怕吃苦,缺乏实干精神。因此用人单位十分看重毕业生是否具有吃苦耐劳的实干精神。那些缺乏吃苦精神,"骄"、"娇"气十足,梦想坐享其成的毕业生是不受欢迎的。

(4)具有扎实的基础知识和较宽的知识面。在就业市场上,学习成绩优良,知识面宽且综合能力较强的毕业生普遍受到欢迎。写作、书法等能力以及外语水平、计算机操作、职业技能等级是用人单位接受毕业生的普遍要求。例如,当过学生干部的毕业生普遍走"俏",就是因为他们大多学习好,知识面较宽,适应能力强。在校期间有论文、书画作品发表的学生也很"抢手",是因为他们用自己的"成果"证明了自己具备某种能力和潜质。

(5)具备较强的动手能力。用人单位在招聘中职毕业生的时候,最希望的是学生的动手能力强,最好具备一定的工作经验。这样上岗就能独当一面。

（6）具有协同工作的团队精神。现代社会越来越需要依靠集体的智慧和力量，越来越需要发挥团队协作精神。因此，用人单位在招聘毕业生的过程中，十分注重考察和了解毕业生是否具有团队协作精神。那些集体观念淡薄，自以为是，很难与他人合作的学生是不受欢迎的。

（7）身心健康。身心健康是现在企业对人才基本素质的要求，许多用人单位在招聘毕业生时均要求体检便是证明。如果一个毕业生其他条件都合格，但如果有严重的心理疾患，或者体弱多病，用人单位一般是不愿意接受的。

（8）服从企业，尊重企业。作为一名刚刚走出校门的新员工，想要尽快适应工作要求，进入状态，必须充分了解和熟悉工作环境、工作对象的特点和规律，并主动收集本专业的传统和现状资料，了解单位的历史改革和发展前景等有关信息，从而对所从事的工作有较全面的认识和把握。消除浮躁，安心本职工作是爱岗敬业的前提。社会是缤纷多彩的，刚进入社会的同学往会眼花缭乱，如果定不下心来，在工作岗位上"这山看着那山高"，"心在曹营身在汉"，将无法很好地掌握工作技能，对个人的发展极为不利，对单位对社会也是一种不负责任的表现。成功是每个人的必由之路。那些不流汗水就能达到成功的彼岸，甚至指望一夜暴富的想法永远只能是幻想。一些职业学校学生之所以容易跌入传销的陷阱，与这种不劳而获的心理有很大的关系。在单位里只有勤恳工作，遵守企业纪律，服从企业安排，才会受到单位的赞扬，才能有所作为。

（9）终身学习。新知识、新技术、新工艺不断涌现，不学习就会被淘汰。为了应对工作需要和人生的挑战，同学们应该树立终身学习的意识和决心，养成以各种方式学习业务和新知识的习惯。善于学习的人，才是企业喜欢的人，才可以使自己永立于不败之地。

小·资料

职场必备技能

可以把员工的技能分成3种类别：技术的、人际关系的和解决问题的。

技术技能。 既包括最基本的技能——阅读、写作和进行数学计算的能力，也包括与特定职务相关的能力。

人际关系技能。 几乎每一个员工都从属于某个工作单位。从一定程度上讲，员工的工作绩效取决于他与同事和老板有效相处的能力。包括学会如何做个好听众，如何更清晰地沟通自己的思想，以及如何减少摩擦冲突，等等。

解决问题技能。 工作中需要解决一系列问题，特别是那些非常规的、富于变化的工作更是如此。通过参加一些活动，强化其逻辑、推理和确定问题的能力；对因果关系作出评价；制定解决问题的可行方案，并分析方案和选定最终的解决办法。

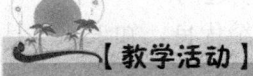
【教学活动】

活动一 座谈会

组织一次座谈会，请一位母校毕业并已成功创业的校友，让这位校友给大家现身说法。或请来企业人事部门的管理人员给同学们谈一谈当代企业需要什么样素质的员工。

思考题：毕业生顺利实现就业应具备哪些素质？

第四单元　做合格的职业人

活动二　情景演练

我们的生活中、职场上，充满着各式各样的诱惑。在诱惑面前该如何遵守行业的道德规范或规则？你的约束力如何？面对那些情境你会怎么做？

情景一：你和小卢一起长大，是形影不离的好朋友，毕业后两人在同一个单位从事客房服务工作。有一天小卢告诉你，她在一次打扫客房的过程中捡到了客人的一百元人民币，但是客人一直没有觉察，于是她就据为己有。后来她又说，其实每次捡到客人遗留的东西并不一定都要上交……

当你听到这些的时候，你会怎样做？

情景二：你和小刘是很要好的同学，毕业后分别在两家公司做营销员。最近你的单位正在为了一个大客户夜以继日地策划营销方案，下班后小刘找到你，一直哭诉自己在工作上的困境和生活上的难处，想要向你打听一些你们公司营销方案的进展情况，这个信息对他很重要，说不定他会因此得到提升……

这时，你会如何去做？

第二节　不再是学生的我……

有什么办法使这种仅有书本知识的人变成名副其实的知识分子呢？唯一的办法就是使他们参加到实际工作中去，变为实际工作者，使从事理论工作的人去研究重要的实际问题。

——毛泽东

从学校到社会，是人生的一个重要转折点，意味着我们到了立业的时期。职业既是谋生的岗位，又是成就事业的载体。走出校门，走进职场，我们不再是学生了，我该怎样做一名好员工呢？

【案例及分析】

【案例一】前程似锦的小马

某职校毕业生小马在校期间学习成绩良好，专业技能在同学中也算突出，2003年9月经学校推荐进入西安某国有大型企业。到岗后，他在工作上踏踏实实，为人诚诚恳恳，经常利用闲暇时间进行学习，并且不耻下问，在同事眼中，他是一个尊敬师长，乐于助人的好同志；在领导眼中，他又是一个工作认真，坚决服从领导，任劳任怨的好下属。经过6个月的试用，他顺利地与单位签订两年的劳动合同，而且于2005年12月升任为车间组长。现在他可谓是前途似锦。

> 小马的成功在于他能够给自己正确定位，在基层扎实肯干，又勤于学习；此外他的成功还得益于自己从业的技巧，他团结同事，尊重领导，使自己处于一种和谐的人际关系中。

就业与创业指导（第二版）

【案例二】信口开河的小王

毕业生小王口才不错，刚到用人单位不久便与公司上上下下混个脸熟，自我感觉一直良好。有一天，单位领导找他谈话，一番海阔天空地高谈阔论之后，当领导最后问他："你个人的爱好是什么？"他竟得意洋洋宣称"游山玩水"。结果，试用期还未结束，便被用人单位辞退。

> 小王的失败是典型的自负心理造成的，自负在心理学上指过高地估计个人的能力，从而失去自知之明。在这种心理的支配下，不少毕业生在试用期仍然不能及时完成从校园人到职场人的角色转换，总是象在学校时那么单纯，口无遮拦，自以为是，孤芳自赏，骄傲不驯，自以为什么都懂，什么都会，夸夸其谈，胡吹乱侃，结果给用人单位的同事和领导留下了不踏实的印象，最终导致"出师未捷身先死"。

小故事

机遇为谁准备

毕业前最后一次社会心理学课，教授将学生们带到生物实验大楼。

教授指着大长桌子上的两只玻璃箱，"这是我饲养的白鼠，它们分别喜欢栗子和山芋，我每天给它们充足的供应，从不耽误。"然后教授将两根粗糙的木棍放进玻璃箱，另一头搭在半空的篮子上。大家发现篮子里有各种水果、甜品。

教授说："我的柜子里还有一只白鼠，它饿了整整一周。"他转身将第三只玻璃箱拿出来，里面有一只惊慌失措的白鼠，四处乱窜，一幅失魂落魄的样子。教授将玻璃箱放到桌子上，同样拿一根粗糙的木棍将玻璃箱与水果篮连起来。

教授转身端了一盆水，"哗"地倒进饿鼠的玻璃箱。那只饿鼠漂在水上，沿四壁乱窜，但爬不出去。最后，它发现了木棍，游过去，小心翼翼地爬到半空中，停了下来。有女生轻呼："再上，再上，就有吃的了！"

教授说："你催它，它不懂。"教授点燃酒精灯，托在手上，移到饿鼠下方。热气呼地冲上去，饿鼠一颤，猛地向上蹿……在一阵欢呼声中，饿鼠发现了篮子的食品，开始大吃特吃。

教授说："好了，实验做完了。你们就要走向社会，一部分人会事业有成，生活安定得像这两只吃山芋和栗子的白鼠；另一部分，则可能会遇到困难，一时难以自拔，而痛苦却不断加深，像这第三只白鼠。我不想赞美困难和痛苦，但假如同样面临一个美好机遇的话，越是不幸的忍耐，越有可能早些发现它。机遇大多是为那些倒霉的人准备的。"

从学生到职员

人的社会任务或职业生涯不断变化，角色也随之变化，从一个角色进入另一个角色，这个过程称为角色转换。角色转换的根本变化是社会权利和社会义务的变化。学生走向工作岗位是一个角色转换的过程。学生从走向社会，开始新的工作，承担新的任务的这一时刻起，他们由原来的学生角色变为另外一个新的社会角色——职业人。

要实现从学生角色到社会角色的转换并不是瞬间可以完成的，而是需要一个过程，主要包括取得角色和进入角色两个环节。

第一，取得角色。毕业生通过学校推荐、市场角逐、与单位双向选择，最后双方达成就业协议，并完善就业协议书的各项手续，毕业离校后凭就业报到证到工作单位报到，并获准承担某个角色，这时角色转换正式开始。

第二，进入角色。毕业生到单位报到后，获得承担某个角色的认可，并开始熟悉单位的工作制度，了解本职工作的业务程序，逐步表现出扮演这一角色必须具备的品质和才能，从精神上和行动上完全投入到这一角色，称之为进入角色。

每个人的适应能力不同，有的人角色转变顺利，有的人则会经过一个较漫长的过程，并在角色转变的过程中出现许多问题。

一、克服不良心态

学生由于受到自身因素和客观环境因素的双重影响，往往在角色转换的过程中会出现一些心理障碍，分析职业学校学生角色转换过程中常出现的心理障碍，有的放矢地采取心理调适措施，对帮助毕业生顺利实现角色转换，有着非常重要的指导意义。在角色转换中常见的心理障碍有以下几个方面：

1. 不满意工作单位，产生失落感

由于各种原因，部分毕业生认为自己所落实的工作岗位不够理想，与原来设想中的岗位相差甚远，特别是看到平日在学校里学习比自己差的同学反而找到比自己更好的工作岗位时，总觉得老天爷太不公平，心理上极不平衡，容易产生失落的心理。

2. 不适应新的工作岗位而产生急躁畏难的心理

由于毕业生缺乏从事实际工作的技能和经验，有的毕业生一踏上工作岗位便觉得很难进入状态，总觉得不适应，因为在学校里学习时，理论性偏多，实践环节较少，导致实际动手能力不行，这种现象在外资企业中较为常见。遇到这种情况时，毕业生容易产生急躁畏难心理。

3. 不熟悉新的工作环境而产生苦闷心理

职业学校学生从校园走向陌生的工作环境，常常会自觉或不自觉地将自己置身于学生角色的位置。比如有些职业学校学生在校园里喜欢高谈阔论，对身边的人和发生的事随意评头论足，人际关系以自我为中心，在生活上不拘小节。参加工作后发现自己以上的种种行为习惯并不受同事或领导的欢迎，有些人非常敏感，不知原因何在，容易消极悲观，陷入苦恼之中。

4. 自以为是，过高估计自己而表现出自傲的心理

有的毕业生以为自己寒窗苦读十余载，并接受了高等教育，自认为学到了不少的知识，已经算是人才了，在工作上经常对一些管理方式随意发表高论，认为单位这也不对那也不妥，一副评论家的架子，或者是轻视实践，不愿意到基层去锻炼，看不上基层干部和基层工作人员，甚至认为职业学校学生不应该做一些鸡毛蒜皮的小事，有失身份。这实质上是眼高

手低的表现。大事做不来，小事又不做，这样是很难进入职业角色的。

二、立志做个好职员

职业学校学生在进行角色转换的过程中，表现出来的种种心理上的不适，应当及时注意调整、控制和改善。这种心理上的不适非常需要社会、同事和单位领导的帮助，但最为关键的还是要靠毕业生自身的努力，积极主动地进行自我调适，以实际行动完成角色的转换。职业学校学生在角色转换的过程中应注意以下几点。

1．安心本职，甘于吃苦

安心本职是角色转换的基础。一些职业学校学生在走上工作岗位几个月后，还不能静下心来工作，"身在曹营心在汉"，三心二意，盲目攀比，不安于本职工作，对角色转换十分不利。"既来之，则安之"，初次就业需要有一种自我满足的精神。安心工作，才能成就一番事业。甘于吃苦是角色转换的重要条件，能吃苦，才有勇气面对困难，才有意志去克服角色转换中的种种困难。

2．学会调整消极情绪

转移注意力是人们常用的调节情绪的手段。刚走上工作岗位的学生，产生苦闷、失落等心理不适，这是很正常的现象，但不要长期憋在心里，这样容易形成心理障碍。要通过适当方式向亲人朋友倾吐出来，以减轻内心的痛苦，并请他们帮你出谋划策，理智分析问题产生的原因，从心理上主动去实现角色转换。

3．主动融入集体

参加集体组织开展的各项活动，从平时的日常行为中进行心理调节。如参加单位组织的各种社交、文体娱乐等活动，这样可以增加与人沟通的机会，增强同事之间的亲近感，可以使你忘记烦恼和忧愁。学生到单位后，首先要合群，努力使自己融入新的集体，主动了解同事的特点，做到彼此尊重，与人为善，和睦相处。对单位的管理方式以及存在的一些问题，不要随意表态，避免惹是生非。在工作中要善于体会领导、同事对自己的鼓励和期望，并以此来调整自己的行为。

4．合理给自己定位

从思想上进行调节。进行角色转换以后，职业学校学生有必要对自己进行新的认识，学校中的强者不一定是社会上的强者，要冷静思考、分析在发挥自身优势时存在哪些有利条件和不利因素，以便摆正自我位置，找准新的生活坐标，给自己一个合理的定位。目前，机关事业单位、大企业中的人员的知识水平已普遍提高，拥有高文凭的人并不少，刚毕业的学生在他们面前已不再拥有多少知识优势，相反，他们在长期的工作过程中，积累了不少的工作经验，这才是学生普遍不足的一方面。

在这种情况下，毕业生要从思想上真正放下架子，结合岗位，虚心学习业务和技术要求，刻苦钻研，勤于实践，确立目标，努力提升整体素质，为以后有所作为做好充分准备。

反之，放不下架子，自以为是，就很难完成角色的转换。

5. 善观察，勤思考

要进入角色，就必须开动脑筋，善于观察，只有观察才会发现问题，才能掌握职业对象的内部规律。勤于思考，才能在工作中有自己独到的见解，逐步具备独立开展工作的能力，更好地承担职业角色的责任，从而达到角色转换的顺利完成。

小资料

提高 AQ，迈向成功

当工作出现困难时，你会有怎样的反应？是责怪别人，而且接下来一整天都想着工作的苦恼，还是继续埋头工作，甚至因此更加兴奋，然后回到家里与家人共享天伦之乐？

培训咨询专家保罗·斯托茨博士说："逆境是成功的加油站。与普通人相比，那一部分成功的人最大的不同在于，他们不仅能从生活的逆境中站起来，还能在此基础上飞黄腾达。"

对困难的适应力取决于一个人的 AQ（Adversity Quotient），也就是逆境情商。

目前已经进行了多项 AQ 的研究。结果显示，AQ 高的人手术后康复快，销售业绩也是 AQ 低的人的 3 倍，在公司中升迁的速度也快得多。

我们遇到问题时的自然反应就像我们的笑容一样属于天性。斯托茨博士说："从 15 岁起，你面对困境的态度就根深蒂固了。"

遇到困难时，我们的脑海马上会出现一连串问题——后果是什么，谁造成的，对我的生活会有什么影响？AQ 低的人很容易被这些问题吓倒，而 AQ 高的人则会以一种平静、积极、甚至乐观的态度去迎接困难，找到补救的办法。

还好，天生的弱者可以像英雄那样思考。斯托茨博士说，关键是态度的转变。学着将麻烦的问题在脑子里系统地理顺，AQ 高的人一般都会这么做——可以将惊慌减少到最低程度。

斯托茨博士说："应对逆境的能力可以分解为四个关键因素——控制、归属、延伸和忍耐。"控制就是认清自己改变局面的能力；归属是指承担后果的能力；延伸是对问题大小及其对工作生活其他方面影响的评估；忍耐是认识问题的持久性，以及它对你的影响会持续多长时间。

要调整好这 4 个关键因素，就要对每个问题进行这样的思考：这个问题导致的今后两天必然发生的结果是什么？对于这些必然结果，你最有可能改变的（即使部分改变）是哪些？怎样做能防止问题的扩散？有什么迹象表明问题的后果会持续很长时间？

斯托茨博士说，这样一份在脑中形成的清单，可以使我们在问题发生后减少恐慌，并帮助我们确定轻重缓急。

摘自：《参考消息》，原载香港《亚洲华尔街日报》

【教学活动】

活动一 讨论

讨论：职场人和校园人有什么不同？

思考：1. 在完成转换角色中经常会遇到哪些难以克服的顽疾？
　　　2. 如何实现角色的转换？

活动二　职场对白

职场中的挫折有很多。比如，加薪未果、晋升失败、业绩指标未完成等。有些是我们可以想象到的，有些是我们无法预知的。职场人对挫折的态度也不一样，心胸狭窄、性格内向、缺乏勇气的人，往往怕挫折，甚至精神崩溃，走上绝路；心胸开阔、意志坚定、充满必胜信念的人能够向挫折挑战，百折不挠，直至取得胜利。看看同职场挫折情境中不同人的不同表现：

1. 医生：每天病人一个接一个，昨天一个病人突然心脏……
甲：幸好我医术和心理素质都还好，要不然真不能应对。
乙：病人多说明大家信得过我，医疗过程中有突发事件很正常。
丙：唉，做医生太累了。真想改行！

2. 银行职员：我很珍惜自己的岗位，今天遇到一个大妈，一下子把他们家邻居外带七大姑八大姨的……
甲：我太厉害了，面对批评都能笑脸相迎，我真的成熟了呢！
乙：骂我的人是因为着急，不是因为讨厌我，可以理解。
丙：真想骂回去，又不是我的错。每天笑着还得挨骂，让人活不活了！

3. 教师：上课叫学生不要睡觉，学生骂骂咧咧。不管吧，校长又……
甲：校长还挺关心我呢，看来我得好好表现。
乙：是不是我的课太无聊，学生才睡觉的呢？我得重新审视我的课。
丙：我哪里像老师啊，被这个骂，被那个骂的。有的选择，我才不想做老师呢！

4. 求职者：今天是第21次面试了，一心希望可以成功，但谁知道……
甲：虽然工作没找到，可是面试的经验却丰富了很多。
乙：我到底失败在哪里呢？我该好好反思一下。
丙：真不想去面试了，都是些没人性的家伙！

5. 公司职员：公司突然宣布要裁员，我就在那裁员的名单中……
甲：结束就是开始，也许我真的不适合这里。
乙：此处不留人，自有留人处。
丙：倒霉啊，我上辈子肯定没积德，这辈子遭惩罚。

如果是你，你会怎样表现呢？

第三节　法律保护我……

无知者是不自由的，因为和他对立的是一个陌生的世界，他还没有把这个陌生的世界变

第四单元 做合格的职业人

成他自己使用的，他住在里面不像居住在自己家里那样。

——黑格尔

我们总是希望能进入一家好企业，有好的效益，对员工的利益有很好的保障。但事实总是有违背我们意愿的时候，有些企业并不能够很好地履行自己的责任。如果我们遭遇这样一家企业，要善于拿起法律武器来保护自己的合法权益。

【案例及分析】

【案例一】签订合同事关重大

中专毕业生小赵被某工厂录用后从事技术工作，当试用期满厂方要求签订劳动合同时，小赵接过劳动合同看也没有看就签上了自己的名字，一个月后小赵去领工资，劳资科说依合同约定扣本月工资 400 元，作为从事技术工作的职工的风险抵押金。同时，小赵进厂后工厂要求每天加班 3 小时以上，而且从来不给加班费，因为合同中没有约定这项内容。更有甚者，由于小赵连续加班，身体疲劳，有一天不小心被机器轧伤双手，不得不休息。十天后，厂里依据合同约定，认为小赵受伤与厂方无关，遂做出对小赵除名的决定。

【案例二】用劳动法保护

某化工中专学校毕业生小李毕业后与某电子科研所电器厂签订了劳动合同。由于是本专业的学生，小李深知这个工作会与有害化学物质接触，危害身体健康，所以小李要求厂方提供符合国家规定的劳动条件，并将此写进劳动合同中。

但是，小李上班后，发现她工作的电子元件处理室不到 20 平方米，房间没有良好的通风设备，工作间的操作台和原材料堆放在一起，使用的电气设备无保护装置，存在多种不安全因素。

小李立即向厂方反映，她拿出合同指着明明白白的条款给厂长看。厂长拿过来，对着看了半天，说道："当然，劳动条件是要保证的，但是要加以改善是需要时间的……慢慢一切都会好的，由于一些客观原因，一步到位目前还存在困难……不论怎么样，你反映的这个问题很好也很重要，我们会重视的，你先回去，好好工作……"

一个星期过去了，厂里仍然对自己反映的问题无动于衷。小李以为是厂长太忙忘了，于是又反映了一次，可是结果仍和第一次一样，没有什么实质性进展，最终小李申请了劳动争议仲裁。

当今市场经济条件下遵循"双向选择，自主择业"的就业机制，尽管如此，劳资双方矛盾和摩擦时有发生，劳动者因为在就业市场中处于"卖"方弱势地位，常常会遭遇权益受侵害。案例一由于小赵本人不懂得用劳动法保护自己，没有认真对待劳动合同，以至于屡屡受到企业伤害。案例二则是由于企业对劳动法的漠视，不能为劳动者提供应有的劳动保护，最终被诉诸法律。《中华人民共和国劳动法》是为了保护劳动关系而制定的，它为保障劳动者的合法权益提供了法律保证。了解法律知识、学习法律知识、掌握法律知识必将为我们的从业生涯保驾护航。

155

容易遇到的法律问题

一、毕业生就业求职活动中的政策、法律依据

为切实保障毕业生就业工作的顺利进行，保障毕业生就业活动的有序开展，近年来我国政府和有关部门制定了一系列的就业政策和法规。主要可以分为以下几类：一是教育部及有关部委关于毕业生就业的规范，如《普通高等学校毕业生暂行规定》；二是各地方就业主管部门根据本地方实际情况出台的有关毕业生就业的规范性文件，用于规范指导本地方的毕业生就业；三是高等学校结合学校实际、根据国家的就业方针、政策和规定以及主管部门工作意见制定本校工作实施办法、细则。与毕业生就业相关的法律法规主要有《中华人民共和国合同法》、《中华人民共和国劳动法》、《国家公务员暂行条例》等。

二、毕业生就业求职中个人权益保护的重要环节

从高校毕业生求职择业程序来看，一般由以下主要环节组成：了解有关就业政策，收集处理就业信息，做好个人求职资料准备和心理准备，参加"供需见面，双向选择"活动，签订就业协议书，毕业离校报到。在上述环节中，毕业生与用人单位见面"双选"、签订就业协议、就业报到等阶段，对毕业生将来维护合法权益非常重要。

三、毕业生就业权益的主要方面及法律保护

根据目前就业政策法规的有关规定，毕业生在就业求职过程中主要享有以下几个方面的权益。

1. 接受就业指导权

我国《高等教育法》中规定，"高等学校应当为毕业生、结业生提供就业指导和服务"。由此看出从学校接受就业指导和服务是毕业生的一项重要权益。各高校应成立专门的学生就业指导机构，配备专门人员对毕业生进行就业指导与服务。

2. 平等就业权

毕业生在参加就业过程中，应当享有平等就业权。平等就业，应当包括及时、全面准确地获取就业信息，公平、公正、择优推荐，参加"双向选择"时与招聘单位自主洽谈协商等方面。根据国家有关规定，毕业生在国家就业方针、政策指导下自主择业。只要符合国家的就业方针、政策，毕业生就可以自主地选择用人单位，学校、其他单位和个人均不得干涉。公正推荐是学校的基本责任，也是毕业生享有的最基本的权益。

3. 公平待遇权

用人单位录用毕业生的过程中，应当公平、公正、一视同仁。公平受录用权是毕业生最为迫切需要得到维护的权益。

4. 违约求偿权

毕业生、用人单位、学校三方签订协议书，三方都要严格履行协议。任何一方提出变更或解除协议，均须得到另外两方的同意，并应承担违约责任。对于用人单位无故要求解除就业协议的，毕业生有权要求对方严格履行就业协议。

四、毕业生就业求职过程中个人权益的自我保护

毕业生求职过程中自我保护一般体现在四个方面。

1. 熟悉和了解有关法律常识及规定，自觉提高个人法律意识

毕业生应了解目前国家关于毕业生就业的有关方针、政策和规范以及它们之间的关系，熟悉毕业生在就业过程中的权利和义务，这是毕业生权益自我保护的前提。如果在就业过程中因为所谓的公司规定或部门规定与国定政策法规有抵触，侵犯了自己的权益，就可以依据法规维护自己的合法权益。

2. 签好就业协议书，充分发挥就业协议书的作用

就业协议书是规定毕业生、用人单位、学校三方在毕业生就业中具有的权利和所承担的义务的书面文本，一般是由国家教育部制定统一格式。毕业生必须认真签订好就业协议书。因为在我国健全和完善毕业生就业工作法律法规体系是一个渐进的过程，尽管少数省市做出了一定的尝试，但从全国范围来看还没有足够的法律依据和形式替代现行的就业协议书。而在毕业生就业实践中，一些单位在与毕业生、学校签订"三方协议"后，依据"就业协议书"中"如有其他约定，应在协议书的备注栏中明确，并视为主本协议的一部分"的条款，还要与毕业生再签订一份比较详尽的劳动合同。

毕业生在签订就业协议及其补充条款时一般应着重注意以下方面：

（1）用人单位具备主体资格合格是协议书具有法律效力的前提（这里主要指用人单位的资格）。用人单位不管是机关、事业单位还是企业（不包括私营企业），必须要有进人的自主权力。如果其本身不具备进人的权力，则必须经具有进人权力的上级主管部门批准同意。因此，毕业生签约前，一定要先审查用人单位的主体资格。

（2）有关协议条款明确合法。协议书的内容是整个协议书的关键部分，毕业生一定要认真审查。首先审查协议内容是否合法，是否符合国家相关法律和政策；其次审查和仔细推敲双方权利和义务是否合理；第三要审查清楚除协议本身外是否有附件，也即补充协议，并审查清楚其内容。按照《劳动法》、《合同法》及相关法律的规定，就业协议书内容至少应具备以下条款才具有法律效力：服务期工作岗位、工资报酬、福利待遇、协议变更和终止条款、违约责任等。

（3）签订就业协议的程序要合乎程序。毕业生和用人单位经协商一致，签约时要注意完整地履行手续。首先，毕业生要签名并写清签字时间；其次，用人单位及其上级主管部门必须加盖单位公章并注明时间，不能用个人签字代替单位公章；第三，毕业生和用人单位签字后需将协议书交学校毕业生分配主管部门履行相关手续，以便及时制定就业计划和顺利派遣。

（4）写明违约责任。违约责任是指协议当事人因过错而不履行或不完全履行协议规定的

义务以及应承担的法律责任，它是保证协议履行的有效手段。鉴于实践中毕业生及用人单位违约率有所增加的状况，协议书中违约条款就显得更为重要。因此，在协议内容中，应详细表述当事人双方的违约情形及违约后应负的责任，同时还应写明当事人违约后通过何种方式、途径来承担责任，才能更有利于当事人双方履行协议，也有利于以后违约纠纷的解决。

3. 遵循市场规则，预防侵害自身合法权益行为的发生

毕业生在就业求职过程中，无论是自荐、应聘、接受面试、笔试、洽谈就业意向，都应本着"真诚、信实、平等"的原则，以自身实力参与竞争，双向选择。同时，要有提防意识，对于有些用人单位招聘人员时，夸大优厚条件，以欺骗手段吸引人才的做法要有戒备心理，预防侵害自身合法权益行为的发生。在毕业生就业报到过程中，毕业生也应对自身权益有所了解，善于进行自我保护。

4. 用法律手段维护自身合法权益

由于就业市场的不尽成熟和完善，有关法律、法规和制度尚不健全，再加上社会风气、人们旧观念、旧思想的影响，毕业生在就业过程中不可避免地会遇到一些不公平现象。针对侵犯自身就业权益的行为，毕业生有权申诉，同时也可提交给当地劳动争议仲裁机构进行调解。

五、就业协议和劳动合同中容易引起争议的几个方面

1. 关于无效的就业协议

无效的就业协议，是指由于存在一定的事由，协议虽然已经签订，但自始至终不具有法律约束力的就业协议。一般常见的无效就业协议有以下几种情形。

（1）协议一方或双方不具备合法的主体资格。毕业生主体资格不符合主要是指：毕业生毕业于不具有合格办学资格的院校或届时不能取得毕业资格；用人单位不符合主体资格主要是指：单位尚未登记注册；或经批准；单位已被注销；单位从事非法活动；特定单位无用人指标等。

（2）就业协议内容不合法或损害公共利益。主要指某些条款的规定违反法律法规的强制性规定。如试用期、工资待遇、性别、种族、宗教信仰等方面的歧视性规定。内容不合法可能导致就业协议全部或部分无效。一般全部无效的情况极少。在部分无效的情况下，其他条款仍然有效，无效条款由双方协商解决。

（3）恶意串通，损害集体、第三人的就业协议无效。

（4）请人代签的就业协议无效。就业协议是一种具有很强人身性质的合同，一般不适于代理，必须由毕业生亲自签字。

（5）附生效条件的就业协议，条件不成立时，协议不生效。如单位规定，毕业时必须通过英语六级，毕业生未能在毕业时实现这一条件，就业协议就自然无效。

2. 可变更和可撤销的就业协议

可变更和可撤销的就业协议，是指因毕业生或用人单位意思表示有瑕疵，经撤销权人请

第四单元 做合格的职业人

求,由人民法院或仲裁机构变更其内容或使其法律效力自始消灭的就业协议。也称为效力待定的协议。主要有以下几种情况。

(1) 因重大误解订立的就业协议。指双方对就业协议的内容认识存在重大偏差,并且这种偏差造成了当事人较大损失。

(2) 订立时显失公平的就业协议。指在订立就业协议时,出于非自愿的原因,对一方当事人过分有利,对另一方当事人过分不利,当事人之间权利义务明显不对等的协议。

(3) 基于欺诈、胁迫、乘人之危签订的就业协议。在毕业生就业形势严峻、就业困难的情况下,部分用人单位可能利用毕业生的相对弱势地位和急于就业的心态,采取隐瞒真实情况等手段与毕业生签订就业协议。此种情况下签订的就业协议,毕业生可以要求变更或撤销。

3. 关于就业协议中违约金的约定问题

毕业生就业协议书中涉及违约金问题主要有向学校缴纳的违约金和向用人单位缴纳的违约金。目前国家相关部门对就业协议中的违约金的数额没有明确规定。须向学校缴纳的违约金一般由学校自定,各学校收费标准不一,但需报上级部门批准。须向用人单位缴纳的违约金在协议书中由毕业生和签约单位约定。

4. 试用期问题

关于试用期的期限:试用期的上限规定最长不得超过 6 个月,劳动合同期限在 6 个月以下的,试用期不得超过 15 日;劳动合同期限在 6 个月以上 1 年以下的,试用期不得超过 30 日;劳动合同期限在 1 年以上 2 年以下的,试用期不得超过 60 日。而且试用期包括在合同期内。

劳动法规定,用人单位在与劳动者建立劳动关系时,禁止用人单位向劳动者收取抵押金或抵押物;无权要求毕业生上交毕业证、学位证等应由本人持有的证件。

六、就业协议书争议的解决

应由毕业生、用人单位以及学校三方协商解决,协商不成的,任何一方都可以向学校所在地的毕业生就业主管部门请求调解,也可以向违约方所在地的人民法院提起诉讼。

七、劳动争议的解决

如果毕业生与用人单位间就解雇、劳动保护、福利、保险、培训等与劳动合同有关的问题发生争议,双方可以通过依法申请调解、仲裁、提起诉讼解决,当然,也可以协商解决。

与一般的民事诉讼不同,劳动争议的解决必须先经过向劳动争议仲裁委员会申请仲裁的程序。劳动争议仲裁委员会进行裁决后,如果不服仲裁裁决,任何一方可以向人民法院提起诉讼。对一审裁决不服,可以提起上诉。

劳动争议提起仲裁有具体时效的限制,提出仲裁要求的一方必须自劳动争议发生之日起 60 日内向劳动争议仲裁委员会提出书面申请。如果任何一方不服仲裁裁决,应在收到仲裁裁决书之日起 15 日内向法院提起诉讼。如果一方在该期限内不起诉又不履行该仲裁裁决,另一方有权向法院申请强制执行。

劳动争议仲裁委员会在受理案件后,应在仲裁庭组成之日起 60 日内结束。如果案情复杂需要延期的，仲裁庭经报仲裁委员会批准后，可以最多延长 30 日。

小资料

仔细阅读《员工手册》

一般来说，《员工手册》中的下列内容值得求职者本人仔细推敲。

1. 企业组织结构

这一部分主要解释企业的内部组成，每位求职者要搞清楚自己所申请的职位在企业中所属的部门及地位。

2. 职位等级

一般企业都有比较严格的等级制度，有时候同样是"经理"的头衔，其工作实质却差异很大，有时可能薪资待遇及权限范围有天壤之别。

3. 轮班

劳动合同中往往只规定了每周工作的时间，但具体的轮班制是在《员工手册》中反映的，因此，要搞清楚一家企业的作息制度，包括求职者本人的工作时间安排。

4. 薪酬支付

有的企业每月发薪一次，有的企业则分两次发薪。

5. 奖惩条例及规章制度

要逐条仔细阅读，不能遗漏，不能等事情发生之后再回过头来考虑，那时问题就比较大了。

6. 福利

如看病有无指定医院，常规疾病医药费报销方式，年休假制度的实施等。

7. 劳动保护

如属生产型企业则要特别关注这一大类的内容，企业的保护措施、防火措施、急救措施等也属重点考虑部分。

8. 培训和职业发展计划

参与一家企业不仅仅是参与劳动获得报酬，而是有一个自我发展的过程。因此完善的企业培训计划能够保证员工自身未来的可持续发展，也是至关重要的。

（摘自：刘大卫，《外企求职致胜术》，世界图书出版公司，2000.1.）

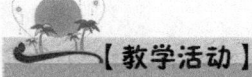

【教学活动】

活动一　一站到底

《一站到底》是江苏卫视大型益智竞技节目。

活动规则：这是一档形式新颖，趣味十足，在挑战中发掘个性，又充满悬念的全新益智攻擂节目，每期参加节目的有 11 人，分为 10 位守擂者和一位挑战者，他们年龄，身份，文化层次各异，守擂者手中都有不同价值的奖品，而挑战者将通过 20 秒的限时答题与守擂者一一 PK，挑战者获胜将赢得守擂者的奖品，而守擂者获胜将成为新的挑战者，并赢取挑战者手中的所有奖品，任何一方失败都将掉下擂台淘汰出局。连续战胜五名对手的挑战者有权选择带着赢得的奖品离开，或是冒着被对手 PK 掉的风险继续战斗，赢得更多奖品。而在一站到底中的最后一位挑战者，也将视战胜的对手人数赢得相应的奖品。

把这种竞赛方式带到教学中。教师把需要学生记住的知识点做成竞答题目，组织学生展开法律维权知识大比拼，看谁答得最好站到最后。

活动二 案情分析

【案情一】

李某在一家私营服装企业从事缝纫工作，公司对缝纫岗位实行的是综合计算工时工作制和计件工资制度，规定职工轮班作业，每做好一件服装发给工资 20 元。李某一般每月工资为 1200 元左右，效率高时可以得到 1600 元左右。

2008 年 3 月，公司由于需要赶制一批时装，在李某已经达到规定的工作时间的情况下，经由工会和职工本人协商，安排李某等人在休息日加班。

过后，公司以李某每月工资 1200 元为基数，折算出其平均小时工资标准，并据此向其发放加班工资。李某觉得公司的做法不合理，因为在加班期间，她急公司之所急，工作十分努力，工作效率与平时最高相仿，因此她认为公司应该以每月 1600 元为基数计算加班工资，或者至少以平均月工资 1400 元为基数。

为此，李某向有关机构咨询，希望了解公司的做法是否合理，应该确定她的加班工资计算基数。

【案情分析】

公司的做法是否合理？应该如何确定李某的加班工资计算基数？理由是什么？

【专家点评】

关于计算加班加点工资的基数问题，原劳动部颁布的《工资支付暂行规定》（劳部发〔1994〕489 号）第十三条作了明确规定，实行计时工资制度的岗位，计算和支付加班工资的基数为劳动合同约定的劳动者本人小时工资标准，计算和支付加班工资的基数为劳动合同约定的劳动者本人日或小时工资标准。实行计件工资的劳动者，在完成计件定额任务后，由用人单位安排延长工作时间的，应分别按照不低于其本人法定工作时间计件单价的 150%、200%、300%支付其工资。

李某所在公司对李某实行的是计件工资制度，但是在发放加班工资时，却改为按照计时工资制度计算，已是错误；而且在确定计算基数时，不顾李某工作效率的实际情况，以其效率较低时的工资收入为基数，变相减少其加班工资，更是错上加错。正确的做法是，根据李某在加班期间的实际产量，按照计件单价 20 元/件的 200%的标准，向其支付加班工资。

【案情二】

张某系职业高中毕业生，分到某合资饭店工作，并与饭店正式签订了为期二年的劳动合同。在劳动合同终止前的一个月，张某就合同到期后不再与饭店续订一事向饭店提出了请求，饭店人事部表示同意并答复张某过一个月后来办手续。一个月以后，张某手持接收单位的商调函找到饭店要求办理调离手续时，人事部负责人却突然提出"要调走可以，但必须交齐后三年的培养费 1200 元，然后才给办理调动手续。"张某认为，与饭店签订的是为期二年的劳动合同，自己既没有经过饭店培训，又没有提前解除合同，饭店收取培训费是非法的。饭店则根据其制定的《饭店员工须知》第 18 条"凡到饭店工作的人员至少应服务五年"的规定认为，张某与饭店签订的二年劳动合同虽然已经到期，但至少还应与饭店续签三

161

年的劳动合同，如果张某不再为饭店服务，则应赔偿饭店培训费 1200 元。在此之后，张某又多次与饭店交涉，得到的答复仍然是"要调离，必须交齐 1200 元培训费，否则，不能办理调离手续"。在这种情况下，张某向父母求助，凑齐了 1200 元，办理了离店手续。对于饭店这种违背职工意愿，合同到期后职工不再续签劳动合同，饭店强行收取培训费的做法，张某无法接受，遂向劳动争议仲裁委员会提出申诉，要求给予公正处理。

【案情分析】

1. 《饭店员工须知》第 18 条对张某是否有约束力？
2. 张某能否终止与饭店的劳动合同？

【专家点评】

1. 《饭店员工须知》是在该饭店与张某签订劳动合同后的一年零九个月时制定的，在制定过程中及实施之前，既没有征求过工会的意见，也没有征求职工本人的意见，纯属饭店单方面的意见，其中第 18 条"凡到饭店工作的人员至少应服务五年"的规定与双方协商制定的劳动合同的期限相悖，饭店以此为由要求张某与饭店续订三年的劳动合同或赔偿培训费 1200 元，依据不足。

无论是何种内容的企业规章制度，其制定过程必须反映职工的意愿，吸纳职工或工会代表参与制定，这样做有利于规章制度的有效施行。规章制度还必须与劳动合同的约定和国家法律、法规的规定相符合，对劳动合同没有约定，国家法律、法规又没有规定的，才能作出补充的规定，因为前者是双方意志的体现，后者是国家意志的体现。作为单方意志体现的企业规章制度毕竟处于从属的地位，任何与劳动合同和法律、法规相抵触的规章制度条款都属无效。

综上所述，《饭店员工须知》第 18 条只是饭店单方面的意愿，不能视为劳动合同的组成部分，因与劳动合同相抵触，对张某没有约束力。

2. 劳动合同的终止是指由于法律规定或当事人约定的情况出现，劳动合同的法律效力终止。根据劳动法的规定，当劳动合同期满时，劳动合同即行终止，一方不得强迫另一方延长劳动合同、延续劳动合同的效力。本案中张某与某合资饭店签订的劳动合同的二年期限届满，张某有权依法终止劳动合同，饭店应为张某办理调离手续，不得为张某设定新的义务。

第四节 个人职业生涯开发

一个人的价值，决定于他对生活力量的抵抗。

——高尔基

个人职业生涯开发，是指为了获得或改进个人与工作有关的知识、技能、动机、态度、行为等因素，以利于提高其工作绩效，实现其职业生涯目标的各种有计划、有系统的努力。

一、职业社会资本的开发

1. 社会资本的概念

社会资本是指处于一个共同体之内的个人或组织，通过与内部、外部对象的长期交往、

第四单元 做合格的职业人

合作互利形成的一系列认同关系，以及由此而积淀下来的历史传统、价值理念、信仰和行为范式。

随着社会的进步与发展，影响人类发展的因素将逐渐由物质资本向人力资本转换，资本的职能化是知识经济发展的必然结果。

人力资本的无限性、稳定性与普惠性使其成为现代社会经济发展中的真正资本与首要财富。

2．职业社会资本的开发途径

（1）服饰与仪表。

注意职业形象：选择更能体现权力的颜色（如灰色或红色），避免穿带格花呢的、伸缩尼龙的、带褶皱的以及尖领的服装。

标准的站姿：胳膊自然下垂、双足分开成军人姿势。

面部表情始终显示积极向上的情绪。

（2）对权力关系的把握。

尊重领导的权威和权力。

（3）人际关系的处理。

一项对5年内连升3级以上的人"关于个人交际在其晋升中所扮演角色"的调查表明，大家一致认为，私人关系非常重要。私人关系是机会来源，因此关系要广泛，但不要把别人作为利用的工具。

人际关系确实可以作为事业发展的工具。但要诚实与坦白。因为"坦白、诚实及直率，增强了我的自信；我在表现真正的自己。真诚无形中给了我力量。"

处理职业发展中的人际关系应注意的问题：①要让自己受欢迎。获得良好的人际关系、争取信任和友谊最有效的方法是替别人解决问题——减轻别人的痛苦。②要表明自己的晋升愿望。

（4）构建职业人际关系的途径

良好的人际关系能拓展你生活的视野，让你了解周围所发生的一切，并提高你倾听和交流的能力。

人们通常通过以下途径构建职业人际关系（部分内容选自《职业经理人文摘》，2001年2月）：

① 构建稳固的内部圈。

良好、稳固、有力的人际关系的核心必须由10个左右你能靠得住的人组成，这首选的10个人，可以包括你的朋友、家庭成员和那些在你职业生涯中彼此联系紧密的人，他们构成你的影响力内圈。因为他们能让你发挥所长，而且彼此都希望对方成功。这里不存在钩心斗角的威胁，他们不会在背后说你的坏话，并且会从心底为你着想，彼此相处会愉快而融洽。

当双方建立了稳固关系时，彼此会激发出强大的能量，使彼此的灵感和创造力达到至美境界。

为什么将"内部圈"定为10人呢？因为强有力的关系需要你一个月至少维护一次，所以10人或许已用尽你所能有的时间。

同时，你应该同至少15个左右，可以作为你10人强有力关系圈后备力量的人保持联系。事实上，只要你能每月定期和他们联系，无论是通过电话、传真、聚会、电子邮件或信件，这个团体的人数都可以超过 15 人。

② 为人要慷慨大方。

建立稳固关系必须遵守的规则是："不是别人能为我做什么"，而是"我能为别人做什么"。在回答别人的问题时，不妨再接着问一下，"我能为你做些什么？"

创造性地运用你的日程表。记下那些对你的关系人员特别重要的日子，如生日或周年庆祝等，打个电话，至少寄张贺卡，让他们知道你心中想着他们。

③ 掌握人际关系的维护技巧。

时刻关注对成员有用的信息，定期将你收到的信息与他们分享，这很关键。优秀的关系是双向的。如果你仅仅是个接受者，无论什么人都会疏远你。

(5) 建立关系必须避免的 7 种错误

如果你认为建立关系仅凭个人魅力和漂亮外表就可大功告成，你就错了。被人喜欢固然很好，但更重要的是别人需要你。因此，可别犯类似以下的错误。

① 朋友圈子不要个个都像你。应该多样化，吸收持不同意见的人。

② 不要以为你有资本从中发号施令。关系中人人平等。

③ 不要小气。当某位朋友帮了大忙时，请他吃一顿或帮个忙来回敬对方。小小的付出往往令你得到意想不到的回报。

④ 回复电话。你不在时，某位朋友给你留言了，如果你希望继续保持联系，应尽快回复电话。

⑤ 不要低估私人接触的价值，多用"请"和"谢谢"。

⑥ 不要敷衍。他们问你事情时，你若不知道，应当诚实相告，如果知道谁能回答，主动推荐或帮对方去咨询。

小资料

成功交流的 5 点建议

人际关系的基础是相互交流，相互交流是学会倾听和被倾听的艺术，学会了这门艺术就永远不会孤独。下面的建议能帮助你更好地处理人际关系。

（1）抛开成见。有时我们没有完全把对方的话听进去就自行作出判断，例如"这不错，这是对的"，"我不喜欢这样"等，这类词汇只会增加那些正向我们倾诉难题的人心中的过失感。

（2）勿伤感情。只有理解和热情的态度才能缓和交流过程中的紧张气氛，尽管有时无助于改变对方对事情的看法。

（3）鼓励倾诉。要认真倾听别人的话，营造适当的气氛，鼓励对方在毫无阻碍的情况下讲述自己的问题。

（4）态度客观。尽量避免被我们自己的理解和感觉蒙蔽。健康的人际关系，在于学会帮助别人解决问题的同时，不对自己产生消极影响。

（5）提出建议。一个好朋友应该懂得在适当的时候提出客观的意见，为事情找到简便有效的解决办法。如果遇到那种不听劝的人，我们最好拒绝听他们发泄，因为人际关系的基础应该是相互交流。

有效时间管理的5个步骤

时间管理的实质是有效地利用你的时间,它要求你很清楚你要实现的目标和实现目标要进行的活动,以及每种活动的重要性和紧急性。

(1)列出你的目标。你为自己设定的目标是什么?

(2)按照重要性排出目标的次序。并非所有的目标都是同等重要的,给定你的时间限制,你要确保给最重要的目标以最高的优先级。

(3)列出实现你的目标所必须进行的活动。

(4)对于每一个目标,给实现目标所需进行的各种活动分派优先级。既需要强调重要性,也需要强调紧急性。如果某项活动是不重要的,应当授权给下级去做,如果某项活动是不紧急的,通常可以先放一放。在这一步上,你应识别出,哪些活动是你必须做的;哪些活动是你应当做的;哪些活动是当你有空时将要做的;哪些是你应当授权别人去做的。

(5)按照你分配的优先级安排活动的日程。最后一步是制定日计划,每天早晨或是前一天下班前,列出5件你认为最重要的必须在当日做的事情。如果列出的事情超过了10件,那该日的工作就会十分累赘和缺乏效率。然后,按重要性和紧急性确定出各项活动的优先次序。

(摘自:[美]斯蒂芬.P.罗宾斯 著 《管理学》第四版,中国人民大学出版社,1997.10)

一些值得注意的要点

遵循10/90法则。大多数人90%的决定,是在他们10%的时间里做出的。要确保最关键的10%的活动具有最高的优先级。

了解你的生产率周期。每个人都有日生产率周期,有些人在上午工作效率最高,有些人在午后或晚上工作效率最高。在生产率周期效率最高的时候处理最重要的事情,而把例行的和不重要的事情挪到效率低的时候处理。

记住帕金森定律(Parkinson's law)。该定律指出,工作会自动地膨胀占满所有可用的时间。时间管理隐含着你可以为一项任务安排过多的时间,如果安排了充裕的时间来从事一项活动,你会放慢你的节奏以使用掉所有分配的时间。

把不太重要的事情集中起来办。每天留出一些固定的时间打电话,处理未办完的事情,以及其他零碎的事情,并安排在效率周期的低谷阶段。

避免将整块时间拆散。只要可能,就应留出一天中工作效率最高的一部分时间作为整块的可支配时间,然后,尽量免受干扰。

(摘自:[美]斯蒂芬·P·罗宾斯 著 《管理学》第四版,中国人民大学出版社,)1997.10

二、个人职业生涯开发的激励与调适

要真正实现自我价值和自己的职业生涯目标,必须奋起行动。莎士比亚说过:"行动胜于雄辩"。美国企业培训专家 Steve Chandler 提出以下方法可以帮你成功地开发和塑造自我(部分内容选自《职业经理人文摘》1997年12月):

(1)树立远景目标。你随时可以按自己的想法作些改变,但不能一刻没有目标。

(2)离开舒适区。不断寻求挑战,激励自己。

(3)把握好情绪。人开心的时候,体内就会发生奇妙的变化,从而获得阵阵新的动力和力量。但是,不要总想在自身之外寻开心。令你开心的事不在别处,就在你身上。

(4) 适时调高目标。许多人惊奇地发现,他们之所以达不到自己孜孜以求的目标,是因为他们的主要目标太小,而且模糊不清,使自己失去动力。如果你的主要目标不能激发你的想象力,目标的实现就会遥遥无期。因此,真正能激发你奋发向上的是一个既宏伟又具体的远大目标。

(5) 加强紧迫感。如果能逼真地想象我们的弥留之际,会物极必反,产生一种再生的感觉,这是塑造自我的重要一步。

(6) 撇开不适宜的朋友。对于那些不支持你目标的"朋友"要敬而远之。你所交往的人会改变你的生活。与愤世嫉俗的人为伍,他们就会拉你沉沦;与不求上进的人为伴,会丧失你的目标。结交那些希望你快乐和成功的人,你就在追求快乐和成功的路上迈出最重要的一步。对生活的热情具有感染力,因此,同乐观向上的人为伴能让我们看到更多的人生希望。

(7) 迎接恐惧。世上最秘而不宣的秘密是,战胜恐惧后迎来的是某种安全有益的东西。哪怕克服的是小小的恐惧,也会增强你对创造自己生活能力的信心。如果一味躲避恐惧,恐惧就会像疯狗一样对我们穷追不舍。此时最可怕的莫过于双眼一闭假装他们不存在。

(8) 作好调整计划。实现目标的道路不是坦途,总是呈现如一条波浪线,有起也有落。要适时安排自己的休整点,可先隐退一下,然后再富有激情地投入工作。

(9) 直面困难。如果把困难看做对自己的诅咒,就很难在生活中找到动力。如果学会了把握困难带来的机遇,你自然会动力陡升。

(10) 首先要感觉好。快乐是天赋的权利。保持良好的感觉,让它在自己职业生涯的整个旅途中充满快乐,而不要等到成功的最后一刻才去感受属于自己的快乐。

(11) 加强排练。先"预演"一场比你要面临的困难还要复杂的战斗,如果手上有棘手的活而自己又犹豫不决、畏步不前,不妨挑件更难的事先做。生活挑战你的事情,你一定可以用来挑战自己。成功的真谛是:对自己越苛刻,生活对你就越宽容;对自己越宽容,生活对你就越苛刻。

(12) 立足现在。锻炼自己即刻行动的能力,充分利用对现实的认知力。不要沉浸在过去,也不要耽溺于未来,要着眼于今天。要把整个生命凝聚在此时此刻。

(13) 敢于竞争。竞争给了我们宝贵的经验,无论你多么出色,总会山外有山,人外有人。无论在哪里,都要积极参与竞争,而且总要满怀快乐的心情加入"竞争游戏"。要明白,最终超越别人远没有超越自己更重要。

(14) 内省。大多数人通过别人对自己的印象和看法来看自己。但是,仅凭别人的一面之词,把自己的个人形象建立在别人身上,就会面临严重束缚自己的危险。人生的棋局该由自己来摆,不要从别人身上找寻自己,应该经常自省并塑造自己。

(15) 走向危机。危机能激发我们竭尽全力。从内心挑战自我是我们生命力量的源泉。圣女贞德(Joan of Arc)说:"所有战斗的胜负,首先在我的心里见分晓。"

(16) 精工细笔。创造自我,如绘巨幅画一样,不要怕精工细笔。如果把自己当做一幅正在描绘中的杰作,你就会乐于从细微处做改变。一件小事做得与众不同,也会令你兴奋不已。总之,无论多么小的变化,于你都很重要。

(17) 敢于犯错误。如果有些事,你知道需要做却又提不起精神,尽管去做,不要怕犯错误。给自己一点自嘲式幽默,抱一种打趣的心情来对待自己做不好的事情,一旦做了起来,就会乐在其中。

（18）不要害怕拒绝。当你的要求落空时，把这种拒绝当做一个问题来问自己："自己能不能更多一点创意呢？"不要听见"不"就打退堂鼓，应该让这种拒绝激励你更大的创造力。

（19）尽量放松。接受挑战后，尽量放松，放松可以产生迎接挑战的勇气。

（20）一生的缩影。只要是对你的职业生涯发展有意义的事，这儿做一点，那儿做一点，都将使你的一天（也就是你的一生）有滋有味。今天是你生命的一个小原子，是你一生的缩影。今天是全息的，如同羊耳朵上的一个细胞可以克隆出一只羊一样。

人们都希望自己的生活有意义，但是生活不属于未来，而在于现在。我们越是认为自己将来有充分的时间去做自己想做的事，就越会在这种沉醉中让人生中的许多绝妙机会悄然流逝。只有重视今天，把握今天，自我激励的力量才会源源不断。

【教学活动】

我的未来我做主

活动目的：梦想始于足下，美好的未来需要踏踏实实走好每一步，我们要有计划地实现自己的职业理想。

活动内容：学生制订今后 10 年的个人职业生涯发展规划方案。

活动环节：

（1）学生在学习本节教学内容基础上制订今后 10 年的个人职业生涯发展规划方案；

（2）班级分组，以小组为单位，由小组长负责组织对本组成员制订的个人职业生涯规划方案进行充分讨论，在此基础上推选出一个最佳的个人职业生涯规划发展方案。

（3）本组成员共同修订完善推选出来的个人职业生涯规划发展方案，并做出时长为 8~10 分钟的 PPT 介绍版，并做好 PPT 展示演练。

（4）个人职业生涯发展规划展示与点评。

① 内容安排：展示、点评个人职业生涯发展规划方案，促进学生对做好个人职业生涯发展规划重要性的认识，提高学生对制订个人职业生涯发展规划方法的认知。

② 方式设计：各小组分别用 PPT 展示代表本组最佳水平的个人职业生涯发展规划方案（可推选一位同学主持）；其他小组对该小组的代表方案进行评议；老师进行总体点评，并组织评选出最佳方案、优秀方案和表扬方案。

活动总结：在这次的活动中，每个人从准备到最后的展示，就是一个简单将计划付诸实践的过程。通过这次的活动，每个人应该确定自己的职业发展领域，认知发展通路，以及自己现在应该如何行动。

小资料

一切胜利唯存于心

你认为自己被打倒，那你就是被打倒了。你认为自己屹立不倒，你就屹立不倒。你想胜利，又认为自己不能，那你就不会胜利。你认为你会失败，你就真的会失败。因为，纵观世界的成功例子，我发现一切胜利皆始于个人求生的意志和信心。一切胜利唯存于心。你认为自己比对手优越，你就是比他们优越。因此，你必须往好处想，你必须对自己有信心，才能获取胜利。生活中，强者不一定是胜利者；但是，胜利迟早都属于有信心的人。

——美国前足球联合会主席 戴维克·杜根

态度是最重要的

根据台湾期刊《天下》1999年对企业界的一项调查发现，从金融业、制造业、服务业到高科技产业，企业在招聘时考虑的第一要件全都是"工作态度"，而后才是"专业能力"等。因此，同学们除加强知识积累、技能训练外，还需锻炼与工作态度相关的特质。按照哈佛大学教授高曼博士的研究，这些特质包括以下方面：

（1）情绪的察觉力。能清楚地知道自己当时的情绪状态，以及这些情绪所带来的影响。

（2）正确的自我评估。能了解自己的长处和短处，以及自己在情绪处理上的能力及限度。

（3）自信。肯定自我价值，并在冲突时，能以自我肯定的方式来进行沟通，解决问题。

（4）自我控制力。能处理冲动，冷静面对压力及其他负面情绪。

（5）值得信赖。能自我管理，并且工作表现合乎职业道德。

（6）良知、负责。为达成工作目标会尽一己之责，遵守承诺，完成工作任务。

（7）适应力。有弹性地对待事情，能调整自己的反应以适应不断变化的环境。

（8）创新。对新颖的想法和做法保持开放态度，愿冒风险，以求取最佳的表现。

（9）成就驱动力。愿意为追求卓越而不断努力，设定具有挑战的工作目标。

（10）工作承诺。认同工作团体，愿意为组织的目标全力以赴。

（11）主动。积极主动，随时准备把握机会去完成工作任务。

（12）乐观。对未来充满希望，不受眼前挫折影响，坚持达到目标。

（13）了解别人。有同情心，体谅别人的想法和感受。

（14）服务导向。能预期、了解并乐于满足客户的需求。

（15）协助他人发展。了解同事及下属的发展需求，并且乐于支持及协助。

（16）善用多元化的团体。了解成员之间的差异性，并能尊重来自不同背景的组织成员。

（17）政治意见。能正确解读组织内关键的政治关系，具有良好的职场政治敏感度。

（18）说服力。能发挥有效的说服艺术，建立人际共识。

（19）沟通力。能传递清晰信息，懂得倾听，乐于沟通。

（20）领导力。能激励并领导团队成员去完成任务。

（21）催化改变。能引发必须之改变，并克服改变所产生的障碍。

（22）冲突管理。能有效地协商并解决争议。

（23）建立人脉。能有效发挥人际技巧，培养互利的人际关系。

（24）分工合作能力。能与别人一起工作以完成共同目标。

（25）团队精神。在团体中能尊重、协助其他成员，并产生团体认同感，增强团队凝聚力。

（摘自：杨松 邢根芒 卢永琪 主编《择业 就业 创业》河北大学出版社，2002.8）

微笑的技巧

学会了笑，就等于掌握了人与人交往的通行证。通过微笑，让对方喜欢你，使对方感到

第四单元 做合格的职业人

快乐,也会让自己享受到快乐。它不会花掉你的任何东西,却可以赚到任何股票都分不到的红利。

微笑有十大好处:笑能把您的友善和关怀有效地传达给目标客户,让他对您产生好感;笑能拆除您和目标客户之间的"篱笆",敞开双方的心扉,达到心灵的默契,真诚的笑,永远使人愉悦;笑能使您的外表更加迷人,使人乐意接近您,进而喜欢您,乐意与您交往;笑能解除双方的戒心和不安,从而打开僵局,切入谈话的主题,化阻力为动力;笑能解除自卑,令人产生自信,并把这种自信传达给对方;您的笑能感染对方笑,创造和谐的交谈基础,容易达成共识;笑能建立目标客户对您的信赖感,使他愿意对您说出内心真实的想法,达到交心的目的;笑是表达爱意的捷径,能帮助您解除对方的误解;笑能清除藏在心底里的哀伤,加速心理建设,恢复乐观情绪;笑会增进活力,有益于健康,让您有充沛的精力去面对客户。

怎样练习微笑:闭上眼睛,放松自己,用最舒适的方式坐或躺。接下来,回忆在过去的日子里曾令你很开心、很高兴、很激动的事情,哪怕这件事情很小、很普通、很一般。把这些事情像过电影似的在脑海里过一遍,让它清晰起来,就像刚刚发生的事。不知不觉,这些开心的事现在又在感染你,使你不由自主地笑起来。然后把这种感觉留在心底,就好像你有了一笔钱,把它存在你银行的账户上一样——"开心金库"。当你把越来越多的开心的事存进你的"开心金库"以后,你就会发现你是世界上最富有的人。

可以试一下:静下心来,轻轻闭上眼睛,先对着墙打开你的开心金库,当你觉得自己的眉毛弯了,嘴角往上翘了,眼睛开始发亮了,就深深地吸一口气,快速地转过身来,看看镜子里的你:热情、开朗、脸上布满灿烂笑容。

(摘自:《香港银行客户经理制》,巴伦一主编,华夏文化艺术出版社,2001.7)

小故事

梁先生的职场成长历程

1996年5月,我(梁才峰)通过了富士康企业集团严格的面试,成为富士康96届"大陆精英干部训练班"的一员。我于6月30日拿到毕业证书,7月2日登上了南下的火车,7月5日抵达富士康企业集团华南培训中心(深圳)培训,开始了我的工作生涯。

公司制度很健全也很严格,文化很有特色且很丰富,公司的事业也蒸蒸日上。每次参加学习,见到的都是热火朝天的生活景象。每每看到这些场景,我都激动不已,企盼早日加入到他们的行列。

两个月的综合技能培训很快结束,我申请来到集团旗下的富金公司。这家公司是集团刚刚组建的新实体,条件很艰苦。根据我的机电专业的背景,公司把我分配到电脑机壳冲压厂从事品质管理(以下简称品管)工作。这个工作听起来容易,其实并不简单。做好冲压的品管,首先要了解产品的结构及装配要求,客户对电脑外观的要求;其次要了解结构及特点和冲压工序的安排;第三要做到与生产一线(产线)人员良好的沟通,并及时清楚地传达品质要求;第四要在出现问题后,积极参与解决;第五要有强烈的责任心。在品质的立场上,要分得清,站得牢。以上是我对品管工作最深的体会。

从在学校学好到在工作岗位做好,需要转变和拼命干。冲压QC我做了10天,在这10天中,我要求自己把所负责的产品规则弄清、记熟,相关模具也要进行深入了解,不能让后工段有抱怨。每天我对我的时间都要做管控，上班前先做好当天工作计划，然后执行，半天一盘点，当天下班前总结。有时候因为与产线工人开品质检讨会过久，造成预定计划无法按时完成，就晚些下班或提前到厂抓紧完成；有时候因为写工作心得忘了时间，回到宿舍已是凌晨。

辛勤耕耘，必有收获。10天后，我被正式任命为冲压品管组长兼值班工程师。到新的岗位后，我仍然按我原来的工作思路切实了解我的新工作，立志把它做好。实践结果表明，对承担工作进行周密计划，抓紧落实，不断改善，认真检讨是实现自我有效管理，取得良好成绩的关键。

公司生意越做越好，也越做越大。我的工作也随公司需要配合变动。1997年年中调入冲压零件部负责制程改善，后任整个冲件制造品管课长；1998年年初又有一段时间负责冲件生产课的工作，同年中期调回品管部任冲压品管课长；1999年至2000年9月一直担任制造一处品管部课长工作。应工作需要和上级安排，10月初赴美国协助承接新生产线的设立，并于2001年完成任务回基地，调入制一处负责品管工作。

由于在单位的不同工作岗位学习实践过，所见、所闻、所学颇多，心得体会也不尽相同，特别是这次美国之行，让我获益颇多，同事们来自不同的国家和地区，我欣赏他们精湛的技术，敬佩同事们一丝不苟的工作精神，也佩服一些业界前辈的胸襟气魄。我也乐意加入那互帮互助的工作团队。团队合作的力量是巨大的，工作难题在这样的 TEAM 面前显得不堪一击。

我准备随时接受新的工作挑战，因为要随时准备进步。社会、公司是随时需要以变求生存、求进步的。我们是它的一分子，不跟着动，不动在前面，那就应了"刀不磨要生锈，人不学习要落后"这句老话了。

在富士康工作这几年来，随着工作岗位、工作内容的不同，有不同的心得体会。现在归纳一下与大家分享：

（1）要有强而不折地求进步、求改变的进取心。
（2）凡事有计划，并以一百分的努力去做，再以一百分的警惕关心进展。
（3）随时检讨自我，检讨是否可做得更好，甩掉麻痹，并有一百分警觉。
（4）对努力的成果和经验教训及时总结。
（5）要善于管理好自己的时间（因为它是有限的），昨天走了就不会再回来。
（6）看到机会要敏锐，但前提是三思而后动。
（7）甩掉胆怯，从容面对。
（8）要能吃苦，凡事要有始有终。
（9）重视团队合作。
（10）善待自己。吃好，住好，坚持锻炼身体。

（摘自：杨松　邢根芒　卢永琪　《择业　就业　创业》河北大学出版社）

第五单元

开创美好未来

 **本章知识框架**

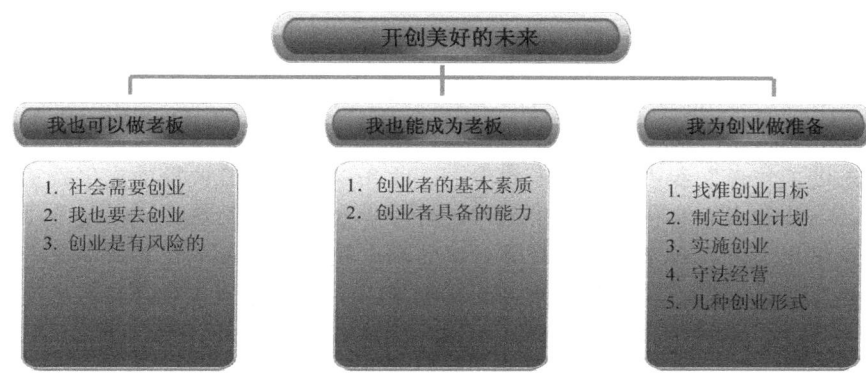

 **学习目标**

1. 正确把握创业的利弊，开发个人创业思维。
2. 完善自我创业素质和能力，做好创业准备。
3. 掌握创业的实施步骤，提高创业者各项技能。
4. 运用所学创业知识策划可行的创业活动项目。

第一节　我也可以做老板

并不是因为事情难我们不敢做，而是因为我们不敢做事情才难。

——刘少奇

联合国教科文组织在"面向二十一世纪国际教育研讨会"上，指出了二十一世纪的人应掌握"三本教育护照"。第一本是"普通教育的护照"，第二本是"职业教育的护照"，第三本是"创业教育的护照"。并特别指出，第三本和前两本享有同等重要的地位。

【案例及分析】

【案例一】创业小明星

1996 年 6 月，毕业于某职业学校化学工艺专业的学生苗武生就业于×县水泥厂，成为一名化验员，进行产品质检工作。小苗同学在工作中勤奋努力，运用所学知识，工作第一年就两次检测出产品质量问题，并提出合理化的改革建议，为企业挽回经济损失。一年后，小苗被评为"先进工作者"和"企业技术骨干"。两年以后，小苗被提拔为化验室主任。正在春风得意时，小苗却出人意料地辞去了工作，自筹资金十多万元在县城办起了"旺旺化工商店"，主要经销化工产品和农药，同时进行销售和农技指导一条龙服务。创业一年后被工商部门评为"优秀个体户"。在西部大开发的热潮下，小苗决定为家乡的经济建设做出更大贡献。1999 年 10 月，他筹资 50 多万元，办起了"旺旺特种涂料厂"。创业之初，他夜以继日查阅大量资料，对产品进行试制、测定、定型。同时又建房、买机器、购设备，经过了七年的努力创业，"旺旺特种涂料厂"成为一个拥有四十多名员工，年创利润一百多万元，呈现良好发展势头的企业，生产的十多种产品，经国家质检部门检测全部合格。

分析： 一个中职生凭借自己所学，勇敢创业并在创业中不断学习，克服重重困难终于获得成功，他的成功再次证明人人都可能成功。关键在于他是否勇于实践，勇于创业。成功之路就在你脚下，就看你怎么想，怎么做！

【案例二】职高生也可以有自己的梦想

2011 年 5 月 13 日上午，江干职高彩旗飘扬，处处洋溢着喜庆的气氛，由江干职高和杭州崛起文化策划有限公司联合摄制的电影《迷路的纸飞机》的开机仪式在江干职高隆重举行。该片是中国第一部以高职生为题材的主旋律励志片。江干区、杭州市教育局多位领导到场，《钱江晚报》、浙江经济电台等十多家媒体记者以及该片主创人员也出席了开机仪式。

《迷路的纸飞机》有以下几个特点——

中国首个非影视专业职高毕业生自己策划、投资、拍摄、运作的影片；

中国首个以职高毕业生联合各大专院校组建的影片运作团队；

第五单元 开创美好未来

中国首个根据职高生的真人真事改编的影片，所有演员也都是来自职高的学生。

> 分析：毕业于江干职高的楼岩是影片总制片人，他在职高二年级时就有一个梦想：为职高学生做些事儿！要用电影告诉所有人，职高生依然可以绽放精彩。于是就和几个职高学生一起创办了杭州崛起文化艺术策划有限公司。

创业知识

一、社会需要创业

1. 创业的含义

创业是社会发展的必然要求，是推动社会进步的重要力量。

你知道什么是创业吗？

创业，顾名思义就是开创一项全新的事业。有的人自己就是业主，勇担风险，善于管理，精于经营，成就了自己的事业，这属于创业；有的人不是业主，属于管理者，但在本职岗位上勤奋努力，兢兢业业，找到了自己的位置，做出了成绩，也属于创业；有的人在实践中提出了新观念、新方法、新技术、新策略，属于认识层面上的创业；有的人把这些新观念、新方法、新技术、新策略付诸实践，转化为现实的生产力，创立企业、生产产品或提供服务，这也属于创业。

总之，从内容上讲，创业有广义和狭义之分。广义上的创业，泛指人类一切带有开拓意义的社会变革活动。它涉及的领域非常广泛，无论政治、经济、军事、体育、文化艺术事业，只要人们从事的是前无古人的事业，都可称之为创业。狭义的创业，是专指社会上的个人或群体从头开始的，以发展经济实力为目的的社会活动。这种活动对于整个人类而言，也许是前有古人的，但对于创业者本人来讲，则是从头开始、从未经历过的事情，因而它具有相对的开拓性。本章所言的创业是指狭义上的创业活动。

2. 创业是人生的必经阶段

日本东京大学名誉教授渡边的人生三阶段论：

年龄阶段	发展阶段	发展任务
0—27	第一个一万天 成长期或修业期	学业
28—54	第二个一万天 活跃期或创业期	创业
55—71	第三个一万天 充实时期	充实

创业应该是人生不可逾越的一个阶段，是我们生命的巅峰阶段，也是个人为社会、为他人尽责的阶段。

青春韶华，怎能不去创业？

二、个人也需要创业

搜狐的创办者张朝阳说"重视自我,自我内心的感受重于一切,这是我创业的根本原因。"

【案例一】为他人创造

现年20岁的杨春霞是新疆大学的一名大二学生。她在不到半年时间就已经淘到创业的第一桶金,同时利用这笔钱在学生宿舍社区服务部旁开设了一家邮政报刊亭,卖些报刊书籍,同时卖些小吃,方便和服务广大师生。

在大一下学期开学的时候,学校通过了一项人性化的规定,放宽了强行要各个学院班级在开学时一次性统一订教材的规定,学生可以自己在书店购买。杨春霞所在班级的很多同学就向师哥师姐借书居然可以省掉很大一笔教材费。杨春霞立刻想到:很多毕业生忙于找工作没时间卖书,而好多大一新来的同学又不一定每个人都认识学长,就算认识了也不一定能借到自己专业的教材。如果把大四毕业生用过的旧书回收起来低价卖给同学,既方便了毕业生又给同学们解决了借书难的问题,这是个两全其美之事,也是个很大的市场。

想法如果你把它放在脑子里面,它永远只是个想法。想到了就要去做,雷厉风行,这是今天的杨春霞能取得这么大的成绩的根本原因!于是,杨春霞白天上课学习,晚上到毕业生宿舍收书,"当我第一次敲开毕业生门的时候,我紧张得牙齿都打颤",但听她说明来意后师兄们很高兴地就把书卖给了她。几个月下来,她竟然只用了4500元就收了五吨多的书。因为"毕业生文明离校"活动得到了后勤中心以及学校领导的大力支持,她收的书全部免费放在后勤服务中心地下室。

如果仅仅低价买进,高价卖出,她可以赚些钱,但不会赚很多钱。如何让自己手中的旧书变废为宝,怎么增值呢?杨春霞是个有心人,她大概花了一晚上时间从5吨旧书里找出了很多自己专业将要用到的教材。她把这些教材送给了自己的一些同学好友,这些好友一下省了好多教材费,又不用四处找师哥师姐们借书,对她十分感激,纷纷给她帮忙。于是她和她的好友们奋战了几天把5吨多书,系统分类,大致分为教材、课外阅读、报刊、考研辅导资料等几大类。分类整理好后,去商业中心申请了场地,在校园摆个书摊天天卖书。由于她卖得便宜,不到两个月,5吨书基本卖完,而她也赚到了将近10000元。在21世界的今天,"万元户"已经算不上什么,但对一个刚刚熟悉校园环境的大一新生而言,那是多么了不起的成绩!

当谈到为什么要创业时,杨春霞说:"为什么工作这么难找,为什么现在大学生就业如此困难?是因为中国大学生中缺少创业者!因为中国大学生缺少创业的熏陶!因为我们都想着努力找工作而很少有人想着努力去为别人创造工作!如果我们大学生都只想着毕业以后努力去找工作而都不愿意去为别人创造工作,那又哪里来的那么多的岗位呢?有人说我也想创业,可是我没有资金,我没有背景,我没有经验,我什么都没有,我怎么创业啊?其实,创业就是用有限的资源去实现无限梦想的过程。就是因为我们没有资金,所以才要在创业中积累资金!就是因为我们没有背景,所以才要在创业中积累背景!就是因为我们没有经验,所以才要在创业中积累经验!"

想一想,议一议:杨春霞具有怎样的心理品质?杨春霞的故事给了你哪些启示?

【案例二】干自己的事

1998 年 7 月,小翟中职毕业后因一时没有找到专业对口的工作而进城务工,做了一段时间贩菜的小生意,挣了一些钱。后来,又断断续续打过一些短工,在一家饭店打工时,小翟发现鸽肉的销路不错,于是产生了回乡办个养鸽厂的想法。决心已下,说干就干,小翟筹集资金 7000 多元,在 2000 年 3 月买了 200 对美国皇鸽。到书店去买来有关养鸽的书籍,到民间去向养鸽专家请教学习。生意迅速火爆起来,小翟成了远近闻名的"养鸽大王",目前请了十多个年轻人做帮手,生意越做越大,成了当地的"龙头企业"。创业成功后小翟总结说:"干自己的事,挣多挣少,心里踏实,过得有滋味。"

想一想,议一议:小翟能够创业成功的原因是什么?

英国对 800 家盈利小企业进行调查,98%的人认为创业是为了获得成功的满足感,88%的人认为是为了按自己的方式做事情,30%和 15%的人认为是为了收入和留给子女的产业。

你认为呢?创业是为了什么?

【教学活动】

为自己的个性小店做规划

我的个性小店	
店面名称:	地点:
启动资金:	经营品种:
商品档次:	房租:
进货渠道:	员工人数与工资:
计划最低日营业额:	今后发展方向:

三、创业是有风险的

李小华的创业故事

李小华通过对马来西亚进行考察,发现那里有一个储量丰富的未公布的油田,且附近的高速公路正在对外招标,觉得那是一个不可多得的商机。于是他拿出所有的积蓄,又以房产抵押作贷款,以 3000 万美元买下了公路的开发权。贷款期限短,风险太大。妻子受不了这样大的思想压力,提出离婚,他独自承受着巨大的压力盼望着新闻发布会的召开,直到第 5 个月零 16 天,油田项目消息终于发布了,一周之内,他所投标的项目价格翻了一番,使他成了大赢家。

想一想,议一议:如果油田开发项目取消了,李小华将会面临什么?

1. 创业利弊谈

(1)优点。一是具有独立性,自己当老板,不用看上司的脸色,可以享受自己做主的自由;二是可以赚更多的钱;三是工作具有安全性,有了自己的事业,工作也就具有了安全性;四是可以为他人提供工作岗位,为社会奉献爱心;五是具有挑战性,可以充分发挥自己的才干,证明自己的能力。

(2) 缺点。一是收入具有波动性,因为经营情况的波动必然造成收入的波动;二是竞争具有残酷性,自己做老板思想常常处于紧张状态;三是责任繁重,经营企业面临很多责任,尤其是在企业初创或扩大规模时,没有固定的作息时间,稍不留意就会影响身体健康;四是面临财物损失,打工时,损失都是老板的,自己创业时,损失都是自己的;五是要处理与员工的关系,不看老板的脸色但要看员工的脸色;六是受许多法律法规的限制,稍有疏忽,会惹出很大麻烦;七是面临失败的风险,倘若失败,将损失资金、时间、精力,甚至债台高筑,还会挫伤自尊心和自信心。

2. 创业成败的关键

据统计,80%失败的企业营业时间不到 5 年。有两条经验可供参考。一是企业存在越久,生存的机会也就越大;二是企业的成败与经营的产业有很大关系,比如,零售业成功的几率是制造业的 2 倍左右。

(1) 创业失败的原因:一是创业者不能胜任,根本不知道如何经营企业;二是缺乏管理经验;三是缺乏行业经验,对特定的专业知识、行业内的业务关系不了解,在业内没有声誉和地位;四是天灾人祸,如火灾、水灾、传染病,用人不当、上当受骗等。

(2) 创业成功的因素:首先要有真实的市场机会。也就是说,确实存在许多顾客愿意购买你的产品和服务,不妨这样想想:如果是你,你会购买这种产品和服务吗?你的产品和服务是不是真的能为顾客创造价值,必须进行扎实的市场调查。其次,要有良好的管理能力。知道如何处理资金、设备、人力与原材料的关系,"管理之道在于借力",要具有通过他人来完成企业业务的能力, 同时必须熟悉经营的事业,有足够的专业知识和经验。第三,拥有适当的资金和商业信用。通常情况下,资金越多,企业成功的可能性就越大,既要有创建的资金,也要有足够的流动资金。做生意,必然涉及商业信用,一方面取得供应商的商业信用,另一方面也为自己的客户提供商业信用,这也是推销商品的一种工具。第四,掌握现代的经营方法,既能有效地使用现有的各种资源进行生产和营销,又能拟订合适的组织与内部作业方法,顺利营运。

【教学活动】

活动一 模拟

模拟组建创业小组,对创业小组所具备的创业要素进行大盘点,找出小组成员每人的创业优势及劣势,寻求最佳搭配,达到优劣势互补。

活动二 讲故事

故事会:师生都来讲讲创业成功者的故事。

(提示:让学生课前准备中国经济年度人物的故事,教师也可以准备相关的视频,如:陈志列——最适合 80 后听的创业故事。)

第五单元　开创美好未来

活动三　讨论

阅读下面材料，展开讨论，谈谈各自的感悟。

我不选择做一个普通人。

成为一个不寻常的人是我的权利——如果我能够。

我寻求机遇——而不是安稳。

我不希望是一个受保护的市民，让国家照顾我，过着谦卑、沉闷的生活。

我要冒深思熟虑的风险，去梦想并去建设，去失败并去成功。

我拒绝用刺激换取命运，我更喜欢生活的挑战，而不是有保障的生存。

更喜欢实现目标的兴奋，而不是陈旧的乌托邦主张。

我绝不会为了施舍食物而出卖我的自由。

或者为了救济品而出卖我的尊严。

勇敢地面对世界，并且说：

在上帝的帮助下，我已经做了上述之事。

所有这些就是做一名企业家的含义。

——美国企业家协会信条

第二节　我也能成为老板

创业是一种激情，创业是一种磨砺，创业是一种幸福，创业更是一种信念！

"看到小翟创业成功的故事，我很受鼓舞，原来中职学生也是可以创业成功的，毕业以后我也想去大干一番，但是，我现在应该在哪些方面做准备呢？"

——一名中职学生的探询

【案例及分析】

【案例一】莱特兄弟与飞机

一天，美国的莱特兄弟在大树下玩的时候，看到一轮明月挂在树梢便产生了上树摘月亮的幻想。结果不但没有摘到月亮，反而把衣服挂破了。"如果有一只大鸟，我们就能骑上它，飞到天空中去摘月亮"，两个孩子想道。从此他俩废寝忘食、矢志以攻，终于在1903年根据鸟类和风筝的飞行原理，成功的制造出了人类历史上第一架用内燃机做动力的飞机。他们"骑上大鸟，飞上天空"的幻想终于实现了。

【案例二】从机电专业学生到专修店经理

李文山是徐城职业中专的毕业生，如今已成了远近闻名的青年个体户，被称为"马达维修大王"。1992年，他职高毕业后，通过对农村的调查，发现鱼池增氧机需求量大而电机很容易损害。他就瞄准了电机维修市场，开办了"文山专修店"。他收费低而且态度好，顾客慢慢多起来，一次，他修好了一个工程师们都没有修好的电机，名气开始大起来，生意越来越好，在自己的维修店里安置了15名待业人员就业，同时，还指导一名30多岁的下岗职工独立开店。

香港建材大王区振鹏先生，曾经历4次生意上的失败，3次濒临破产的边缘。失意时当众被人奚落、羞辱，他都一笑置之，并未气馁，而是寻求正确的发展方向，最终获得成功。区振鹏认为懦弱、承受不起失败，是创业者的最大禁忌。

成功创业者的素质

一、创业者的基本素质

你觉得自己适合创业吗？

1. 创业者的基本特点

统计资料显示，香港20世纪80年代小型企业占企业总数的90%以上。对其中46家小型企业与企业的创业者的调查情况如下：

创业者的个人背景。第一次创业的年龄主要在21～35岁之间，其中27～29岁这个年龄段最多。70%创业者经营的项目与打工所学的技术、产品有直接的关系，其中60%的人从事过经理级别的管理工作，40%是技术人员或者技师。

创业的动机。首要的动机是"可以带来较多的收入或者拥有较好的家庭经济前景"，第二位的动机是"做自己喜欢的事情"，"实现自己的创意"，或者"具有挑战性"等精神层面的满足。"可以获得生活上的独立性"位列第三（在西方国家排列第一）。其他原因还有"朋友的鼓励与协助"、"羡慕成功的创业者"等。

创业的资金来源。60%的创业者获得了亲朋好友的各种支持与鼓励，其中，精神上的鼓励最多，其次是财物上的帮助，还有朋友、同事、客户给予的技术帮助。创业资本绝大多数来自于个人与家庭的储蓄，其次为亲戚、朋友的借款，从银行贷款创业的比例很少。

创业的困难。创业时最大的困难是财务上的问题，其次是市场问题（能否得到定单，产品是否有销路），第三是很难找到合适的工作人员。其他的困难还有：生产管理、原料供应、与官方打交道等。

一半以上的创业者在开始时都有合伙人，其中包括固定业务关系的支持。

创业者的共同特点是：一人身兼多职，工作认真、勤劳；业务过程中，口头承诺与书面契约一样重要；组织结构不严谨，分工及职责划分不清；生活比较节俭。

2. 创业成功者的三大共同特点：

（1）思维活跃，善于创新。

百度总裁李彦宏创业获得成功的重要原因之一就是选项目，而选择新奇、实用而见效又快的项目就很需要创业者有独到的眼光与创新能力。因此在某种意义上说，创新意识越强，创业成功的可能性越大。

（2）行动果断，想到就做。

微软的比尔·盖茨、雅虎的杨致远，都是认准了一件事情，就马上去做，甚至因此放弃许多很重要的东西，比如，大学中途辍学。对创业者而言，机会很重要，尤其是新兴行业，错过机会就再不会有,如果比尔·盖茨性格优柔寡断,想怎么也得拿到毕业证再创业吧,那就不会有今天的微软帝国。想到了就去做,能越快把想法变成行动的人,创业成功的可能性越大。

(3) 百折不挠、敬业奉献。

"永不放弃"是阿里巴巴总裁马云的座右铭,也是所有创业成功者之所以取得成功的一个根本性要素。马云的名言是:"在创业的道路上,我们没有退路,最大的失败就是放弃。"创业者在创业及管理自己的企业过程中会遇到很多麻烦,甚至会遇到致命性的打击,这就要求创业者有顽强的性格,百折不挠的精神。因而,创业是智者的事业,它要求你有敏锐的头脑;创业是勇者的事业,它要求你果断行动;创业是强者的事业,它要求你不怕艰难和失败。

3. 创业者的基本条件

(1) 强烈的企图心,这是做老板的首要条件,都没想过当老板,怎么可能拥有自己的事业呢?旺盛的企图心是在明确目标指引下的强烈渴望。有了旺盛的企图心后,当机会来临时,就会迅捷出击。

(2) 良好的文化素养,既包括接受系统的正规教育,又包括积累丰富的社会经验和生活经验。

(3) 优秀的心理素质,主要表现在自信、乐观和正视失败等方面。

(4) 敏锐的政治头脑,不能只盯市场,还要关注政策,两条腿走路。

(5) 健康的体魄。保证三件事:吃饭、睡眠和锻炼。

4. 创业者的知识和技能

(1) 经营管理的知识和经验,重要的是在实践中积累。

(2) 人事管理常识,识别他人的能力和特长,选择人才、使用人才,不要最好的,选择最合适的。

(3) 理财的知识和技巧,既要会核算,又要会管理。

(4) 电脑知识。

(5) 汽车驾驶技术。

(6) 建立有意义的社会关系,包括专业关系、工商法律关系、广告关系、与资金提供者的关系、合伙关系、与一些关键人物建立关系,如大老板、政府官员、新闻界人事等,既要寻找、建立关系,也要注意维持这些关系。

二、创业者具备的能力

读一读,想一想。看你自己是否具备以下几种能力。

1. 观察力

你平时善于观察生活吗?

小测试:下面这幅图中你能找到几匹马?

洞察力（Insight）是指深入事物或问题的能力，通俗地讲，洞察力就是透过现象看本质；而用弗洛伊德的话来讲，洞察力就是变无意识为有意识。

提高洞察力方法：

（1）首先要通过个性化科学食疗提高智力水平，智力是决定洞察力的前提条件。

（2）学习、研究哲学。哲学是研究真理的科学，哲学素养高，看问题入木三分，不容易被表象所迷惑。

（3）见多识广有利于提高分析问题、解决问题和分辨是非的能力。

（4）必须有好奇心，没有好奇心就没有洞察。

鲁班上山砍柴时，被茅草割破了手指，这对上山砍柴的人来说是司空见惯的事。很多人都有过这样的经历，但都没有引起注意。鲁班却注意到了，他仔细观察茅草的形状，发现原来是边缘的锯齿割破了手指。由此得到启示，他发明了锯。

2．创新力

创新力又称创新能力。创新能力是非常重要的创业素质。

创新力按主体分，最常提及的有国家创新能力、区域创新能力、企业创新能力，且存在多个衡量创新能力的创新指数的排名。创新是指科技上的发明、创造。后来意义发生推广，用于指代在人的主观作用推动下产生所有以前没有的设想、技术、文化、商业或者社会方面的关系。也指自然科学的新发现。

"创新之父"熊彼得认为：创新就是"建立一种新的生产函数"，即把一种从来没有过的关于生产要素和生产条件的新组合引入生产体系。管理大师彼得·德鲁克则指出："创新的行动就是赋予资源以创造财富的新能力。事实上，创新创造出新资源……凡是能改变已有资源的财富创新潜力的行为，就是创新。"

松下幸之助在创业之初，有6～7平方米的厂房，5名员工，以制造电灯单插座为主。后来决心改革，经过反复的实验，获得成功，生产出了新式电灯双插座灯头，既安全又便

第五单元　开创美好未来

宜,很快卖出了一万个,后又申请了专利,奠定了松下电器公司的基础。

3. 挫折承受力

所谓挫折承受力,是指个体在遭遇挫折情境时,能否经得起打击和压力,有无摆脱和排解困境而使自己避免心理与行为失常的一种耐受能力。亦即个体适应挫折、抵抗和应付挫折的一种能力。一般来说,挫折承受力较强的人,往往挫折反应小,挫折时间短,挫折的消极影响少;而挫折承受力较弱的人,则容易在挫折面前不知所措,在挫折的不良影响下易受伤害,甚至导致心理和行为的失常。

赵晓春出生于湖南的一个山村,职业学校毕业后回家,由于地区经济贫穷,他和父亲做过锯工。后回乡创业,办了一个水晶石加工厂,由于经营不善,企业面临倒闭。为了找回勇气,他加强学习,不断反思,找准症结所在,对症下药进行改革,使企业起死回生。

失败是成功之母:失败×失败=成功,失败比成功只少了一步。

4. 组织管理能力

组织管理就是通过建立组织结构,规定职务或职位,明确责权关系,以使组织中的成员互相协作配合、共同劳动,有效实现组织目标的过程。组织管理是管理活动的一部分,也称组织职能。组织管理能力是指为了有效地实现目标,灵活地运用各种方法,把各种力量合理地组织和有效地协调起来的能力。包括协调关系的能力和善于用人的能力等。

组织管理能力是一个人的知识、素质等基础条件的外在综合表现。现代社会是一个庞大的、错综复杂的系统,绝大多数工作往往需要多个人的协作才能完成,所以,从某种角度讲,每一个人都是组织管理者,承担着一定的组织管理任务。

组织管理能力的内容包括:沟通能力、策划能力、设计能力、技术能力、实施能力、业务能力、管理能力。

拍立得的创始人兰德决定发明 60 秒照相术时,他首先面临的难题是如何在一两秒钟内,就在照相机内把照片冲洗好,并能适应 0～110℃的气温,而且用干燥的方法冲洗底片。找准目标后,他一方面不断地工作,同时又调动一批年轻有为的开发素质好的科研人员。分工协作。虽遇重重困难,但兰德没有动摇对年轻人的信心,并热情鼓励。六个月后,1947年拍立得诞生了。后来他又和哈佛专家共同研讨,高薪聘请并任命一名推销高手——何拉·布茨为公司的副董事长,把它尽快地推向了市场,从而使他的企业尽快地成为世界上几个相机公司之一。

他的成功就在于:
　　　　　全面考虑问题的能力!
　　　　　合理分工协调管理的能力!
　　　　　对外交际联络能力!

5. 人际关系处理能力

小测试:你的人际关系处理能力如何呢?通过下面的问卷测测就知道了。

(1) 和同事发生争执时,你会不知不觉地提高音量吗?
　　　A. 是　　　B. 否

（2）你能叫出公司里八成以上的人名全称吗？
    A. 是　　　B. 否
（3）看到讨厌的人，你会假装没看见吗？
    A. 是　　　B. 否
（4）你和主管及同事们相处愉快吗？
    A. 是　　　B. 否
（5）遇到不合理的事情，一定抗议到底吗？
    A. 是　　　B. 否
（6）昨天才吵过架的人，今天又可以愉快地跟他聊天吗？
    A. 是　　　B. 否
（7）购物时遇到态度不好的店员，会跟他发生争执吗？
    A. 是　　　B. 否
（8）同事帮你买错盒饭，你是否会很感谢地吃完它？
    A. 是　　　B. 否
（9）和朋友出去玩，你会特别坚持自己的意见吗？
    A. 是　　　B. 否
（10）你认为保持和谐的状态是很重要的事吗？
    A. 是　　　B. 否
（11）朋友借了你一笔钱，过了很久也未归还，你不了解他是因为一时无力偿还，还是忘在脑后了，而你在近期内又急用这笔钱，你会怎么办呢？
    A. 请另外一位朋友去提醒一下
    B. 只好再等待
    C. 你找他讨还
（12）你给孩子买了一件刚上市的服装，回家一试发现太小不能穿，你找到商店，但售货员拒绝退货，你会怎么办？
    A. 找到商场经理说明情况，表示道歉，希望商量一个双方都能接受的方案
    B. 心里有气，还是把衣服带回家
    C. 和对方大吵大闹，引来众人围观
（13）市场上某种食品涨价了，而这种食品又是你平日最喜欢的，你会怎么办呢？
    A. 少买些，但把菜谱适当调整一下
    B. 它涨它的，照买不误
    C. 大发牢骚，但还是买了
（14）你一位很要好的朋友因工作变动要到另一个部门去，你会怎么办？
    A. 为他饯行，并祝福他
    B. 认为他离开以后关系会变差，所以就不冷不热
    C. 陈说利害，设法留住他
（15）你因工作中的一时失误，受到上司的批评处罚。原来和你关系不错的同事，不但不来安慰你，反而躲得远远的。你的反应是：
    A. 随他的便，地球照样转

第五单元　开创美好未来

　　　B．认为这是人际关系的弊病，毫不在意
　　　C．你骂他们是势利小人、没良心，从此断绝关系
（16）你因工作能力强，老板欣赏你而给你升职加薪，同事们要你请客，这时候你会怎么办呢？
　　　A．感谢同事们的关照，必要时会表示
　　　B．只找几个要好的朋友去吃一顿
　　　C．你认为没有必要请客而拒绝
（17）有一位远亲患病，从外地投奔你，请你帮助联系医院或请名医治疗，而你工作忙不说，住宿就是大问题。这时你将会：
　　　A．尽管有困难，也热情接待，想办法满足他的要求，并劝他多住些日子治疗
　　　B．热情接待，但告诉他你爱莫能助，请他谅解
　　　C．厌烦之情溢于言表，借故推托了事
（18）你是个已婚人士，由于工作的需要将长期和某个异性来往、接触，但耳闻有人对你们捕风捉影地妄加评论，你将怎么办？
　　　A．不理那一套，该干什么还干什么
　　　B．感到委屈，为了不使人议论想辞掉那份工作
　　　C．发誓要找到造谣者并找他算账
（19）在朋友、同事、邻居中，有人结婚、过生日等，难免要破费一点表示表示，你认为：
　　　A．虽然要花点钱，但还是觉得应该
　　　B．对一般人不屑一顾，但对体面的人则送重礼
　　　C．假装不知道或借故躲开
（20）你和同事外出办事，因缺少经验而办了一件尴尬的事，回来后同事拿你这件事当众寻开心，出你的洋相。这时候你会：
　　　A．和同事们一块笑，事后说明原委
　　　B．很尴尬而不知所措
　　　C．很气愤，也揭对方的老底
　　一名职校生毕业后就业于一家大公司，由于性格十分内向，平时很少和同事交往，同事对他也冷眼相看。后来因一件小事和同事吵起来，他一怒之下，拿起桌上的一把水果刀向对方捅去，致对方重伤，其本人以故意伤害罪被判刑15年。
　　想一想：造成这场悲剧的原因是什么？
　　好人缘的诀窍：掌握主动权，试着主动和陌生人打招呼。
　　　　　　　　建立良好第一印象。
　　　　　　　　人际交往中，以诚待人，表露个性。
　　　　　　　　多为别人着想。
　　　　　　　　他人有困难，及时帮助。
　　　　　　　　心怀大度的接纳他人。

6．你足够自信吗？

自信心（Self-confidence）——是一种反映个体对自己是否有能力成功地完成某项活动的信任程度的心理特性，是一种积极、有效地表达自我价值、自我尊重、自我理解的意识特征和心理状态，也称为信心。

介绍几种建立自信的方法，帮助你重组自己的信心！

（1）学会进入别人的视线。
（2）学会正视别人。
（3）学会当众发言。
（4）运用肯定的语气。
（5）抬头挺胸走快一点。
（6）学会坦白。
（7）做自己能做的事。
（8）自信培养自信。

邓亚萍名言："选不进去，我就打进去"。

议一议：邓亚萍的成功说明了什么？

【教学活动】

活动一　自信能力小测试

用"是"或"否"回答以下问题：

（1）规定的目标一定要实现。
（2）心中思考的事情往往立即付诸实施。
（3）不管经历多少次失败也毫不动摇。
（4）他人的成功不会贬低我自己。
（5）与他人合作信赖他人。
（6）我有自己独特的优点。
（7）对自己的评价不受他人观点的影响。
（8）一件一件的实现自己要做的事情。
（9）常常盼望良机来临。
（10）很少对自己有消极的想法。
（11）尽可能地利用自己的才干与能力。
（12）一直得到许多人的帮助。
（13）为实现目标全力以赴。
（14）相信自己有应付困难的能力。
（15）大脑的闪念往往能够马上实现。

评分规则：是　1分；　否　0分。总得分对应您的状态。

　　　　0～3：实现目标的信心很低；

4～7：实现目标的信心较低；

8～11：实现目标的信心一般；

12～15：实现目标的信心较高；

活动二 创业访谈

你现在可能还不明确自己毕业后会有什么样的选择，但你可能已经有了朦胧的想法，如果你对这些行业还不太熟悉，可以找一位正在这个领域工作的人进行一次访谈，帮助你对某一行业有更多的了解，使你可以从更多的角度去权衡利弊，从而做出更加完善的选择。访谈参考提纲如下：

工作的内容主要是什么？（例如，典型的一天是怎么度过的）

工作的环境是什么？

会跟什么样的人打交道？

进入这一行业的标准是什么？（学历、实践、技能要求）

对于工作者的个人特质有何要求？

这一行业的未来发展前景如何？

这一行业的人才供求状况如何？

薪水待遇怎么样？

个人职业发展路径是什么？

这份工作的最大挑战是什么？

对于这份工作，最满意的是什么？最不满意的是什么？

如果你希望进入这一行业，现在在学校里可以做哪些准备？

第三节 我为创业做准备

一个人永远不要靠自己一个人花100%的力量，而要靠100个人花每个人1%的力量。

——比尔·盖茨

创业的过程有许多实际工作要做，如确定创业目标，开始创业时，应向哪些职能部门申请？履行什么手续？

【案例及分析】

【案例一】找准目标非常重要

某职校毕业生小何现在是江苏扬州一家中型商场的老板。提起当初创业，小何感慨万千，因为他在选定建商场的地盘时，周边市场还十分萧条，周围的人不能理解，纷纷将嘲讽和责备的目光投向他。但是，小何心中有数，因为他时常看书看报，分析时势，对自己选定的地盘十分看好。果然，一两年后，商场所在的地盘作为开发区迅速发展起来，他的商场正好处在中心地段，前景十分看好。

就业与创业指导（第二版）

> 有过人的目光，找准创业目标，非常重要哦！

【案例二】莫忘合法经营

家在旅游开发区的小王，看到来本地旅游的人越来越多，灵机一动，开起一家小餐馆，生意竟然十分火爆。小王以为利用自家的门面房自主经营是很自然的事情，从未想起还应该去办理相关经营手续。结果，时间不久就被工商部门罚款，并责令停业整顿。

> 创业千万不要忘记办手续啊，合法经营保安全。

一、找准创业目标

这么多的企业：大企、中企、小企、合资、独资……
我该如何做？如何创？真难啊！
找准创业目标——
创业目标就是创业者在创业过程中努力达到的预期结果。
它包括三个层次，选择创业方向，确立创业原则，预测创业结果。
1．方向：中小企业，风险小，回报高。
2．选定原则：市场原则，效益原则，产业政策原则，资源优势原则，技术优势原则。
3．预测创业结果：各种结果考虑周全，向最好处努力，做最坏的打算。

二、制订创业计划

愿望是成功的源泉，目标是成功的基石。当一个人计划成功的时候，他才会成功。计划是指在工作或行动之前预先拟定的具体内容或步骤。创业目标确定并经过充分论证后，创业者就应着手制订创业计划。

创业实际上是按照创业目标和创业计划付诸行动的一种实践活动。在制订创业计划时，根据创业目标的内容和要求，制订创业计划。创业计划按照不同的标准可分为不同的种类。

1．创业计划的种类划分

（1）以时间为标准，可分为长期计划、中期计划和短期计划。长期计划，也称作战略计划，它是对创业活动的一种整体设计，具有系统性和完整性。对于创业活动来说，具有战略性、纲领性的指导意义。主要包括实现长期目标而预先拟定的一些重要活动步骤，分期目标和重大举措。中期计划，在创业的时间安排、创业活动的内容以及创业的实施步骤等方面，都体现得相对简短而具体。短期计划，更能体现阶段性的特点，在时间的安排、活动内容的确定以及要达到的效果等方面都有了较为明确的规定，一目了然，便于实施。

（2）以创业的内容为标准，可分为经营计划与创建计划。经营计划，是根据创业目标和内容的要求，明确要干什么，怎么干，如何干好。它涉及企业营运实务的所有方面，将指导创业者的日常工作，以实现创业的具体目标。创建计划，是指实施创建自己的事业，把创业构想变成现实创业，并按照经营计划顺利运营。

创业计划是"战前"研究自己与研究市场的过程，是特定行业的专业知识与创业创意的结合，为了减少特定行业专业知识的不足，应当请专业人士加入。以下原则是提高创业计划功效的关键。

2．制订创业计划时应遵循的原则

（1）亲自制订创业计划。因为创业者最关心、最理解自己的创业构想，而且是在用前半生的努力（积蓄、经验）赌自己的未来。因此不能全权委托他人。

（2）善于使用常识。古人云，"以己知人，以所见知所不见"。因此，要学会用常识判断事情。在评估特定的创业构想时，对于不熟悉的行业，可以充分利用自己的常识，这在某种程度上，比专家的判断更加有用。因为绝大多数顾客与创业者一样，都是外行，他们也用常识进行消费判断和选择。

（3）请教业内人士。创业者的事业，99.9%都是市场中现有的行业。因此，在制订创业计划过程中，请教业内人士十分重要。任何事情，从外面看都比从里面看要简单得多。更重要的是，业内人士会提供行业中一些关键的细节，这些细节是本行业经营与竞争的核心。

（4）三易其稿，必有收益。良好的创业计划是修改出来的，因此，一定要多看、多改。这是很有价值的工作，可谓"一字千金"。

（5）不能一厢情愿"单相思"。在创业计划中，最大的风险之一就是对创业构想情有独钟。为说服自己与他人，在创业计划中对一些基本的、重要的前提一厢情愿地进行假设，必须牢记，自主创业不是做梦而是在做生意。

（6）明确所有结论的前提。创业计划在一定程度上有推论的成分，即如果怎么样，就会怎么样，并按照这种假设展开后面的计划。必须明确所有结论前提的真实性与可能性，否则，创业计划将没有任何意义。

三、实施创业

实施创业首先要做的事情是：

1．确定企业名称

企业名称是指在工商行政管理机关登记注册的经济组织的名称。它是由文字形式表示的区别于其他经济组织的特定标志。企业名称必须经过工商行政管理部门核准注册，一经核准后，在确定范围内有专用权，受国家法律保护，其他企业或社会组织不得假冒使用或盗用。

2．选择营业场所

不同性质、不同类型的企业，对其经营场所的要求不尽相同。要根据创业目标选择合适的营业地点。如要创办一个商品零售批发商店。即可选在商业活动频繁的地区或人口密度大的地区。

3．办理手续

小企业的开办和经营需要得到有关部门的认可和批准，如验资证明、营业执照、银行开户、税务登记等，这样才能成为合法的企业。验资：创业者需带下列资料去会计事务所验资，出示资金来源证明、现款（存折、支票）、购买设备的发票（财产转移单、房产权证明、无形资产评估报告）等。申请营业执照：向企业所在地区的工商行政管理部门提出企业名称预选、核准申请书，经工商部门查阅后，给予认可。申请营业执照时，须向工商部门提供企业：名称、所在地区、负责人、资金数额、经济性质、经营范围、经营方式、经营期限和个人有效证件、照片、验资报告、银行开户。经营者将所拥有的资金存进选定的银行，并且开设银行账户。办理法人代码证书，根据现代化管理的需要和保护企业法人的权利不受侵犯，创业者还须到当地技术监督部门办理法人代码证书。办理税务登记：依法纳税是每个企业应尽的义务。所以，创业者拿到营业执照后，应携带营业执照（副本）复印件、身份证复印件、经营场所房屋产权证书复印件或房屋租赁合同复印件到当地的税务局办理税务登记。办理卫生许可证：企业应向卫生防疫部门提出申请，办理卫生许可证。需要体检的企业员工到所在地的卫生防疫部门进行培训，以便办理个人健康合格证。申请环保申报登记表。企业有义务和责任保护环境，创办企业后，要带有关证件去当地环保部门进行环保申报登记。

4．购买营业设备

按照设备清单采购必需的营业设备以及设备的安装调试，一定要按照创业计划的倒计时方式进行，不得影响正常开业。

5．员工的招聘与培训

根据生产经营的需要，在国家政策许可范围内，公开招聘合适的员工。一是请"帮手"；二是招收员工；三是高薪聘请专家，帮助指导自己的经营活动，甚至参与生产与经营。员工招聘后对员工进行培训，使员工熟悉工作内容，掌握一定的工作技巧，正式上岗后能适应工作的需要。一般情况下，在营业地确定后，就可以开始员工的招聘与培训工作。

6．资金的筹措与使用

创办企业无论是租赁房屋、征地建厂房，还是购买原材料、雇佣员工等都需要有足够的资金作保证。能否筹措到足够的资金，是开办企业的关键因素之一。所以创业者开办企业，必须筹措足够的资金。可通过自筹、集资、银行贷款等多种方式筹措。一般情况下，创业初期资金都比较紧张。所以在使用资金时，要精打细算，周密计划，把钱花在刀刃上。

融资方式，即企业融资的渠道。它可以分为两类：债务性融资和权益性融资。前者包括银行贷款、发行债券和应付票据、应付账款等，后者主要指股票融资。债务性融资构成负债，企业要按期偿还约定的本息，债权人一般不参与企业的经营决策，对资金的运用也没有决策权。权益性融资构成企业的自有资金，投资者有权参与企业的经营决策，有权获得企业的红利，但无权撤退资金。

四、守法经营

（1）营业执照一定要办。
（2）这些事情可不能做啊！
强买强卖，以次充好，短斤少两，不讲信誉。

（3）验照：年检、换照一年一次。
（4）与员工签订合同，按合同办事。

五、几种常见的创业形式

创业有四种基本形式。同学们可根据自己的资金、经验和实际能力去设计和选择。无论是哪种方式，都要因人而异，因势利导，不可盲目操作，否则将功败垂成。

1. 从头开办一家新的企业

从头开办一家新企业的创业形式，可分为两个不同的阶段，即创建阶段与经营阶段。创业者从头干起，虽然相对复杂，但根据自己在创建阶段的构想，构建自己的事业。在厂房、设备等硬件上，进行优化，选择最佳方案，同时在技术、人员等软件上，根据需要合理进行资源配置，然后顺利进入经营阶段。

2. 购买现有的企业

购买现有的企业，是指通过多种形式获得一家现成的企业，这家企业可能正在营运，也可能停业；可能很赚钱，也可能亏损。不管怎样，创业者可以获得一个现成的企业。这种创业形式，优点十分明显，可以节省大量的时间与精力，直接进入经营阶段。通常情况下，价格也相对较低（与开办新企业相比）。缺点则是可能买到一个空壳与一堆低质量的资产，要正式经营还须费很大的工夫。例如，一家服装厂可能只有厂房、设备，还有一些过时的产品与原料，优秀的工作人员都已经离开，只剩下一些工作能力较差的员工。

购买现有的企业，关键要搞明白三个问题：

（1）希望得到什么。是物美价廉的企业硬件（厂房与设备），还是一家可以营运的企业；是为了立即展开营运，还是看准了现有资产的潜在价值（企业的地址或者商标）等。

（2）可能得到什么。要弄清这一点，创业者必须调查以下四个问题：第一，深入了解原来的老板出售企业的真实原因；第二，企业目前的实际经营状况；第三，企业的各种资产情况，包括企业的无形资产与潜在资产；第四，目前企业经营面临的主要问题。

（3）付出什么样的代价。购买一个企业绝对是一笔大生意，必须谨慎处理。除了正确评估企业的价值之外，有效的谈判也是很重要的。谈判的重点有三点：即交易的内容、交易的价格、支付的方式。

3. 加盟特许经营系统

特许经营是世界流行的生意模式，它提供了一种低风险的能给缺乏专业知识与经验的人一个拥有自己事业的机会，这是一种典型的双赢模式。特许经营总部通常有一个成功的生意，并有标准的经营方式，可以像复印机一样复制，例如麦当劳、佐丹奴。

成功的关键，在于选择合适的特许经营系统。主要应考虑四个因素：市场的影响力、本地的市场潜力、提供的支持与服务和受控制的情况。

4. 自由职业者

自由职业者就是一个独立的企业，也是创业的一种形式。这种形式由于科技的发展，以及社会经营格局的深刻变化，具有越来越强的生命力与影响力。现在美国新创建的小企业中，自由职业者的形式占了三成左右，并呈现上升的势头。在中国经济发达的地区，越来越多的人也选择了这种创业的形式。

自由职业者的成功必须依赖以下几个条件：

（1）知识密集型企业。只有知识密集行业才适合自由职业者生存与发展，例如设计、咨询、策划、电脑编程、写作、翻译等。工作的性质多是一些创造性的工作，或者是专业的技术工作。

（2）业界的声誉与地位。成功的自由职业者在很大程度上依赖于个人在业界的声誉与地位。由于工作的特殊性，一般人很难对每个人的工作成果进行有效的评估，判断的标准只好借助个人的名气。有名的人可以待价而沽，没有名气是寸步难行。创业之前，最好通过各种途径获得良好的个人声誉，例如进入业界有名的企业打工，参与各种竞赛并获得好名次等。

（3）广泛的人际关系。自由职业者必须有广泛的人际关系，才能够"揽活儿"。有时一项工作一人还干不了，必须有"同道"帮忙。因此，参与特定的"圈子"是十分重要的。

（4）良好的自我控制能力。由于自由职业者是真正的一人企业，管理企业就是管理自己，良好的自我控制能力是成功的关键因素。

避开创业死穴

熟人搭火好开饭
哪儿热闹奔哪儿
短视老板短命店
贪大求全是大忌
你办事我不放心

六、几种最易成功的创业方式

1. 加盟创业

分享品牌金矿，分享经营诀窍，分享资源支持，采取直营、委托加盟、特许加盟等形式连锁加盟，投资金额根据商品种类、店铺要求、加盟方式、技术设备的不同而不同。

2. 网络创业

有效利用现成的网络资源，网络创业主要有两种形式：网上开店，在网上注册成立网络商店；网上加盟，以某个电子商务网站门店的形式经营，利用母体网站的货源和销售渠道。

3. 兼职创业

即在工作之余再创业，如可选择兼职创业，教师、培训师可选择兼职培训顾问，业务员可兼职代理其他产品销售，设计师可自己开设工作室，编辑、撰稿人可朝媒体、创作方面发展，会计、财务顾问可代理作账理财，翻译可兼职口译、笔译，律师可兼职法律顾问，策划师可兼职广告、品牌、营销、公关等咨询。当然，你还可以选择特许经营加盟，顾客奖励计划等。

4．团队创业

具有互补性或者有共同兴趣的成员可组成团队进行创业。如今，创业已非纯粹追求个人英雄主义的行为，团队创业成功的几率要远高于个人独自创业。一个由研发、技术、市场融资等各方面组成的优势互补的创业团队，是创业成功的法宝，对高科技创业企业来说更是如此。

5．大赛创业

即利用各种商业创业大赛，获得资金提供平台，如雅虎、网景等企业都是从商业竞赛中脱颖而出的，因此也被形象地称为创业"孵化器"。

6．概念创业

即凭借创意、点子、想法创业。当然，这些创业概念必须标新立异，至少在打算进入的行业或领域是个创举，只有这样，才能抢占市场先机，才能吸引风险投资商的眼球。同时，这些超常规的想法还必须具有可操作性，而不能天方夜谭。

7．内部创业

指一些有创业意向的员工在企业的支持下，承担企业内部某些业务或项目，并与企业分享成果的创业模式。创业者无需投资即可获得丰富的创业资源。内部创业由于具有"大树底下好乘凉"的优势，因此也受到越来越多创业者的关注。

8．连锁加盟

（1）连锁加盟的涵义。

连锁加盟是指主导企业把自己开发的产品、服务的营业系统（包括商标、商号等企业形象、经营技术、营业场合和区域），以营业合同的形式，授予加盟店的规定区域内的经销权或营业权。让加盟者可以用加盟总部的形象、品牌、声誉等，在商业的消费市场上，招揽消费者前往消费。而且加盟者在创业之前，加盟总部也会先将本身的技术诀窍和专业知识，教授给加盟者并且协助创业与经营，双方都必须签订加盟合约，以达到事业之获利为共同的合作目标；而加盟总部则可因不同的加盟性质而向加盟主收取加盟金、保证金以及权利金等。

加盟连锁经营和单一独自经营相比有很多优势，加盟连锁的优势可分为七大优势。

① 较短的学习曲线：成功的经营模式。加盟者可以用很短的时间、很小的代价学习到成功的经营管理经验与知识，可以让自己少走很多弯路。

② 品牌优势：加盟者可以用较小的代价分享授权者经过长期经营努力形成的著名品牌和信誉从而有力地促进销售，并极大地扩展自己的业务范围。

③ 规模采购优势：统一采购可以使连锁经营企业享受大批量购买的优惠，增强与供应商合作的力度，扩大采购规模，提高支付和销售的速度，降低采购成本，可以大大节约采购

费用。

④ 共同的广告、促销：连锁经营企业可以集中资源用于广告促销，降低广告促销平均成本，有利于连锁企业树立品牌形象。

⑤ 专业的管理改进：授权者通过输出自己成功的行业经营经验和管理模式，可以帮助加盟者改进管理。

⑥ 培训：加盟者将经常得到来自授权者的有针对性的培训和指导，不断提高自己的经营和管理能力。

⑦ 服务支持：加盟者可以用很小的成本享受授权者提供的综合服务，如物流配送和售后服务，而连锁经营体系则通过规模效应使服务更加专业化。

（2）热门加盟行业。

① 零售业，便利店是亮点。

据商务部的统计数据显示，在百货、超市等零售业毛利大幅缩水的情况下，便利店已成为我国连锁业发展模式中最新出现的亮点。

据业内有关人士透露，在我国，扣除各种开支之后，便利店毛利率也在 25% 左右。除去每个月的工资、水电等高达 2 万元的费用后的净留存，加盟便利店的老板每个月挣个万儿八千是没有问题的。这种诱惑对加盟者的吸引力是可想而知的。

但是，便利店的投资也不能盲目跟风，投资者一定要精心挑选总部。强大的总部应该有一套可供复制的开店支持系统，包括加盟店选址的市场调研、店铺陈列、区域物流配送等。

② 服装与饰品行业，突破平庸。

服饰行业是连锁加盟的积极参与者和实践者。在传统行业中，服装、饰品行业是个永恒的朝阳产业。中国是世界上最大的服装、饰品消费国。很多城市月光族们的消费清单上，至少有 1/3 是为了追求靓丽而血拼服装、饰品的开支。

与其他行业相比，服装、饰品行业的投资门槛低，不需要太多的专门技术，几万元就可以开个不错的小店，而且如果能选择一个正确的专业性加盟总部，即使没有创业开店的经验，也可在连锁总部的指导下较为轻松地获得创业成功，而面临的市场风险则相对较小。

③ 餐饮美食，理性发展。

餐饮连锁是连锁加盟的主导力量，在连锁经营领域的发展中一直起着火车头的作用。

在快速扩张的同时，餐饮连锁企业逐渐暴露出品牌管理缺失、加盟商纠纷增多、人力资源匮乏、培训力量薄弱、配送技术落后、产品标准化难等内部问题，再加上火锅底料、苏丹红等外部食品安全危机问题的困扰，餐饮连锁企业不得不在困境中不断寻求解决方案，艰难地走向成熟。

④ 洗衣行业，稳中求胜。

洗衣连锁店作为一个实体，持久性较强，每年均有一个趋于上升的稳定利润回报；没有库存积压及欠款纠纷；开业运营步入正轨后经营管理模式简单，运营成本较低，是目前我国连锁经营中应用最为广泛、市场发展也较为稳定的行业。

⑤ 汽车养护，潜力巨大。

据统计，汽车的销售利润在整个汽车利润的构成中仅占 20%，零部件供应的利润占 20%，而 50% 到 60% 的利润是从汽车服务业中产生的，尤其是在汽车养护业。在国内，全国私人汽车的拥有量已占汽车总量的 1/3 以上，在北京等大城市私人汽车拥有量还在大幅度地增加。

所以,汽车养护业作为我国的一种新兴行业,发展势头日趋迅猛,而对于投资者来说,投资这个行业也是一个不错的选择。

但是,值得注意的是,汽车养护用品目前还没有一个统一的国家标准,市场上的产品鱼龙混杂,因此,投资者事先要对总部进行正确地评估和挑选。

⑥ 家装行业,良性发展。

目前,我国的住宅装饰装修业已经成为国民经济发展的重要支柱产业,每年家庭装修消费和装饰用品消费都是非常庞大的数字。

家装行业开展连锁经营从 2001 年正式开始。目前,我国家装行业的连锁经营还没有形成完整意义上的规范,整个家装市场还处于一个相对滞后、混乱的市场格局。

但是,家装连锁经营模式前景十分广阔,其近 6000 亿元的巨大商业空间受到了越来越多投资者的青睐。而目前,企业也普遍地把精力从几年前的重数量扩张转向现有的重在实现连锁系统的良性发展上,从而为加盟商提供了更为广阔的利润增长空间。

⑦ 房产中介,诚信是关键。

近几年,房地产中介服务行业也迎来了一个黄金发展时期。据了解,在国外,90%以上的房屋流通都是通过中介企业完成,存量房的成交量远远超过了增量房,达到了 5∶1。而在中国市场上,增量房的消费仍是主体,部分城市达到了 1∶50,二、三级市场非常活跃的城市也只不过 1∶1 左右。无论是 1∶50,还是 1∶1,要达到国外的 5∶1 的水平,中介在此中的商机是无比巨大的。

调查还显示,房产中介连锁经营企业的店铺数量和收入两项指标均高于连锁行业平均增长水平,店铺数量达到了两倍以上,收入更是在三倍以上。丰厚的投资回报刺激着中介连锁店如雨后春笋般地出现在大街小巷。

⑧ 美容美体,专业是保障。

美容美体业正成为中国继房地产、汽车、旅游和电子通信之后的第五大消费热点。

近年来美容美体经济一直以每年 15%以上的速度持续增长。预计到 2010 年,全国美容美体服务性总收入将突破 3000 亿元。

由于美容美体业导入连锁经营相对较晚,目前多以产品代理或设备销售为主,因而美容美体行业成功的关键在于其专业性和技术性以及售后服务的情况。

9. 门店销售

店面销售的目标是获得最大的销售业绩,对一般消费者所作的广告宣传及各种促销方案都是为了吸引更多顾客,有关店面环境、维持店内秩序、注意待客礼貌等都能给予顾客好感,并且提高销售业绩。

门店销售的要素:

(1)导购人员。凡事以人为本,销售工作自然也是如此,导购人员作为企业的第一生产力,其重要性不言自明。销售过程中导购人员首先要树立一种观念:把顾客当朋友,而不是我们传统上说的"上帝",只有这样买卖双方才不会有距离感,才能真正建立起他们的信任度。第二要成为顾客的采购顾问,这样的导购在顾客面前才是一个专业的人士,能够帮助顾客解决问题,信任你的程度也会更高。第三是要成为顾客最愿意与之交谈的人,愿意和你沟通,有话愿意跟你讲，有问题愿意咨询你，这时的顾客俨然把自己的买卖完全交给了你。顾客往往是因为喜欢你这个人而喜欢你介绍的产品；销售成功最首要的条件就是自信。因此第四个方面就是导购一定要建立自信心，必须把握住几个关键问题：一是丰富的专业知识，对自己销售的产品了如指掌，熟记于心；二是反复地演练，只有将对顾客的销售演示达到无懈可击，哪些话该说，哪些话不该说，有些话说到什么分寸，哪些要重点介绍，哪些要一般介绍，这都要事先准备好；三是销售技巧，只有经过持久的不懈努力，具有真诚的敬业精神，善于在实践中归纳和总结，比别人多一份思考，才能获得成功必备的技能；第五个方面就是善于推销自己：做任何销售，顾客对销售人员的第一印象至关重要，导购员能不能让顾客认同你这个人，很大程度上取决于给顾客的第一印象，所以导购应该注重个人的形象和言谈举止。

真正专业的导购人员，应该非常注重自己的个人修养，对于跟顾客所说的话把握得极为恰当，而且能够吸引顾客认真听下去。因为你讲的所有东西都让顾客感觉到你非常真诚，而不是夸夸其谈，如果能做到这一点，你就成功了一半。所以，作为一名导购人员，一定长期坚持，使自己锻炼出这种本领，并在销售过程中成功地推销自己。

（2）顾客。每天光顾门店的人员很多，但并非人人都会购买我们的产品，并非人人都是我们的顾客，所以需要导购人员具有正确的判断力和良好的观察能力，善于发现你的真正顾客。通常可以先对顾客做一个评估分析，听其言，观其行，分析身份，分析其需求，确保他们是有购买需求的人，是能够做出购买决策的人。不要放弃任何一位顾客，包括潜在顾客，但也不用浪费时间，去与自己认为可能是顾客的人啰唆半天。事实上在还没进入真正销售进程前，你不可能知道谁会买，谁不买，在这些人身上花费你大量的时间，有时候很可能是毫无收获的，只有用最短的时间打发掉不属于你的顾客，并用最快的办法洞悉真正购买商品的顾客直到最后成交，这才能让你的销售效率大大提高。

（3）产品。作为一名销售人员，你首先必须了解你要销售的产品，必须深信，你要销售的产品能够满足顾客的基本要求，甚至还可能会带来超值感受。那么要求我们首先要热爱自己的产品，对自己的产品销售要有足够的信心，要知道自己产品的特点、优点和带给顾客的利益点，及其与目标顾客之间产生的共鸣，当然还要随时关注竞争品牌的产品，对比自己的产品，总结优势和好处及产品的独特卖点。

（4）现场讲解。聪明的导购人员面对顾客来到店里的，会先做些观察，然后再做一个简单的开场白，大略讲解一下，根据顾客的反应，再做正式的推介。当顾客觉得能了解到对自己有利而又新鲜有趣的信息时，就非常愿意花时间去听，给顾客详尽的产品信息，突出讲解产品的优点和独到之处，这些都需要我们做一个"演员"，事先背好台词，设计好自己的一举一动，包括顾客刚一进店讲些什么，在查看产品时讲些什么，进行对比体验时讲些什么，顾客有异议时讲些什么，等等。一切努力都只为一个目标：向顾客推销你的产品。

（5）带给顾客高附加值。顾客买产品不仅仅是为了满足基本的功能需要，更重要的是商品应该与家庭装潢风格匹配，整体上形成完美的结合，同时商品的性能要符合环境的需求，环保健康，使用安全。这些内容在你向顾客介绍你的产品时，就应该清晰无误地告诉顾客，产品的价值何在，超值超在什么地方，因此，你得掌握将价值或超值的概念融入你的产品介绍中，并时常加以演练达到熟练运用的状态。

（6）销售建议。在销售过程中你无法成功地将产品推销给每个人，因为每个人都有自己的消费观念和审美角度，但你应该能让每个顾客都明了你的销售建议。其实多数顾客在购买产品之前并没有对灯具了解多少，因此导购一定要抓住机会尽量与顾客多做些沟通和交流，让其真正明白自己到底应该买什么样的产品，什么产品才适合其家庭的装修风格，即使他暂时没买我们的产品，但是一定会按照我们所讲的销售建议标准去选择灯具，如果顾客最后并没有找到我们所建议的标准的灯具时，顾客自然会回来购买。

（7）敢于成交。成交对于每个导购人员来说都是最喜欢的，它是你精心运筹、周密安排、专业推销、辛勤努力的必然结果。当顾客的异议和疑问都已经被一一解决了，导购此时千万不要不好意思说出口，而是要敢于成交，敢于让顾客做出购买决策，同时多给他信心，鼓励其下定决心，尽量熟练地运用——制造紧迫感，让顾客现场就购买你的产品。顾客对你产品有购买意向，而且又有了紧迫感，你的销售离成功也就不远了。

【教学活动】

活动一 社会考察

把全班同学分成若干组，到有关部门了解开办企业的程序和手续，并在班上进行交流。

活动二 网络视频热议

《大勺哥走红》：沈阳市民郑建安凭借自己在12个炉灶上，用12把大勺同炒12锅饭的绝技被网友称为"大勺哥"。

《牛人烤羊肉串师傅》：兰州张掖路师傅能同时烤300串羊肉串。

你得到的启发是什么？

活动三 制订创业计划书

结合自己的理想拟订一份创业计划书，并在全班宣读，请同学们提问，然后吸收大家意见，进行修改，形成一份比较完整的创业计划书。

活动四 创业大赛

活动说明：全班同学自由组成若干创业团队（如有需要可以邀请其他专业的同学加入团队），举办创业大赛，各组提交项目计划书，在计划书中需要阐明该项目的具体内容、可行性以及意义等，由项目讨论组对各团队提交的项目计划书进行评审，并提出改进意见和建议。各团队要进行实地调研，不断完善和改进计划书，在条件允许和可行性论证后的情况下，将项目计划书付诸实践。

【小资料】

22条商规

市场领先："第一"胜过"更好"。
产品创新：若不能成为某类产品的第一，就应努力创造另一类新产品。
深入人心：抢先深入人心，快速进入市场。
观念竞争：市场营销不是产品之争，而是观念之争。
概念集中：市场营销中最强有力的战略是潜在用户心目中只拥有一个品牌概念。

概念专有：两个不同的公司不可能在用户心目中享用同一个概念。
阶梯定位：在产品的市场阶梯中的位置决定了你所应采取的营销战略。
两强相争：从长远看，任何市场都终将变为两匹马的竞争。
针对第一：若想争取市场第二，你的战略就应针对市场第一。
品种细分：随着时间的推移，产品的品种会细分为两个，或者更多。
远期效果：市场营销行为应在长期内显现效力。
商标扩展：商标系列的扩展，不可避免得给人以商标雷同印象。
有所牺牲：有所失才能有所得。
对立特征：对任何一种产品的特征，总存在着另一种与之相对立的有效特征。
坦诚相见：潜在用户会在你承认自己的短处时发现你的长处。
唯一策略：在各种场合中，只有一种举措会产生重大的效果。
不可预见：除非你亲自为你的竞争对手制订计划，否则你无法预见未来。
骄兵必败：成功往往导致骄傲，而骄傲又必然导致失败。
正视失败：失败难以避免，但应正视失败。
过度宣传：事情往往与新闻媒介所宣传的正好相反。
驾驭趋势：成功的市场营销应立足于长期趋势，而不是时尚。
财力支持：没有足够的资金，任何创意都不可能实现。

(摘自：《参考消息》)

迈向成功的17条法则

（1）设定明确目标
（2）组织智囊团
（3）培养具有吸引人的个性
（4）运用你的信心
（5）多付出一点
（6）创造个人进取心
（7）培养积极心态
（8）控制你的热忱
（9）强化自律
（10）正确思考
（11）控制你的注意力
（12）激发团队合作
（13）从逆境与失败中学习经验
（14）培养创造力
（15）保持健康
（16）预算时间和金钱
（17）运用宇宙习惯力量

(摘自：《参考消息》)

第五单元　开创美好未来

你是一个有竞争力的人吗？

在人才选拔中，无论是从公司的前途着眼，还是从一个人竞聘一种特定的职位来看，竞争力都具有重要的意义。如今，各个公司和职务竞聘者们不仅谈论承担一项工作的技能和知识，而且也谈论这项工作所要求的竞争力。

关于竞争力，存在着很多定义和标准，但是可以说，竞争力是一个人潜在的素质，它与一个人在某种岗位上能否成功有关。

具有竞争力的人可以分成5种类型：

第一类具有竞争力的人。这类人，其竞争力与他们的智商（这里指一个人对一种情况进行评价并做出决策时所需要的智商）有关。我们称这种竞争力为智商竞争力，它可以被理解为全面观察一种情况，并对这种情况进行分析的能力、逻辑推理能力、概括和综合判断能力及创造力。

第二类具有竞争力的人。其竞争力与他们在决策过程中所表现出来的感情因素有关。这种竞争力包括他们感情的成熟程度和对一种特定情况进行客观分析的能力。

第三类具有竞争力的人。其竞争力与敢于冒风险和排除障碍的能力有关。

第四类具有竞争力的人。除了自己做事外，还能够使别人也照着他的意图做事。这种竞争力与领导能力和对其他人的感染力有关。

第五类具有竞争力的人。其竞争力与公司的集体价值观（如团队工作能力、应用经验的能力和规范行动的能力）有关。

（摘自：《参考消息》，美国《星媒体》网站文章）

案例

办学

李淑敏，1958年出生，商场当保育员。一天，在上班的路上，一个锁在铁门里的2岁孩子的哭声吸引了她的视线。她由此萌发了办一个小龄幼儿园的念头。

1987年，她毅然放弃了当时的"铁饭碗"，端起了前途未卜的"泥饭碗"，开始了自己艰难的创业生涯。资金，她东凑西借；场地，她找遍全市，最终租用了几间民房，挂起了"育新幼儿园"的牌子。第一批入园的儿童仅有7人。即使如此，她仍然带着满腔热情，不厌其烦地教这几个孩子学习、唱歌、跳舞、做游戏，照料他们的吃喝拉撒睡等生活，将欢乐和幸福融进孩子们的心田。她的辛劳赢得了家长们的爱戴和信赖，口口相传，到这儿来的孩子逐渐多起来。但半年经营下来，一算账，整整亏了320元。

她不灰心，以自己的爱心、热心加上得力的教学方法获得了很好的知名度和美誉度。1988年开春。报名入园的孩子多达40名。这增添了她的勇气。经过仔细论证，她筹资2万元，将学校迁址到一所中学，盖起了食堂，增添了冰箱、风琴、滑梯、转椅等设施，具备了正规幼儿园的办学条件。入园幼儿增加到200名。她按大中小分成6个班，聘请幼儿教师20名，增设美术、音乐、舞蹈、英语等课程，面貌焕然一新。

不到3年，育新幼儿园发展成为当时全区规模最大、条件最好、质量最高的个体幼儿园。她也获得"先进幼教工作者"、"文明经营户"等荣誉。

1990年底，她挂牌成立了"聋儿康复中心"，首批5~10岁的12名聋儿正式入园。她不仅免除了他们的学费，还免除了他们的生活费。得到地方领导和家长的高度赞誉。经过3年的努力，在此先后受训的26名聋哑儿童中有3名达到国家聋儿康复一级标准，4名达到二级标准，6名达到三级标准。其中3人直接插入普通小学学习，过上了正常人的生活。她又一次成功了！

1996年，经过征地、贷款、跑手续、建设等一系列艰难繁杂的过程，她又成立了"英才学校"。由于审批手续的繁杂，她错过了当年招生的大好时机，只收到40名学生，这些学生多是跟她上幼儿园的孩子，只有40名却分属5个年级，有的班仅3个学生。面对偌大的校园和宽阔、明亮的教室中稀疏的学生，她没有气馁，所有教师照样一丝不苟地教学，照样举办体育比赛、歌咏比赛等。她的正规的办学理念、独特的教学方法，得到了社会的充分肯定。1997年秋天，英才学校已经拥有500多名学生。

1997年，她投资180多万元，盖起了新教学楼；1998年，投资100万元盖起了实验楼；1999年，投资230万元，盖起了宿舍楼；2000年，投资200多万元盖起了集礼堂、餐厅于一体的多功能楼；2001年，投资60多万元，建起了校园网，实现了现代化教学……

（摘自：杨松 邢根芒 卢永棋《择业 就业 创业》，河北大学出版社。有改动。）

创办健身俱乐部

1997年，王琳钢考入中央美术学院学习雕塑专业。在初中时，他就迷恋健美运动，到了高三，他的肌肉水平已经达到了可以参加省里比赛的程度。大四的时候，他也面临着对出路的选择，这时北京申奥成功，他猛然意识到：全国的健身行业将成为一个巨大的产业，年轻人将是最有力的消费群体，市场并不发愁。经过一个月的市场调研，他决定把自己的经营定位在健美服装的设计上。因为市场上虽然有一些健美服装产品，但大多没有自己的品牌，而且式样单一。他很清楚：健美爱好者多是引领时尚的年轻人群，他们绝不满足于单调的服装风格，对个性化的服装一定有很大需求。

"说干就干"。他把自己关在房间里"闭关"了整整一星期，设计好了10多种款式和图案的服装。拿着自己手绘的图样，他又马不停蹄地找到了一家服装加工厂，制作出了第一批样品。接下来就在《健与美》上打广告、接订单、生产、发货。不久，他的服装就有了一定的销路，他掘得了自己的"第一桶金"。

有了足够资金后，他便着手开办了一家健身俱乐部，学美术的他把健身房和跳操场布置得充满艺术氛围。现在，他的企业已经解决了40多人的就业。

王琳钢的创业格言是："永远异于他人"，他说"也许这才是我的事业走得更长远的道理吧"。他反复强调，"创业最好能结合自己的兴趣爱好，并且在自己最熟悉的领域中进行"。

（摘自：《就业时报》，2003年，原载《文萃报》）

农村姑娘和她的新货商店

有位农村姑娘在大城市打了4年工，积攒了一笔钱，于是回老家办起了一个小商店。她别出心裁，开的是一种"新货商店"，专卖最新商品，而且，对于市场上的新产品她的商店只进一次货绝不进第二次。有些商品很畅销，许多顾客抢着买，没买到的要求再进货，姑娘回答他们："很抱歉，本店只销售首批货，卖完为止，不再进货，就是热门货也情愿割爱。"对此，起初一段时间有些顾客很不理解，到处诉说，一传十，十传百。没过多久，那些发牢骚的顾客又到姑娘的"新货商店"来买东西，因为姑娘那里不会有积压的货。那些刚刚得到消息的人也络绎不绝地到她的商店来买东西，渐渐地，也都成了经常光顾这里的人。因为商店里摆的都是最新的货，人们看中什么就买什么，毫不犹豫。就这样，姑娘和她的商店名声大振，远近的人都知道，"新货商店"的商品都是最新的，要买最新的商品得去"新货商店"。于是姑娘的生意越做越火。

"灿坤"的成长

　　吴灿坤，一位台商，1976 年退伍后，作出改变他一生的最大决定。他带了几年来积蓄的 5000 元，在台南市成立了晋昌企业，经营铁屑、铁窗、铁门的加工代理。

　　两年后，吴灿坤的工厂逐渐稳定下来。他的大客户荣国公司因扩张过速，发生财务危机，遭到法院查封，吴灿坤的一堆货款也追讨无门。他以债权人身份到"荣国"走了一趟，发现了一台压铸机，吴灿坤平常就听说压铸这行利润好，他像发现了新大陆，赶紧借来几本压铸大全，又到朋友工厂里实习了 10 天，然后便将晋昌企业改名为灿坤，重新出发。

　　往后几年他与日本一家公司进行合作，生意愈做愈大。当日本公司发现压铸工作利润颇高时，便终止了与他的代工合约，收回自理。他决定不再替日本人代工，开始自行开发产品，他选择的第一项产品是旅行用熨斗。

　　他的产品不但顺利打进日本市场，也争取到了美国和欧洲的客户。那时台湾的人工已不便宜，吴灿坤脑筋一转，决定与台南监狱和学校合作，以最低成本大量生产电熨斗，然后销售到海外市场。他发现欧洲市场比日本、美国市场更好做，于是将开发出来的各种小家电集中销往欧洲各国，渐渐地欧洲市场形成他的主打市场，"灿坤"也成为欧洲的知名品牌。

　　1995 年底，吴灿坤已成为厦门第一号台商，企业员工人数 3800 人，营业额高达 27 亿元台币，他成功地将自有品牌"E UPA"攻下大陆电熨斗市场的 11%。除了电熨斗以外，电话机、电热器两项产品也有极佳的销售成绩。眼下他正计划推出微波炉、吸尘器及电子锅等产品。

　　吴灿坤把握住能力、勤奋、机遇和权谋四个必要条件，打造了一个璀璨的企业王国。

反侵权盗版声明

电子工业出版社依法对本作品享有专有出版权。任何未经权利人书面许可,复制、销售或通过信息网络传播本作品的行为;歪曲、篡改、剽窃本作品的行为,均违反《中华人民共和国著作权法》,其行为人应承担相应的民事责任和行政责任,构成犯罪的,将被依法追究刑事责任。

为了维护市场秩序,保护权利人的合法权益,我社将依法查处和打击侵权盗版的单位和个人。欢迎社会各界人士积极举报侵权盗版行为,本社将奖励举报有功人员,并保证举报人的信息不被泄露。

举报电话:(010)88254396;(010)88258888
传　　真:(010)88254397
E-mail:　dbqq@phei.com.cn
通信地址:北京市万寿路 173 信箱
　　　　　电子工业出版社总编办公室
邮　　编:100036